国家社会科学基金项目成果

# 公共租赁住房法律制度理论与实践

THEORY AND PRACTICE OF
LEGAL SYSTEM OF
PUBLIC RENTAL HOUSING

金俭 著

中国建筑工业出版社

# 作者简介

**金俭**：女，1963年生，江苏太仓人。法学博士。现为南京大学法学院教授，博士生导师。南京大学住宅政策与不动产法研究中心主任。1985年7月于南京大学法律系毕业留校任教至今。先后于南京大学获法学学士学位、法学硕士学位、法学博士学位。2001年9月至2002年12月赴美国加州大学柏克利法学院作访问学者，主攻美国财产法。曾先后应邀出访美国、澳大利亚、英国、日本等国开展学术交流。多次主持国家社会科学基金项目"中国住宅法研究""不动产财产权行使自由与限制研究""不动产准征收理论与实证研究""公共租赁住房法律制度研究"等。主持司法部、省部级课题几十项。兼任江苏省法学会房地产法学研究会会长、江苏省土地学会副主任委员、江苏省法学会工程法学研究会副会长、上海市人民政府行政复议委员会委员、江苏省人民政府行政复议委员会委员、江苏省国土资源专家咨询委员会委员、南京市中级人民法院法学专家咨询员。《法制与社会》杂志特约编辑。

主要研究方向：房地产法、不动产物权法、土地法、中外经济法制比较研究。在法律出版社、科学出版社、中国建筑工业出版社、南京大学出版社、台湾翰卢图书有限公司出版《中国住宅法研究》《房地产法研究》《不动产财产权自由与限制研究》《房地产法的理论与实务》《规则、原理与适用——中国不动产物权》《中国不动产物权的法律保护——立法、案例与理论》《房地产法学》《中国住房保障——制度与法律框架》等十多部著作。在SCI期刊发表论文2篇，全国核心刊物发表专业论文近百篇。2005年、2006年分别获江苏省哲学社会科学优秀成果奖、江苏省人文社会科学优秀学术成果奖。2006年被评为江苏省青蓝工程中青年学术带头人。2008年获江苏高校第六届哲学社会科学研究优秀成果奖。

# 前　言

习近平总书记在党的十九大报告中指出，“坚持房子是用来住的、不是用来炒的定位，加快建立多主体供给、多渠道保障、租购并举的住房制度，让全体人民住有所居”。住房问题既是民生问题也是发展问题，关系到千家万户切身利益，关系到老百姓安居乐业，关系到社会经济发展全局，关系到社会和谐稳定。为低收入住房困难家庭提供住房保障是我国政府为实现公民“住有所居”目标而采取的住房保障策略与措施。我国保障性住房分为产权式住房保障与租赁式住房保障两大类。前者包括经济适用房、限价商品房、安置房以及共有产权房等产权式住房保障；后者为公共租赁住房（简称“公租房”），即政府以租赁方式提供住房居住保障。建立公租房制度的主要目的是通过低于市场租金的方式向社会特定人群提供住房保障，主要解决城镇一类家庭、二类人群（中低收入无住房或住房困难家庭及新就业人员与外来务工人员）等城市“夹心层”人群的住房困难，现扩展至人才用房。我国公租房制度的发展经历了从廉租房到公租房再到二者并轨统称公租房的过程。本书研究范围限于公租房，不包括产权性住房保障（如经济适用房、共有产权房、限价商品房等）内容。目前公租房从建设、住房筹集到分配、准入资格条件以及使用、退出、监管机制等这些关涉公租房制度能否长期顺利推进的重要制度还主要停留在政府政策与部门规章调整的层面。为保证公租房制度长效发挥其作用，必须从法律层面加以规范。加强我国公租房立法与法律制度研究具有重要的现实意义。

本书分上、中、下三篇。

上篇分四章展开，第一章主要梳理我国公租房制度发展的历程以及在运行中存在的困境与问题，我国公租房立法现状与制度存在的问题；第二章对公租房配置的基本理论——住宅权理论、国家积极保护义务理论、以人民为中心反住房绝对贫困理论、公共资源公平配置与效率理论、公平与实质正义理论展开论述，为我国公租房法律制度的确立奠定坚实的理论基础；第三章从比较法视角，介绍其他国家和地区住房保障制度和公租房的立法模式、经验总结及对我国的启示；第四章确立我国公租房法律制度的基本框架，包括基本原则（普遍性原则、保障生活所需原则、分配正义原则、社会化原则、倾斜保护原则等），明确构建我国公租房法律体系，以确保公民“住有所居”的基本目标、公民住宅权的最终实现。公租房法律制度的基本内容包括公租房管理主体，公租房建设资金来源，公租房其他筹集方式，公租房的适用主体、资格条件的设置及准入标准，公租房租金的确定，公租房的使用、合同的内容以及公租房的物业管理、退出程序、法律责任、法律救济等内容。

中篇以实证的方式展示我国主要城市与地区公租房建设以及筹集的实践模式经验与存在的法律问题。第五章专章以江苏、北京、深圳、上海、广州、西安等地的公租房建设与筹集模式为例。一是新建方式，具体分为政府集中建设、定向代建（由政府向开发建设单位订制保障房）和开发园区自建等方式。二是改建方式，即对旧城区的原有房屋进行符合公租房条件的适当修缮和改造。三是收购方式，即由政府按照市场价格向开发商收购，再按照公租房的租金标准出租给承租人。四是社会收储方式，即政府根据公租房申请规模向社会征集空闲住房，由政府修缮改造后出租给符合条件的家庭与人员租住。各种建设与筹集的方式需要在法律层面加以规范。第六章对利用农村集体土地建设公租房的实践模式展开论述，通过将集体经营性建设用地作为保障公租房制度发展的后备土地资源的方式，不仅能够节约土地资源、实现城乡资源交换，还能够带动农村地区经济发展与活力的迸发，为公租房建设探索创新途径。

下篇论述公租房法律制度运行与立法完善，也是本书对我国公租房制度提出建议与对策的核心部分。本篇分别阐述公租房制度在具体运行过程中的诸多重要法律问题，包括公租房的准入制度、租金制度、使用制度、退出制度、监督与管理制度以及法律责任与司法救济制度。通过梳理全国多地公租房准入条件资格与标准的规定，指出当前公租房准入制度存在的问题，建议将公租房申请的准入审核从三级审核转变为“二审二公”，简化审核审批手续及流程，建立专门性的公租房管理机制，缓解公租房保障部门的行政压力。提出建立公租房申请诚信档案制度，确立失信惩戒制度；建立与完善公租房的使用制度，明确公租房合同的性质，规范公租房合同条款，明确租赁双方的权利与义务。针对公租房使用当中存在的问题，提出一系列措施，包括执行、矫正等完善公租房使用机制等。针对我国公租房退出难的困境，研究建议建立公租房退出的过渡机制，构建正当的公租房退出程序，成立专业的管理机构负责公租房的运行以完善公租房的退出机制。公租房监督与管理制度的完善关涉公租房制度能否顺利运行，研究指出构建公租房的监督机制应包括社会监督、政府监督、所有权人监督机制。建议构建公租房的法律责任与司法救济制度，在公租房立法中明确公租房责任主体，以首长责任制为基础，以相关机构责任承担为主要方式。当公租房一方主体的权利受到侵害时，应当充分给予其司法救济，以保障和维护公租房制度的健康运行。

本书的主要创新点包括理论创新、内容创新、观点创新与研究方法创新四个方面。

其一，理论创新。本研究运用住宅权理论、国家积极保护义务理论、以人民为中心反住房绝对贫困理论、公共资源公平配置与效率理论、公平与实质正义理论等公共住房配置的基本理论，来阐释公租房制度设立的正当性，并以此指导公租房制度设立与配置的模式，以及关于公租房法律制度的基本原则、基本目标、基本内容等问题的研究与阐释，使研究与结论具有科学、坚实的理论支撑。

其二，内容创新。首先，本研究不仅揭示了国内公租房法律制度存在的问题，分析原因，立足国内的具体国情还介绍与比较国外公租房制度的基本模式及其立法经验借鉴，使本研究成果站在比较法的层面，具有国际视野。其次，在实证方面，研究对我国公租房制度的实践与发展进程进行了全方位总结，创新性地提炼了我国多地公租房的建设与筹集模式及其使用情况与利弊。尤其对在公租房建设与筹集方式方面走在全国前列的江苏各地的模式进行详细归类，对我国公租房建设与筹集具有重要实践指导作用。再次，本研究重点对公租房法律制度最核心的问题——公租房的分配准入制度、使用制度、退出制度、监管制度以及法律责任救济制度的构建等方面提出了建设性的意见。本研究在理论与实证研究的基础上，搭建了我国公租房法律制度的基本框架；提出了完善公租房制度的对策建议，具有可操作性。

其三，观点创新。本研究提出加快完善我国公租房保障立法的建议，代替政策和规范性文件，提升法律规范的位阶。建议调整与优化公租房供应方式与筹集方式，从新建公租房为主向社会化收储等多种模式转变；提出规范公租房准入条件与程序，建立科学、高效、公开、公平的轮候分配模式，采取“市场租金、分类补贴、租补分离”的租金补贴与支付方式；加强公租房使用的管理，规范公租房格式合同，明确公租房合同性质以及双方的特殊权利与义务；建立针对保障性住房的物业服务制度，建议由政府指导，实行市场化运作物业管理模式，同时，在法律上确保公租房使用权人享有物业服务权，以及准业主的法律地位；构建公租房退出的正当程序，采取奖惩并重制度，以保证公租房退出机制的实现，尝试建立公租房退出的担保制度等。

其四，研究方法的创新。本研究采用比较研究的方法，从比较法的视角对其他国家和地区的公租房法律制度的基本模式及其立法经验进行总结，提出完善与优化我国公租房立法与制度的建议。本研究采用实证研究的方法，进行了大量的实证研究，在掌握了大量实证资料的基础上，通过个案研究，选取我国具有代表性的江苏、上海、北京、广州以及西安等地的公租房供给模式，以个案研究推而广之构建我国公租房法律制度。

本书为本人承担的国家社会科学基金项目“公共租赁住房法律制度”的部分成果。南京大学建筑与城市规划学院朱天可副研究员参与了本书第八章“公共租赁住房租金制度”的撰写，博士生李谦参与了第三章“比较法视角下公共租赁住房立法经验”的撰写，博士生卡哈尔·胡尔西旦参与了第六章“农村集体土地建设公共租赁住房的实践模式”的撰写。在此特予以感谢！由于我国各地公租房制度的实践在不断创新发展，相关政策与措施不断修正，书中难免存在不及更正等不足之处，望读者朋友们批评指正。

金俭

2023 年 3 月 13 日于南京大学

# 目 录

## 上篇 问题、理论、借鉴

## 中篇　实践模式与经验总结

# 下篇　制度运行与立法完善

# 上篇

## 问题、理论、借鉴

# 第一章
# 我国公共租赁住房制度发展现状与问题

住房问题既是民生问题也是发展问题，关系千家万户切身利益，关系老百姓安居乐业，关系社会经济发展全局，关系社会和谐稳定。习近平总书记在党的十九大报告中指出，“坚持房子是用来住的、不是用来炒的定位，加快建立多主体供给、多渠道保障、租购并举的住房制度，让全体人民住有所居”。为低收入住房困难家庭提供住房保障是我国政府为实现公民“住有所居”目标而采取的住房保障策略与措施。党的十八大报告提出：要建立市场配置和政府保障相结合的住房制度，加强保障性住房建设和管理，满足困难家庭的基本需求。公租房制度的确立是完善住房保障制度体系，提高保障性住房资源配置效率的有效措施；是改善住房保障公共服务的重要途径；是维护社会公平正义的具体举措。公租房制度的实施，也标志着我国住房保障从保障所有权（经济适用房、两限房）向保障使用权的过渡，有利于尽快缓解保障性住房供应的不足，也有利于弥补我国住房租赁市场的不足，推动我国住房租赁市场的发展。公租房制度的确立标志着我国住房保障体系日趋完善，低收入者、中低偏下收入家庭、新就业人员、外来务工人员等群体通过公租房（廉公租并轨）、经济适用房、限价商品房、共有产权房分层保障，有效地填补了收入与住房处于社会“夹心层”的人群的住房需求的空白。中等以上收入家庭则通过市场解决，住房保障与住房市场化并行发展，充分体现与落实党的十八大报告关于市场配置和政府保障相结合的住房制度的精神，具有重要的现实意义。经过多年的发展，特别是党的十八大以来，我国住房保障能力持续增强，累计建设各类保障性住房和棚改安置住房 8000 多万套，帮助 2 亿多困难群众改善了住房条件，人民群众的获得感、幸福感、安全感不断增强。截至 2020 年年底，已有 3800 多万困难群众住进公租房，累计 2200 多万困难群众领取了租赁补贴，低保、低收入住房困难家庭基本实现应保尽保，中等偏下收入家庭住房条件有效改善[①]。住房困难家庭居住条件有了很大改善，促进了社会和谐稳定。公租房已列入国家基本公共服务标准的内容。

# 一、我国公共租赁住房制度发展的现状

## （一）公共租赁住房的提出

中国住房保障制度是从20世纪末拉开序幕的。1994年，《国务院关于深化城镇住房制度改革的决定》出台，提出“建立以中低收入家庭为对象、具有社会保障性质的经济适用房供应体系和以高收入家庭为对象的商品房供应体系”，标志着我国福利分房转向住房货币化，也标志着建立经济适用房的保障房体系的首次提出。然而真正迈出实质性步伐的是1998年发布的《国务院关于进一步深化城镇住房制度改革加快住房建设的通知》，初步确立了以经济适用房为主的多层次住房供应体系。但是在此后的住房改革实践中，为了拉动经济增长，国家将房地产业作为支柱性产业，普通商品房取代经济适用房成为市场供应的主体。由此造成住房供应过度市场化，保障房建设缺位，中低收入家庭住房问题突出，严重影响了社会经济的健康发展和社会稳定。为此，2007年出台了《国务院关于解决城市低收入家庭住房困难的若干意见》，提出“进一步建立健全城市廉租住房制度，改进和规范经济适用住房制度，加大棚户区、旧住宅区改造力度”，倡导各地加快建立健全以廉租住房制度为重点的体系并多渠道多思路解决城市低收入家庭住房难题。第一次明确提出将廉租房作为住房保障体系的主体，将保障对象从原来的最低收入家庭扩大到低收入家庭，规定经济适用住房供应对象为城市低收入住房困难家庭，并与廉租房保障对象相衔接。同年11月，建设部、国家发展改革委、国土资源部等部委联合制定了《廉租住房保障办法》和《经济适用住房管理办法》。这些办法的出台，标志着政府工作重心向保障性住房转移，并由此形成了低收入家庭有廉租住房与经济适用住房制度保障，高收入家庭有完全市场化的商品房供应的住房供应体系格局。然而，由于廉租

① https://baijiahao.baidu.com/s?id=1693087522812021071&wfr=spider&for=pc.

住房、经济适用房和商品房三者适用的人群相互之间不能实现对接，形成两个数量庞大的“夹心层”，即收入超过廉租住房申请标准但无力购买经济适用房的人群和收入超过经济适用房申请标准但无力购买商品房的人群。“夹心层”群体的住房问题日渐突出，这一群体主要包括城市中等偏下收入住房困难家庭、新就业人员和外来务工人员，他们既无法享受廉租住房、经济适用房的政策，而又无力购买普通商品房。2009 年国务院政府工作报告中提出“积极发展公共租赁住房”，第一次将“公共租赁住房”（简称公租房）的概念引入公众视野。2010 年《国务院办公厅关于促进房地产市场平稳健康发展的通知》发布，指出要增加保障性住房的有效供给，切实增加限价商品房、经济适用房、公租房供应，从而将公租房纳入保障性住房性质与体系中。2010 年 6 月，住建部等部委联合制定了《关于加快发展公共租赁住房的指导意见》，指出要加大推动公租房建设力度，并明确了公租房供应对象主要是城市中等偏下收入住房困难家庭。有条件的地区，可以将新就业职工和有稳定职业并在城市居住一定年限的外来务工人员纳入供应范围，建议应实行动态租金管理方法。至此，我国的住房保障体系开启了产权式住房保障（经济适用房）与租赁式住房保障（廉租房、公租房）的模式。全国各地掀起了公租房的建设高潮。

## （二）我国公共租赁住房制度的形成与发展

### 1. 产生与形成时期——2011~2013 年

自 2011 年起，国家大力提倡公租房的建设。2011 年，住建部在向各地发出的《关于报送城镇保障性安居工程任务的通知》中明确提出 2011 年计划建设保障性安居工程任务是 1000 万套，相比于 2010 年的 580 万套新增 420 万套，其中公租房约为 220 套，大致占比五分之一。全国各省级行政区保障房建设计划中也提高了公租房建设的占比。2011 年，北京公租房建设比例占保障性住房建设规模的 60%[①]；江苏省全省保障性住房建设工程规划中，公租房的占比为 60%；浙江省公租房的占比为 62.5%；天津市公租房的占比为 52.6%。2010 年江苏省住房城乡建设厅发布《关于大力发展公共租赁住房的指导意见》，明确全省将新增公租房 10 万间（套），各

① 《明年保障房建设公租房占六成》，http://news.sina.com.cn/c/2010-10-21/122218266108s.shtml，访问时间：2021 年 7 月 1 日。

市未来3~5年要实现新就业人员、外来务工人员申请公租房“应保尽保”[①]。2010年重庆市通过了《中共重庆市委关于做好当前民生工作的决定》，明确提出要加大公租房的建设力度，3年建成建筑面积3000万$m^2$解决50多万户中低收入群众住房困难，连同危旧房、“城中村”棚户区改造，力争解决占城市人口30%的中低收入群众的住房难题[②]。2012年，《浙江省人民政府办公厅关于加强保障性安居工程建设和管理的实施意见》出台，明确将公租房作为实施城镇住房保障的主要形式，将采取多种方式加大公租房有效供应，逐步满足公众基本住房需求[③]。自2011年起，我国的保障性住房政策已经发生转向，从中央到地方，公租房建设逐渐成为保障性住房建设的主力，对住房保障的作用初见成效。

2. 廉租房与公租房并轨时期——2014~2016年

我国的住房保障体系主要由产权型与租赁型保障房组成。经济适用房、限价商品房属于产权型保障房，而廉租房、公租房则属于典型的租赁型保障房。廉租房和公租房对满足城镇中低收入住房困难群体的基本住房需求发挥了重要作用，但在实施过程中也存在以下问题。一是两种保障房都属于租赁房，但面向的群体不完全一样，适用的条件与标准不同，对申请人来说需要分别申请、分别排队，申请人不易搞清楚自己适用哪种保障方式，导致申请不便。二是住房保障供需是一个动态的过程，在出现房源与申请保障对象不相匹配时，受限于两项制度准入门槛、保障标准不同，廉租房或公租房房源不能相互调剂使用，在一定程度上造成了资源的闲置浪费。例如，在江苏金坛，并轨前，廉租房基本是“住一半空一半”，而公租房的需求却难以满足，并轨便解决了这一难题。三是并轨有助于健全廉租房和公租房退出机制。廉租房与公租房申请对象因收入等发生变化需要从廉租房对象转换成公租房对象的，需要退出原廉租房保障后再申请新的公租房保障，给老百姓与管理者均造成不必要的麻烦。廉租房和公租房建设、配售、管理方式相近，区别仅在于保障对象家庭收入情况不同，并轨后，通过实行统一的租金，同时政府进行有差异的租金补贴，便可有效化解退出难的问题。2013年12月，《住房城乡建设部　财政部　国家发

---

① 江苏省人民政府:《解读我省〈关于大力发展公共租赁住房的指导意见〉》，http://www.jiangsu.gov.cn/art/2010/7/30/art_32648_6133345.html，访问时间：2021年7月1日。

②《重庆将建3000万平公租房　解决50多万户住房困难》，http://news.sohu.com/20100628/n273116316.shtml，访问时间：2021年6月15日。

③《浙江省人民政府办公厅关于加强保障性安居工程建设和管理的实施意见》（浙政办发〔2012〕53号）。

展改革委关于公共租赁住房和廉租住房并轨运行的通知》发布。从2014年起，全国各地公租房和廉租房并轨运行，并轨后统称为公租房。该通知要求各地廉租房（含购、改、租等方式筹集，下同）建设计划调整并入公租房年度建设计划；原用于廉租房建设的资金来源渠道，调整用于公租房建设；要结合本地区经济发展水平、财政承受能力、住房市场租金水平、建设与运营成本、保障对象支付能力等因素，进一步完善公租房的租金定价机制，动态调整租金。明确要求健全公租房分配管理制度，各地要进一步完善公租房的申请受理渠道、审核准入程序，提高效率，方便群众。

公租房与廉租房并轨后有四个方面工作得到完善。一是统筹建设。从2014年起各地将廉租房建设计划统一并入公租房年度建设计划，此前已经列入廉租房建设计划的项目继续建设，建成后纳入公租房进行管理。二是统一受理。由各地整合原有的管理资源，建立统一的申请受理渠道、审核准入程序，方便群众申请，提高工作效率。三是统一轮候规则。各地根据房源情况，综合考虑保障对象的住房困难、收入水平、申请顺序、保障需求等因素，合理确定轮候排序的规则。当然，原廉租房保障对象的需求要优先满足。对已经建成的，或者在2014年以前已经立项正在建设的廉租房，要优先用于解决原来廉租房对象的困难，剩余房源才作为公租房安排使用。四是完善租金定价机制。公租房租金原则上按照适当低于同地段、同类型住房市场租金水平确定。2014年6月住建部又进一步发布关于并轨后公租房有关运行管理工作的意见，指出要明确保障对象，科学制定年度建设计划，健全申请审核机制，完善轮候制度，加强配租管理，加强使用退出管理，推动信息公开工作。并轨后公租房无论在建设数量还是在规模上都是前所未有的，其在住房保障体系中起到了重要的作用。

3. 深化创新时期（农村集体建设用地进入公租房市场）——2017年至今

随着我国政府住房保障建设的深入，住房保障体系已形成了产权式住房保障与租赁式住房保障两种不同性质的保障模式。前者包括经济适用房、限价商品房、安置房以及共有产权房（逐渐过渡到共有产权房），受保障者获得的是有限制的住房产权；而后者则是通过低租金获得租赁住房的使用权。由于经济适用房制度等实施过程中出现诸多弊病，如分配过程不公平、建设成本较高、市场定位不准等，已经逐渐被共有产权房所替代。共有产权房与公租房现已成为两大主要保障房模式。2017年4月，住建部提出，要增加超大城市、特大城市以及一些住房供需关系紧张的热点城市的住房供应[①]。在党的十八届三中全会上首次从国家制度层面提出要有条件地让农村集体土地入市，加大土地一级市场的供应。为了落实这次会议精神，中央部委尝试了试点改革，部署“利用集体建设用地建设租赁住房试点”[②]。2017 年 8 月 21 日，中央明确 13 座城市作为第一批试点城市，进一步开展集体土地建设租赁住房工作[③]。2019 年，随着我国《土地管理法》的修改，集体建设用地有条件地进入公租房市场。《土地管理法》的这一修改具有重大作用，它可以在一定程度上拓宽住房建设用地的供应渠道，缓解城市中的建房用地紧张局面，加强一级用地市场的供应量，弱化土地价格对房价高企的影响，同时可以有效地盘活农村集体闲置土地，既可以缓解房屋建设中的用地紧张，同时也可以将农民的一些财产性权利充分释放，转化为具体的资产价值。2021 年 6 月《国务院办公厅关于加快发展保障性租赁住房的意见》发布，明确保障性租赁住房基础制度和支持政策。保障性租赁住房主要解决符合条件的新市民、青年人等群体的住房困难问题，以建筑面积不超过 $70m^2$ 的小户型为主，租金低于同地段、同品质市场租赁住房租金；由政府给予政策支持，充分发挥市场机制作用，引导多主体投资、多渠道供给，主要利用存量土地和房屋建设，适当利用新供应国有建设用地建设。城市人民政府要坚持供需匹配，科学确定“十四五”保障性租赁住房建设目标和政策措施，制定年度建设计划，并向社会公布；加强对保障性租赁住房建设、出租和运营管理的全过程监督，强化工程质量安全监管。城市人民政府对本地区发展保障性租赁住房负主体责任，省级人民政府负总责。该意见提出以下支持政策。一是进一步完善土地支持政策。人口净流入的大城市和省级人民政府确定的城市，可探索利用集体经营性建设用地建设保障性租赁住房；允许利用企事业单位自有土地建设保障性租赁住房，变更土地用途，不补缴土地价款；可将产业园区配套用地面积占比上限由 7% 提高到 15%，提高部分主要用于建设宿舍型保障性租赁住房；保障性租赁住房用地可采取出让、租赁或划拨等方式供应。允许将非居住存量房屋改建为保障性租赁住房，不变更土地使用性质，不补缴土地价款。二是简化审批流程。利用非居住存量土地和非居住存量房屋建设保障性租赁住房，可由市、县人民政府组织有关部门联合审查建设方案，出具保障

---

① 《住房城乡建设部 国土资源部关于加强近期住房及用地供应管理和调控有关工作的通知》（建房〔2017〕80 号）。

② 《国土资源部 住房城乡建设部关于印发〈利用集体建设用地建设租赁住房试点方案〉的通知》（国土资发〔2017〕100 号）。

③ 同上。

性租赁住房项目认定书后，由相关部门办理立项、用地、规划、施工、消防等手续。三是给予中央补助资金支持。中央对符合规定的保障性租赁住房建设任务予以补助。四是降低税费负担并执行民用水、电、气价格。利用非居住存量土地和非居住存量房屋建设保障性租赁住房，取得保障性租赁住房项目认定书后，参照适用住房租赁增值税、房产税等税收优惠政策，用水、用电、用气价格按照居民标准执行。五是进一步加强金融支持。支持银行业金融机构以市场化方式向保障性租赁住房自持主体提供长期贷款，在实施房地产信贷管理时予以差别化对待。

## （三）公共租赁住房的特征及与其他保障性住房的不同之处

1. 公租房的特征

公租房是指限定建设标准和租金水平，面向符合规定条件的城镇中等偏下收入住房困难家庭、新就业无房职工和在城镇稳定就业的外来务工人员出租的保障性住房。公租房保障的对象可分为：一类家庭，即城镇中等偏下收入住房困难家庭；二类人员，即新就业无房以及外来务工人员。同时，公租房建设标准与租金有限制性规定。公租房具有如下特征。第一，保障性。公租房是我国政府继廉租房、经济适用房之后推出的保障居民住有所居的一种新型保障性住房。第二，政策支持性。公租房不是在房地产市场中自发生成的，而是由国家推动出现的，是国家以住房保障为目的人为设计的新型住房类别，因此公租房的发展，尤其是发展初期，只有在国家特殊政策的支持下，才能步入正常的发展轨道。同时，基于公租房的保障性特质，国家也有责任通过政策支持来推动公租房的发展，从土地供应、国家投资、税收优惠、金融支持方面给予公租房发展以政策支持。第三，租赁性。这是公租房的核心特征，也是公租房与经济适用房的最大区别。经济适用房是为目标群体提供的低于市场价格的产权住房，而公租房则是向目标群体提供适当的租赁住房来保障其住有所居。第四，稳定性。这是公租房与个人出租住房最大的区别。私人出租住房大多是私人闲置房屋，且随租赁市场变化，对承租人而言，其稳定性差；且租赁房的居住功能存在缺陷，难以达到产权房的居家效果。而公租房无论是通过政府新建、改建、收购的房源，还是通过在市场上长期租赁住房等方式筹集的房源，都可有效解决私人出租住房数量短缺、运营不规范等问题，为中低收入无房群体提供数量充足、租期稳定、价格合理的住房。第五，供应对象广泛性。在我国原有的保障性住房中，廉租房的供应对象是最低收入群体，经济适用房的供应对象是中等收入群体。而公租房的供应对象主要是城市中等偏下收入住房困难家庭，有条件的地区可以将新就业职工和有稳定职业并在城市居住一定年限的外来务工人员纳入供应范围。部分地方规定的公租房供应群体则更加广泛，如在工业园区对外来务工人员则不设置户口限制。

2. 公租房与其他保障性住房的不同之处

在我国的住房保障体系中，廉租房、公租房是典型的租赁型保障房；经济适用房、限价商品房、共有产权房等则属于产权型保障房。廉租房与公租房并轨后，与产权型保障房主要有以下区别。

第一，权属性质不同。产权型保障房如经济适用房、限价商品房在符合一定条件的情况下，可以拥有完全产权，可以上市交易。江苏淮安还在全国首创了经济适用房购房人与政府“共有产权”的形式，购房人在一定条件下可以购买政府的产权份额，进而可以对该房屋实现完全产权。而租赁型保障房如公租房主要是以“租”为主，解决的是保障对象短期的居住问题，其权属仍属于投资建设的各级政府，保障对象享有一定时期的使用权，但没有处置权、所有权。

第二，后续管理方式不同。公租房租赁，必然存在租后管理的问题。保障对象与政府指定的经租管理机构签订租赁合同以后，管理机构还要承担收取租金、房屋使用情况的监督管理，实践中政府不仅要对房屋进行管理，还需要对租住的人进行管理；在集中的租赁房小区，还要承担小区物业管理；并负责对租赁退出管理的监督与实施。产权型保障房在保障对象签订房屋买卖合同以后，由于产权归属发生转移，此后对房屋的使用管理职责则主要转移至购房人，政府无须承担太多的使用监督、管理职责。

第三，公租房与其他保障性住房在准入、退出机制方面不同。租赁型保障房的适用对象除了城市中低收入困难家庭以外，还有新就业的大学毕业生、在城市拥有固定工作的务工人员，对于后两类人员没有户口的限制。而产权型保障房由于各地经济发展的不平衡，除个别地区进行试点（如江苏淮安的经济适用房实行“共有产权”的做法，则给了新就业、创业人员一定的预期，满足一定条件后可以低于市场的价格购入政府的产权份额，进而实现完全产权）外，其他大多数城市尚未实施对本地区户籍以外的人员适用购买产权型保障房的政策。

## （四）我国公共租赁住房制度运行取得的成就

伴随着公租房模式在国内各省、市的积极推广，公租房制度在解决中低收入无房家庭与人员住房困难方面起到了重要的积极作用。全国各地到“十二五”期末，基本上做到了低收入无房家庭的应保尽保。以江苏省“十一五”“十二五”“十三五”住房保障为例，“十一五”规划期间，全省累计提供各类保障性住房 43.1 万套，享受廉租房租赁补贴的有 6.4 万户，完成棚户区、危旧房改造 2002 万 $m^2$，共解决 89.5 万户城镇家庭的住房困难。到“十一五”期末，全省住房保障工作实现了两个“应保尽保”和四个“全国领先”。两个“应保尽保”即低保住房困难家庭申请廉租房应保尽保，低收入住房困难家庭申请经济适用房应保尽保；四个“全国领先”，即江苏住房保障的低收入线标准、住房困难标准、保障面积标准和应保人群覆盖比例处于全国领先水平。为解决中等偏下收入住房困难家庭以及新就业人员与外来务工人员住房困难问题，自 2011 年起，江苏苏州、无锡、常州等地率先通过集中建设和企业自筹等方式筹集公租房。2011 年 6 月，《江苏省公共租赁住房管理办法》颁布，用以规范解决城镇中等偏下收入住房困难家庭、外来务工人员和新就业人员的住房困难问题。江苏省政府确定了《住房保障“十二五”规划》，提出到“十二五”期末实现“两有两覆盖”目标，即“城镇中等偏下收入住房困难家庭住房有保障，新就业人员和外来务工人员租房有支持，集中成片的棚户和危旧房片区改造全覆盖，城镇保障性住房覆盖 20% 居民家庭”，确定“十二五”期间规划建设保障性住房 135 万套，公租房 48 万套，廉租房 2 万套，经济适用房 15 万套，棚户区、危旧房改造 70 万户。为保证公租房制度的建设，在江苏全省开展了公租房与廉租房并轨、公租房社会化租赁等九项试点示范项目，提出将“住房保障体系健全率”作为保障性住房的考核指标，并纳入江苏省“全面小康”和“基本实现现代化”的考核评价内容。“十二五”期末江苏省实现了“两有两覆盖”目标。2015 年，江苏保障房基本建成 31.8 万套，新开工 29.2 万套，已超额完成“十二五”期间国家下达的任务，共实施保障房 160 万套，是“十二五”规划目标任务的 118.5%，共有约 500 万城镇居民的居住条件得到明显改善。“十三五”期间江苏全省住房条件明显改善，建设各类保障性住房 134 万套，改造城镇老旧小区 5343 个。江苏省在城镇住房保障方面取得了令人称赞的成效，除了理念超前、思维创新外，在保障房建设尤其在公租房制度建设与筹集方面走在了全国前列，对江苏省住房保障体系的建设起到了积极的作用。

其他省、市在公租房建设与配置方面积极探索，也取得较好成绩。

北京市在“十三五”期间，共分配公租房 16 万套，帮助 40 余万居民改善了居住条件，累计发放市场租房补贴近 10 亿元。积极试点集体建设用地建设租赁住房，拓宽房源筹集渠道。截至 2021 年 1 月，全市已累计开工 41 个项目，可提供房源约 5.5 万套。同时，组织利用闲置商场、写字楼、厂房等改建为租赁型职工集体宿舍，提供小户型、低租金的床位式租赁住房，已改建 13 个项目，提供房源 3600 套（间）[①]。2022 年 3 月 18 日，《北京市人民政府办公厅印发〈北京市关于加快发展保障性租赁住房的实施方案〉的通知》明确了北京市将在“十四五”期间筹建 40 万套（间）保障性租赁住房，全方位明确了审批流程、土地、税费、金融等各类支持政策[②]。

上海市于 2010 年 9 月颁布《本市发展公共租赁住房的实施意见》，为规范指导公租房的投资建设与运营管理，随后又陆续出台了《本市公共租赁住房项目认定的若干规定》等数十个政策文件，构成了上海市公租房制度基本政策体系。上海市在“十三五”期间，对户籍低收入住房困难家庭基本实现廉租房应保尽保，累计受益家庭 13.3 万户，相比于“十二五”期末增长 20.9%。同时，上海市还加大了公租房建设、分配供应、房源循环使用的力度，累计筹措房源 18.5 万套，受益家庭 70 万户，与“十二五”期末相比分别上涨 42.3%、321.7%，有效缓解了青年职工、引进人才和来沪务工人员等新市民的阶段性住房困难。据初步统计，截至 2019 年年底，扣除单位租赁住房和定向用于廉租实物配租的房源，上海市已供应并投入运营的公租房有 38712 套，其中市筹公租房项目 11 个，有 18422 套房源；区筹公租房项目 164 个，有 20290 套房源[③]。

云南省在“十三五”时期住房保障坚持公租房实物安置和租赁补贴并举。截至 2020 年年底，累计建成和在建公租房 91 万套，近 300 万城镇住房困难群众入住，另有 113 万困难群众领取公租房租金补贴。截至 2020 年年底，全省人均住房建筑面积达到 $40.0m^2$，高于全国平均水平[④]。

海南省在“十三五”期间发展公租房，开工建设公租房 8.28 万套，分配入住

① 《“回顾‘十三五’展望‘十四五’”系列新闻发布会：北京市住房保障工作情况》，http://zjw.beijing.gov.cn/bjjs/zmhd/zjzbj/10919297/index.shtml。

② 《北京市关于加快发展保障性租赁住房的实施方案》。

③ 周金龙，李琳，张丹洁：《上海公共租赁住房投入产出研究》，《上海房地》2021 年第 6 期。

④ 《云南省“十四五”城镇住房发展规划》。

7.53 万套，累计已向 4.3 万户发放住房租赁补贴；实施棚户区改造、城镇老旧小区改造以及农村危房改造，城乡居民住房面积得到较大提高。城镇居民人均住房建筑面积达到 34.56$m^2$，农村居民人均住房建筑面积达到 34.59$m^2$，较“十二五”期末分别增长 10.6%、21.5%。开展安居房建设试点，逐步满足本地居民和引进人才住房需求。初步建立了公租房、安居房、市场化商品房和市场化租赁住房的住房保障和供应体系①。

深圳市住建局、深圳市发改委印发《深圳市住房发展“十四五”规划》，提出“十四五”期间计划建设筹集住房 89 万套（间），其中保障性租赁住房 40 万套（间），占住房建设筹集总量的 45%。深圳市供应居住用地不少于 15$km^2$、建设筹集公共住房 54 万套（间），包括公租房 6 万套（间）、保障性租赁住房 40 万套（间）、共有产权住房 8 万套②。

# 二、我国公共租赁住房立法与存在的问题

## （一）我国公共租赁住房立法进程与梳理

2010 年 6 月，住建部等七部委联合制定了《关于加快发展公共租赁住房的指导意见》，指出要加大推动公租房建设力度，明确了公租房供应对象主要是城市中等偏下收入住房困难家庭。有条件的地区，可以将新就业职工和有稳定职业并在城市居住一定年限的外来务工人员纳入供应范围，建议应实行动态租金管理方法。2011 年 1 月《国务院办公厅关于进一步做好房地产市场调控工作有关问题的通知》发布，再次强调各地政府应对公租房供应提供税费减免等优惠措施，增加土地供应量，落实资金投入。同时，要鼓励金融机构、房地产开发企业参与公租房的建设、运营和管理。同年 9 月，《国务院办公厅关于保障性安居工程建设和管理的指导意见》发布，指出优化房源地布局、设计优效的户型，各单位要加强公租房的质量监督，落

① 《海南省住房和城乡建设事业“十四五”规划》。

② 《深圳市住房发展“十四五”规划》。

实项目质量责任，同时对公租房准入与退出环节作了规定，要严惩公租房的违规行为。至此，全国各地掀起了公租房的建设高潮。部分城市如深圳、北京、重庆、常州等率先开始了公租房制度的尝试，并颁布了相应办法。2008 年 1 月《深圳市公共租赁住房管理暂行办法》发布，2009 年 7 月《北京市公共租赁住房管理办法（试行）》、2009 年 7 月《常州市市区公共租赁住房管理办法》、2010 年 6 月《重庆市公共租赁住房管理暂行办法》发布，2010 年 9 月上海市《本市发展公共租赁住房的实施意见》发布，2011 年 6 月《江苏省公共租赁住房管理办法》发布，2011 年 6 月《河北省公共租赁住房管理办法》发布，2012 年 1 月《杭州市区公共租赁住房租赁管理实施细则（试行）》施行，各地自主创新摸索公租房模式与运行机制。在各地试点的基础上，住建部于 2012 年 5 月 28 日发布《公共租赁住房管理办法》并于同年 7 月 15 日起施行，加强对公租房的管理，保障公平分配，规范运营与使用，健全退出机制。至此公租房制度终于在法律层面上得以规范与认可，公租房正式成为我国住房保障体系中的重要组成部分。之后，全国各省、市纷纷制定相关公租房管理办法。

## （二）公共租赁住房立法效力与定位问题

*1. 立法效力层次较低*

住建部 2012 年发布的《公共租赁住房管理办法》这一部门规章是迄今为止国家层面调整公租房的最高层级的规范。依法行政是实现法治国家与法治政府的基本要求。对公租房的建设与管理缺乏一部高阶位的立法。公租房的法律制度建设呈现出先地方摸索后中央总结、立法效力层级较低等特点。无论是国家层面还是地方层面，大多是以“指导意见”“意见”“实施意见”“办法”的形式出现，如住建部等七部委发布的《关于加快发展公共租赁住房的指导意见》、住建部的《公共租赁住房管理办法》、上海市的《本市发展公共租赁住房的实施意见》以及《重庆市公共租赁住房管理暂行办法》《江苏省公共租赁住房管理办法》等，立法层次低，绝大多数属于规范性文件或部门规章。其内容上大多是程序性的规定，包括申请审核、轮候配租、使用与退出以及相应的法律责任等。这些零散而不全面、带有较强时政性与随意性的制度规定，对公租房发展的总体目标、具体实施路径、建设运营模式难以达成有效共识，无法对公租房发展进程中出现的各类问题进行系统、完整的规范，难以构建健全、稳定、权威的公租房法律制度。公租房涉及多部门，如住建、自资、民政、人社、税务、财政、金融监管、住房公积金管理等多个部门，需要各部门的相互衔接，明确各自分工职责。只有通过立法，才能规范公租房从建设到管理的各环节，使公租房从规划、选址、建设、质量、配套公共设施，到准入、使用、退出有法可依，避免各部门相互推诿，使每一个行政行为均有法可依，确保公租房制度的长久稳定发展。

2. 立法定位不清，行政本位色彩浓厚，重管理而轻自治和保障

住建部发布的《公共租赁住房管理办法》作为部门规章，其立法的定位性质不清。其属于行政法性质还是私法民法性质，还是属于社会保障法性质，难以确定。目前对公租房的规范除了《合同法》外，调整住房租赁的主要法规如《城市房地产管理法》《城市房屋租赁管理办法》，几乎都冠以"管理"二字，突出行政管理的特性，均是以行政管理及适当监督为主要视角拟定的，制定的宗旨倾向于管理，对合同当事人的合同自由干预多。但尤其对租赁关系中承租人利益的保障相当欠缺，行政本位色彩浓厚，很难为我国公租房制度提供有力的法律支撑。在我国现有的户籍制度下，由于租赁是城市外来人员满足居住需要的主要手段，许多地方将住房租赁立法看作维护"社会秩序"的手段。例如，《北京市外地来京人员租赁房屋管理规定》第一条明确规定其立法目的是"维护首都社会秩序"，《天津市房屋租赁管理规定》第四十二条规定承租人是外来人员时租赁双方"还应当遵守国家和本市治安管理的有关规定"。公租房立法的定位必须明确。

3. 多层次、多部门立法，立法体系不协调、不统一

住房租赁立法的层次多，存在法律、行政法规、部门规章、地方性法规和规章等不同层次。由于法律、法规对许多重要的问题，如国有土地租赁，没有作出明确规定，实践中只能依据部门规章和地方规章加以调整，立法层次偏低，存在"九龙治水"的局面，而且存在许多用红头文件代替法律的情况，各地方甚至不同部门都各行其是。因此，建立统一的住房租赁立法体系已经成为健全我国住房租赁法律制度的首要任务。

4. 立法公众参与度不高

涉及公民切身住房利益的公租房相关的政策和立法制定过程，如百姓最关心的公租房规划、选址、施工、定价、准入、退出等问题，在立法上也须拓展公众有序参与政策和立法制定的途径。公众参与立法途径的实现，一般是在决策机构的组织

下，通过给予建设工程相关的专家团、法律专家团、与公租房利益密切的社会成员代表发声的机会，积极表达利益诉求，并对专业性强的疑难问题进行充分的讨论，使更多公民参与并实际影响到公租房立法过程的一系列行为。公众参与立法的方式，除包括政府主办组织公众以线下会议形式表达诉求和意见之外，还包括创造网络话题、报纸专版等方式，积极建立接纳公众诉求的互动机制[①]，以更好地保障公民通过实际行动参与立法，增强法律意识。赋予更多公民参与公租房政策和立法制定程序，并鼓励其积极表达诉求，彰显了宪法、行政法等法律赋予人民积极参与管理国家权利的精神。这种鼓励公民积极行为的公众参与立法模式，使法律不脱离实际，有利于法律法规更接近平民百姓生活，也有益于提升国家管理的效能，还在一定程度上挽回立法机关垄断带来的效率损失，更多地为行政立法活动的正当性和合理性打好百姓基础。

5. 地方立法活跃，全国性立法滞后，各地发展不平衡

对于大城市来说，完善的租房法律制度是影响幸福指数和社会稳定的一个很重要的因素[②]。在公租房立法方面，深圳市走在了全国前列。深圳市于 1992 年 12 月首次通过了《深圳经济特区房屋租赁条例》。这一地方性法规的出台，在其他城市引起了较大反响，其他大城市纷纷效仿，制定了本地相应的法规或者规章。建设部在 1995 年颁布了《城市房屋租赁管理办法》，是国家层面为公租房的管理出台的一部规范性文件，但公租房的立法工作在中小城市的进展仍十分缓慢，这可能也和当地的经济发达程度以及租房市场的活跃度有关。

## 三、我国公共租赁住房制度运行的困境与存在的问题

公租房制度在实际运行中取得了骄人的成绩，但运行过程中的问题与困境也不可避免地存在，在一定程度上影响了该制度作用的发挥。

---

① 方世荣，孙思雨：《论公众参与法治社会建设及其引导》，《行政法学研究》2021 年第 4 期。

② 孙颖：《和谐社会视阈下的城市空间分异治理研究》，《湖南科技大学学报（社会科学版）》2018 年第 6 期。

## （一）缺乏强有力的法律制度支撑

在保障房领域，我国相关的法律法规并不健全，至于公租房的相关制度更是甚少。在全国各省、市公租房实践中调整公租房制度的大多是地方性法规和政策性文件，各地的法规不仅不统一，而且政策文件具有随意性，很难支撑我国系统的公租房制度的运行。根据我国当前立法先行的治国理念，必须先从顶层设计上为公租房制度提供强有力的法律制度支撑。

## （二）建设增速快、配置率不高

国务院多次强调，保障房建设要以公租房为主。公租房是我国新推出的保障性住房，与其他保障性住房相比起步较晚，无论从建设的数量上还是在保障性住房体系中所占的比例都不高，但近年来规模与数量增加很快。由于公租房从建设到投入使用需要一定的周期，大多数城市的新建公租房配置工作也是近三五年的事。2010年，全国计划新建公租房40万套，仅占590万套保障房任务的7%；2011年，全国计划新建公租房227万套，占1000万套保障房任务的22%；到了2012年，全国计划新建公租房230万套，占700万套保障房计划的33%，可见其增长速度较快。住房保障标准和覆盖面在全国处于领先水平的江苏，从公租房制度开始推行便积极探索建立公租房制度，多渠道推进公租房建设。2010年江苏省建设公租房10万间（套）。2011年全省共完成保障性安居工程建设任务45.3万套（户），其中公租房、廉租房15万套（间）。2012年江苏省保障性住房建设目标任务是新开工建设31.5万套（户），再加上发放廉租房租赁补贴的4.5万户，总计任务为36万套，其中新开工的保障房中包括公租房10.5万套。2013年江苏省确定全年新开工保障性住房23万套，基本建成18万套。新开工保障性住房中，公租房（含廉租房）7万套，经济适用房2.7套，限价商品房5万套，各类棚户区、危旧房改造安置住房8.3万套[①]。尽管公租房的规模与比例在保障房体系中逐年增加，却出现了“热建不热销”“叫好不叫座”的现象。2011年年底和2012年年初，上海市首批两个市统筹公租房项目新江湾尚景园（2200套）和华泾馨宁公寓（2900套）开展试点供应，结果各区受理申请

① 《江苏省人民政府办公厅关于分解下达2013年保障性安居工程建设目标任务的通知》（苏政办发〔2013〕5号）。

总量仅为2000户，出租率不足四成[①]。武汉市公租房入住率为23%，郑州市公租房申请人数不足50%[②]。南京市于2010年年底开始公租房建设，四大保障房片区各类保障房共计8.28万套，公租房2万套，但至2014年10月，符合申请条件并配租的仅为2231户，出现了“房等人”现象。尽管从表面看各地政府做到了应保尽保，但公租房的入住率不高，实际上造成建成公租房的大量闲置，导致巨大的公共资源浪费，究其原因既有公租房偏远、选址不当、房型建设标准过低[③]、配套设施不全以及租金偏高等原因，更有公租房准入门槛过高等原因，实质上是公租房配置机制出现了问题。

## （三）公共租赁住房建设土地供应紧张

国家实行住房改革，在涉及民生住房领域引入市场机制的几十年内，商品房价格飙升，其中土地价格在高昂的房价中占很大比例。农村土地增值收益的制度是国家在实施耕地保护和城镇化发展战略中所产生的制度意外[④]，由此也引发了各地房地产领域的“地王”现象。国内消费者也对未来房价感到恐慌，因为房地产开发商往往通过把高昂的土地成本转嫁为消费者购房价格的方式降低自身成本。规范城乡建设用地市场、实施征地制度改革，以及完善土地增益分配机制等相关政策，构成集体经营性建设用地可以直接进入市场的政策逻辑[⑤]。

从目前全国的整体形势来看，尽管房地产开发土地供应总量较大，但仍难以满足民众的公租房需求，公租房等保障性住房用地普遍供应不足，公租房建设用地机制相对不完善，逐渐成为公租房制度在各地普及过程中的一大障碍。从各地公租房运行实践中不难发现，公租房建设能否顺利完成，主要取决于当地政府的土地储备量，以及高效、适足供应建设公租房的土地的能力。然而，城镇化引发城镇地区人口集中性突增，使某些地区中低收入群体的住房需求无法及时得到满足的局势始终没有得到合理改善。国内各省、市城市土地中的建设用地实际为地方政府控制和利

---

① 张永岳，崔裴：《将廉租房与公租房并轨创新租赁型保障房管理模式》，《科学发展》2012年第11期。
② 代沙沙：《公租房的现实要求与发展前景》，《中国房地产》2012年第9期。
③ 公租房建筑面积一般为$40m^2$与不超过$60m^2$的房型，对于高层建筑来说，实际使用面积过小。
④ 郭亮：《从理想到现实：“涨价归公”的实践与困境》，《社会学研究》2021年第3期，第23-46页。
⑤ 欧阳君君：《集体经营性建设用地入市范围的政策逻辑与法制因应》，《法商研究》2021年第4期，第46-58页。

用[1]。有些地方政府为了追求地方经济利益，往往超出土地利用规划，过度提供土地用于普通商品房开发，缩减保障性住房用地供应。

各地政府如何在不触碰土地红线的情况下妥当安排土地规划，是广大人民群众和开发商普遍关心的民生问题。其中，公租房用地采取何种供给模式成为中低收入群体尤其关注的问题。从中国房地产市场的近况来看，各地房地产建筑用地多为熟地。在这些熟地供给模式的选择上，各地通常的做法是让开发商作为竞拍者参与招拍挂程序，将熟地出让给出价高的开发商。由于公租房建设用地实行行政划拨的供应方式占多数，地方政府大多将公租房住房用地选在远离城市的郊区，而且随着城镇化的加速，其距离市区更是越来越远。然而，伴随着房地产行业的火爆发展，近年来，土地价格也逐步升高。在这巨大的土地利益驱动下，地方政府作为公租房制度的实施管理者面临着左右为难的困境。地方政府一方面考虑通过将熟地以招拍挂方式出让给开发商，扩充地方财政，解决地方财政的不足；另外，将存量土地直接用于自建公租房等保障性住房，或者低价出让土地，委托第三方建设公租房。另外也可以选择通过将地方存量土地用作建设公租房的方式来确保当地民生工程的圆满完成，更好地保障中低收入群体的住房权益。毋庸置疑，这种做法对地方政府的财政收入来说是一笔较大的损失。这种两难困境使得部分地方政府缺乏建设公租房的热情，无法保障公租房的有效和稳定供应。

在解决上述两难问题的过程中，一些地方政府采取积极措施，在土地供应机制上进行了有效实践。这些地方的宝贵实践，为其他省、市公租房建设中的土地供应机制探索提供了可借鉴的经验。重庆市针对公租房建设用地供应不足的问题，早在2002年便成立了土地整治储备中心，由政府主导的土地储备供应模式由此建立。面对上述的两难选择时，重庆市选择舍弃土地财政中的部分利益，对公租房建设用地采取无偿划拨的方式。从近几年公租房实践取得的成果上看，各地可以采取重庆模式，其中成效较好的方式有旧城拆迁、学校迁址、老厂搬迁等。还有些地区积极调整和升级产业结构，通过征用农村集体土地等渠道解决存量土地供应的不足问题。

---

① 夏柱智：《城市转型的实质挑战及土地制度的应对——兼论集体土地入市问题》，《思想战线》2019年第2期，第106–113页。

### （四）公共租赁住房供给主体单一，资金筹集困难，地方政府动力不足

我国公租房建设基本以政府为唯一的供给主体，包括中央、省、市、县各级政府（除少量工业园区由企业自建职工宿舍外），即“政府模式”。中央政府负责政策制定，制定国家层面的运作方式，地方政府负责地方政策的制定和实施。这种模式下，中央政府放权却没有为地方政府提供足够的财政支持。作为租赁型保障房的公租房，同廉租房一样，在建设过程中资金投入大、利润低且回收期长，财政补贴成为该类保障性住房的主要资金来源，这给地方政府带来很大的资金压力。资金大多依靠中央和地方政府的财政支出。受公租房回报周期长、回报率低的影响，市场力量与社会组织投资面临低收益和高风险双重困难，目前尚未探索出社会资本参与的有效运营模式。为支持各地完成公租房建设任务，财政部 2012 年划拨中央补助公租房专项资金 660 亿元。其中，东部地区 120.3 亿元，占 18.2%；中部地区 250.7 亿元，占 38%；西部地区 289 亿元，占 43.8%。该项资金专项用于补助政府组织实施的公租房项目，包括投资补助、贷款贴息以及政府投资项目的资本金等开支。但是政府投入毕竟有限，公租房资金筹集一直缺乏稳定的来源。地方政府在实现新公租房供应方面面临巨大的财政压力。地方政府对发展公租房的动力不足。一方面，保障性住房（包括公租房）建设对地方经济的发展有重大影响。保障性住房建设的目的在于改善低收入家庭的居住条件，保障公民住宅权的实现，加快保障性安居工程的建设，对改善民生、促进社会和谐稳定无疑具有重要的意义。同时，保障性住房建设对抑制部分地区房价上涨过快也具有重要影响。但另一方面，保障性住房建设对地方经济的发展并非都是正面影响——由于地方政府与中央政府在保障性住房建设过程中的目标与行为标准的不一致，地方政府没有公租房的供给决策权，只是被动地执行上级分配下来的供给数量、供给方式和供给程序等任务。因此，很多地方政府疲于完成上级下达的任务，而没有真正把建设公租房当作自己应尽的职责。此外，保障性住房建设对地方经济可能会造成一定程度的影响，从而使得作为住房保障政策直接执行者的地方政府难以调动承担其应负责任的积极性。保障性住房的建设一方面影响了地方政府的土地财政收入与支出，另一方面也会给商品房的成交及价格带来一定的冲击，从而对地方税收与 GDP（国内生产总值）产生一定影响，无偿划拨用于公租房建设的土地越多，商品房建设用地势必越少，影响到地方政府的财政

收入。资金和土地收入减少，直接影响地方政府发展公租房的积极性。

## （五）公共租赁住房准入、使用、退出机制不完善

1. 人群覆盖面相对较窄，准入门槛过高，户籍与收入仍是申请障碍

各地对申请公租房的户籍限制条件规定不一。重庆市在《重庆市公共租赁住房管理暂行办法》以及此后的实施细则中都没有设置户籍限制，只要符合收入与住房双困标准，本地居民与外来务工人员同等对待，是公租房覆盖面最广的一座城市。2021 年实施的《上海市发展公共租赁住房的实施意见》第三条明确将上海市从户籍人口扩大到常住人口。大多数城市的公租房仅惠及本市户籍居民，户籍仍是公租房申请的一大障碍。在准入条件上，收入界定仍是一大难题。上海市对公租房不设收入限制，而江苏省、北京、重庆、深圳均设置收入与原住房双困的准入条件。在南京，公租房优先考虑满足城镇中等偏下收入住房困难家庭的需求，2014 年中等偏下收入家庭标准为家庭月收入低于 2421 元，低收入家庭则为 1513 元，限制条件过于苛刻，导致一些稍高于上述标准的家庭难以申请到公租房。同时，这也增加了公租房个案复杂程度，为满足低收入的条件，一些居民以离婚的方式形成单亲家庭，从而降低家庭收入以满足公租房申请条件。甚至子女有几套房却不给老人居住，孤寡老人只能租房住的情形也并不少见。对于此类申请人是否真正符合申请条件，是否违反政策规定也须考量。此外，南京保障房片区的公租房对新就业大学生、进城务工人员的住房申请滞后于中低收入住房困难家庭，公租房的覆盖面较窄，难以保证实质公平。目前在我国排队轮候主要遵循时间优先原则，即先到者先得，使得部分急需公租房保障的群体被迫延长了等待时间，降低了公租房的分配效率。

此外，公租房租金的制定随意性大，标准的确定未经听证，合理性存疑。公租房是针对社会“夹心层”住房困难群体提供的住房保障，涉及的人群数量比较大，且作为社会公共资源，其租金应当充分考虑申请人的负担能力以及当地房价的变化情况进行确定。应引入公开听证程序，实现公租房租金制定的公开化、透明化，也可以及时对租金进行动态调整，减少市民对租金的质疑。

2. 信用体系不健全，收入监督困难

目前，政府对申请人资格和条件的审查，主要是对其家庭和个人住房、收入以及资产等信息进行核定。由于个人征信制度尚不完善，居民及家庭收入资产信息管

理不健全，审查时所获取的个人信息难免存在数据不准确或疏漏的情况，信息上的不对称可能导致居民趁机瞒报收入资产来骗取公租房申请资格。此外，信息存在滞后性，由于缺乏完整的居民信息系统，城镇居民基本居住信息，如人均住房面积、资产状况等数据的更新速度慢。信息一旦滞后，如何确定个人责任、如何执行及处罚等问题也相当棘手。

3. 实物退出机制不易落实

公租房住户并不享有房屋所有权，如保障对象经济状况改善，不再符合公租房保障条件，如购置、租赁、继承、受赠其他住房的，按照规定应该退出。但实践中公租房退出操作困难，缺乏有效的制约手段。收入水平和财产状况是衡量住户应否退出的主要标准，但我国尚不存在财产申报制度，所以退出机制实际上很难操作。一部分享受公租房保障的家庭收入增加了，但由于保障部门无法确定其真实收入与资产情况，就没有有力证据强制其退出，出现不符合租住条件的人强行挤占社会公共资源的现象。另外，也存在住户收入超过了标准，但仍无住房或住房困难的情形，退出仍困难。南京市公租房自 2012 年年底才开始分配，目前还没有住户退出公租房，而经济适用房、廉租房也仅有 13 人退出。南京市采取的公租房退出政策主要包括限期搬离，或者可继续居住但按市场价格收取租金。该项规定在实际执行时也遇到了难题，因为住房保障部门没有执行权，公租房承租人不愿退出时，只能申请法院执行，法院则要考虑执行对社会稳定的影响。一旦住户已经入住公租房，如其没有其他住房，被强制要求退出则等于回到了“无房”状态。因此，很难强制住户退出。

## （六）公共租赁住房后续管理不到位，监督惩罚机制不完善

公租房监督与惩罚机制亟待完善。目前，我国缺乏对于准入后住户收入状况变化的监督审查机制，政府部门执行监督力相对松散。一些住户在入住公租房后收入明显增加，若不能及时对其经济状况进行监管，则容易出现一经申请就不退出的情况，准入、退出机制就会带有随意性。而地方规章政策对那些故意虚报、瞒报收入骗租的个人和家庭的处罚力度并不大，一般为取消其租赁资格并限期搬离，这实际上是一种变相的纵容。同样地，因缺乏有效的惩罚机制，对那些恶意欠租或拒不腾退的“钉子户”，实务部门的督促或法院的强制执行并不能起到威慑作用。因此，不

仅要严格监督审查公租房的准入与退出机制，还应当制定具体、有效的惩罚机制，对违反相关规定的住户进行实质上的震慑与惩罚，才能切实保证公租房制度的顺利实施。

## （七）公共租赁住房专门管理机构缺位

公租房保障具有很强的动态性，需要设立专门的管理机构、配备专职工作人员进行管理。目前，不少地方沿袭经济适用房或廉租房的运营模式，由住房保障机构统一管理与运营，并没有设立专门从事公租房投资建设与经营管理的运营机构。住房保障机构工作内容广泛，仅凭其对申请人信息资源的筛选与审查，人力有限、成本很高，而一旦判断失误有可能对政府公信力产生不利影响，也难以保证决策的科学性和公平性。

总之，目前我国公租房建设缺乏完善的立法保障，公租房的资金筹集困难，准入与退出机制不健全、监督与惩罚机制滞后等问题亟待解决。建立健全公租房的建设与管理机制，构建公租房准入、使用、退出监督长效机制，不仅可以切实解决社会“夹心层”群体的住房问题，对实现住房保障事业的可持续发展也具有深远意义。

# 第二章
# 公共租赁住房配置的基本理论

## 一、公民住宅权理论

住房，是人实现自身发展的基本的物质需求之一，各国政府无不把解决住宅问题作为维护社会稳定、促进经济增长、改善居民生活的大事来抓。1981 年 4 月在伦敦召开的国际住宅和城市问题研讨会上，通过了具有重大影响的《住宅人权宣言》。“居住在良好环境中适宜于人类的住所”被确认为“所有居民的基本人权”。我国政府十分重视公民的住房问题，从 20 世纪 90 年代开始，在经历了从公有住房制度改革到住宅商品化，从旧房改造到住宅建设，从向低收入者提供经济适用房，到为最低收入者供应廉租房后，居住在城市中的老百姓的居住环境获得了前所未有的改善。从国内城市居民的居住面积数据看，改革开放以来居住面积有了明显提升，居住环境得到了良好改善，自 1990 年的 20 亿 $m^2$ 增加到 2008 年的 124 亿 $m^2$，可以说，大体上兑现了住房“脱贫”的承诺，实现“多数人有房子住”的目标。然而，要实现“人人有房住”的目标，我们国家仍任重道远。我国政府已将“发展普通商品住房和经济适用住房，改善城市中低收入家庭住房条件；健全廉租房制度，加快解决城市低收入家庭住房困难”列入《国家人权行动计划（2009—2010 年）》。为此，研究公民住宅权以及政府的责任具有重要的现实意义。

### （一）住宅权与人格尊严

住宅权，英文表述为“the right to adequate housing”，又称适足住宅权，指公民获得“适足”住房的权利。住宅权这一似乎最为简单的概念，至今仍没有一部法律为其下过定义。有学者认为，在普遍福利国家中，住宅权在很大程度上是一个社会概念，而它在选择性福利国家则是法律上权利概念的一部分[①]，也有学者将住宅权作为一种规范性理想进行讨论，并将其作为衡量住房条件的标准[②]。住宅权作为基本人权已成为共识，在法律上需要作出规定。宪法是国家根本大法，是各部门的立法依据和基础，任何权利规范都受到宪法的指引和规范。基本法源于宪法，权利规范是宪法精神的延伸和具体实施，保障公民各项权利的平等、自由且不受侵犯是宪法所赋予的基本准则。尽管我国历部宪法都没有具体规定公民的住宅权，但宪法一直把保障公民的基本权利和发展作为宪法社会经济权利的基本目标，住有所居是默示的宪法权利。尽管如此，明确定义无疑是增进对于住宅权所包含的各项权利以及政府在此领域中的法律义务的理解的重要条件。

住宅权已被法律承认并为国际社会所接受。无论是在国际还是各国国内多重层面上，与住宅权相关的领域都正在发生着令人鼓舞的巨大变化。现在各国政府要承担比以往任何时候都更多、更明确的责任去尊重、增进和实现住宅权，并承认获得足够、安全、舒适和健康的居住条件是一项基本人权，其地位等同于其他传统的人权，如言论自由权、宗教信仰权等。尽管住宅权是属于自由权还是社会权还存在争议[③]，在我国《宪法》中“住宅不受侵犯”则具有社会权色彩[④]。法院也越来越多地将住宅权问题列入正式司法框架内处理。住宅权作为一项基本人权越来越受到各国政府的重视。我国政府已于 1997 年 10 月签署《经济、社会和文化权利国际公约》，中国作为公约的成员国，将遵守公约的规定，承担起国内与国际义务，积极地采取适当措施以保证我国公民住宅权的实现。

早在 1983 年《住宅法》就被正式纳入全国人大法制委员会的立法部署中，2004 年我国第一部住宅法专著《中国住宅法研究》出版，专章对公民住宅权进行阐述，首次从国际视角提出了中国语境下的公民公平住宅权及内涵[⑤]。2008 年首都高校“住宅保障”博士生论坛上，三百余名博士生向十一届全国人大代表发表公开信，要求

① BENGTSSON B:《Housing as a social right: Implications for welfare state theory》,《Scandinavian Political Studies》2001 年第 4 期，第 255–275 页。

② YUNG B，LEE F P:《‘Right to housing’ in Hong Kong: Perspectives from the Hong Kong community》,《Housing，Theory and Society》2012 年第 4 期，第 401–419 页。

③ 李会勋，王学辉:《公租房国家保障义务理论探究》,《理论月刊》2014 年第 3 期，第 176 页。

④ 张震:《住宅自由权到住宅社会权之流变》,《求是学刊》2015 年第 3 期，第 102–108 页。

⑤ 金俭:《中国住宅法研究》，法律出版社，2004 年，第 54–62 页。

制定一部保障公民住宅权的法律，并附上了建议稿。2008 年十一届全国人大常委会立法规划终于将《住房保障法》列为五年立法规划之一。然而，《住房保障法》始终与我们缘悭一面。党的十九大报告中，习近平总书记提出坚持“房子是用来住的、不是用来炒的”定位，再次将公民住宅权推向了舆论焦点。

近代以来，公民基本权利的保障，离不开人们对“人格尊严”的认识。从一种较为狭隘的角度看，宪法文本中的“人格尊严”或者“人的尊严”，首先是一种具有具体内涵和范围的基本权利，与财产权、政治权利类似；而更为深刻的观点则认为其统领诸项基本权利，财产权、政治权利这些基本权利都是人格尊严价值的具体表现，人格尊严意味着人行使诸项基本权利的自治与自决①。从狭义的人格尊严看，向符合条件的公民提供公租房，使得这些人能够获得较为体面的居住条件，是对作为基本权利的人格尊严的一种保障。我国《宪法》第三十八条规定：“中华人民共和国公民的人格尊严不受侵犯。禁止用任何方法对公民进行侮辱、诽谤和诬告陷害。”住宅权作为一项涵括广泛的权利（如尊严、自由、平等、自决等），它既关照有产者，也关照无产者，盖已超越国家的财产法调整范畴。而无论是采用狭义还是广义的理解，住宅都与私生活密切相关，大量的个人隐私都存放在住宅之中。如果一个人在自己的住宅内都无法充分地自我决定，甚至干脆没有办法获得一个相对安定、能够遮风挡雨的居住空间，又谈何自我决定权呢？“风能进，雨能进，国王不能进”的法谚就清楚地表明，住宅作为私人活动的空间，理应受到宪法保障。进一步地，如果不仅将人格尊严视为人格权，而是将人格尊严作为基本权利的核心价值，那么这一核心价值首先体现为一种“住宅权”，而公租房至少是保障了公民对“住宅权”的自治和自决。而住宅权包含的内容具有一个相对明确的标准与范畴：可居住性，安全健康的住宅与适宜的地点，获得物质设备和基础服务设施的权利，在经济成本上可支付得起、可获取并兑现的权利。对于任何情境下不受任何人歧视的公平住宅权，公租房则体现为对这些要求的一种最低限度的保障，使得那些由于特定原因而不得不在某地较长时间居住的人至少能最低限度地获得上述标准的住宅权。为确保本人与家庭的安全和健康，人们有权要求住宅的质量符合安全和标准。首先，住宅应建在安全与健康的地点。适宜的住宅应建在一个清洁卫生并可以供人们居住、生活、抚育孩子并保持健康生活的地方。住宅不应建在受污染并有可能危害居民健康的地

① 刘志刚：《人格尊严的宪法意义》，《中国法学》2007 年第 1 期，第 37–44 页。

方或紧靠污染源的地方。人的死亡率与发病率往往与不健康、不安全的住宅环境和生活环境相联系。

此外，站在将人格尊严视为基本权利核心价值的立场，公租房还意味着为诸如生命健康权、财产权、劳动权、受教育权等一系列的宪法权利提供间接的保障。可居住性关乎生命健康，住宅不受任何组织与个人非法侵犯的权利关乎财产权，住宅的地理位置关乎劳动者的工作状况，住宅周边的学校等基础服务设施则关乎医疗、教育等基本权利，公租房不受歧视则关乎平等权……承载了人格尊严价值的公租房实为牵一发而动全身地联系着诸多基本权利。

## （二）公民住宅权的标准与内容[①]

住宅权对于每一个人、每一个家庭、每一个社会群体的健康与安宁都是十分重要的。尽管由于个人、家庭和社会群体的需要与偏好不尽相同，很难准确地描述“适当住房”的内容，但住宅权究竟包含哪些内容，应当有一个较为具体、明确的标准与范畴。在界定住宅权以及它所包含的内容时，必须明确以下两个前提。一是对住宅权的理解不应作狭义或限制性的解释，如不应将住宅仅仅等同于人们头顶上盖有屋顶的房屋，或者仅仅将住宅看作一件日常生活用品。它应被看作人们的一种安全、平静、有尊严地生活在某处的权利[②]。二是我们不能仅仅考虑住宅的物理结构、空间大小，还应考虑到生活在其中的人和家庭的负担与感受。住宅必须是需要居住的人们能够负担得起的，并且所处的环境应安全、健康，并具有生活、就业、学习所需的必要设施。基于上述考虑，“适宜的住宅”的定义应当满足如下 10 个标准。

（1）可居住性——居住权。人们为了生存，首先必须有一个能挡风遮雨的生活场所，这是一个人的最低的生存权利。适足或适宜的住宅必须是可以居住的，可以保护居住者免受寒冷、潮湿、炎热、雨、风或其他危害健康的威胁，能够保证居住者人身安全。居住权是公民住宅权中最基本的权利，只有“安居”才能“乐业”，没有住房，一切权利都无从谈起。

（2）安全健康的住宅与适宜的地点——安全与健康权（或称舒适权）。为确保本

① 金俭：《中国住宅法研究》，法律出版社，2004 年，第 59 页。
② HULCHANSKI J D，LECKIE S：《The Human Right to Adequate Housing：1945-1999》，2000 年（内部资料）。

人与家庭的安全与健康，人们有权要求住宅的质量符合安全标准。首先，住宅应建在安全与健康的地点。适宜的住宅应建在一个清洁、卫生且可以供人们居住、生活、抚育孩子并保持健康地生活的地方。适宜的住宅地点还应包括便于就业选择、具有卫生保健服务及入托、上学和接受其他社会服务等设施。其次，住房的质量直接影响居住者的生命与财产安全，人们有权要求住房的质量符合安全标准。同时，住宅的自然通风、阳光以及人均居住面积等也同样直接影响居住者的健康。缺乏适当的自然通风与阳光以及居住过于拥挤都将有碍于健康。再次，住宅的安全与健康权（舒适权）同样也适用于住宅承租人。例如，美国的《住房条例》（*Housing Code*）中要求每一栋用于租赁的房子必须有防水的屋顶、烟囱、防火通道、通风设备、倒垃圾设备等[①]。承租人有权要求出租人或房主提供符合“可居住”条件的住宅的权利。所谓“可居住”条件是指安全、清洁、宜人的居住状态。如果房主不供应热水、暖气，任小动物肆虐，或允许危害房客生命、健康、安全的恶劣居住环境继续存在，都会构成违反提供“可居住”条件保障的行为，房客可以向法院控诉并要求减租，也可以拒付房租。

（3）获得物质设备和基础服务设施的权利——公共基础设施享有权。一处适宜居住的住宅应当具有必要的市政设施与公共服务设施，例如便利的饮水、烹饪的能源、供暖及照明、卫生洗涤设备、食品储存设备、垃圾处理设备、排水设施，以及紧急情况下的服务机构，如火警和急救车等。

（4）在费用上可负担得起并可获得与实现的权利。适宜或适当的住宅要为人们所能负担得起，其费用应当不会威胁或在事实上剥夺其满足自身其他基本需求的能力。即个人或家庭中与住宅有关的费用应达到这样的水平：在获得适足住宅后，其他基本需要的获得和满足不因此而受到威胁或挤占。同时，住宅权必须是人们能够实现的，而非仅仅是一种口号或理想。政府应当为人们尤其是弱势群体提供充分的住宅资源，社会的弱势群体应得到一定程度的优先考虑，在制定住宅法律和政策时应充分考虑他们的住宅需要与负担，制定近、中、长远的政策目标与具体措施。此外，还要做好一些特殊人群，包括老年人、儿童、残障人士、艾滋病病毒携带者、长期病患者、精神病人、自然灾难的受害者以及无家可归者等的住房安置，以实现所有人有权在安全的地方过着平静、有尊严的生活的目标。

---

① 李进之，等:《美国财产法》，法律出版社，1999 年，第 120 页。

（5）不受歧视的公平住宅权——公平权。在住宅权面前，应不分性别、不分民族及宗教信仰，无论身体是否有残疾等，在住宅买卖、租赁、贷款等方面都应一视同仁，禁止以任何形式对少数民族、不同宗教信仰者、妇女、残障人士、老年人、难民、贫困人士、单身人士、无家可归者以及同性恋者、艾滋病病人等人群的歧视。例如，美国 1968 年颁布《公平住宅法》（*Fair Housing Act*，1988 年修正），明确禁止在住宅方面因人种、肤色、性别、国籍、年龄、宗教、残障人士和有孩子的家庭（主要指单亲家庭）等而受到歧视。该法的覆盖面非常广，不论是否有政府资金参与，覆盖所有的私人与公共住宅，规定在住宅销售或出租时，不得以残疾或家庭状况为条件，或不得在签约条件、服务的提供、设施的利用等方面有歧视行为。这些体现社会公平的规定，对我国制定相应的住宅政策与法律具有借鉴作用。政府在制定住房政策特别是优惠政策与相关法律时，更应保护低收入阶层以及妇女、老人、残障人士等群体的住宅权利，以体现社会的公平性。

（6）住宅选择的偏好——自由选择权。每一个人都有选择符合其文化传统要求的住宅权。一个人的文化传统、宗教信仰不同，对住宅的外观、装饰等要求可能也不完全相同。住宅权不仅要求能够保证居住者人身安全，而且在文化传统上应是可被接受的。

（7）住宅的私密——隐私权。住宅是家庭成员欢聚一堂并使他们免受自然力袭击的场所，是侍亲育幼、享受天伦之乐的场所。同时，个人生活与家庭生活属于个人隐私，住宅自然也成为隐私权的保护范围。公民在住宅内的日常生活有不被他人知悉的权利，住户有对自己所居住的住宅（包括其所有的或租用的）保密的权利，有不受窥探的权利。例如，1804 年《法国民法典》第 675 条规定："相邻人的一方，未经他方同意，不得在共有分界墙上装设窗户，不论以何种方式，即使不开启的玻璃窗，亦同。"第 678、679 条规定："对邻人的不动产，不论其是否设有围墙，如装设窗户的墙与上述不动产之间的距离不足 19 分米，不得直线眺望，或有眺望的窗户，亦不得有晒台或其他类似的凸出施设物。""如距离不足 6 分米，不得对上述同一不动产有侧视或斜视的窗户。"上述规定，足见《法国民法典》对住宅隐私权保护之细微。我国对住宅的隐私权重视不够，加上用地所限，有的住宅间的距离很小，窗户却正对开设，对面邻居的活动暴露无遗，无隐私可言。随着人民对生活质量的要求不断提高，其对住宅隐私权的要求越来越高。因此，未经主人允许，擅自闯入他人住宅以及窥视、窃听他人住宅，包括用望远镜、窃听器等手段窥探他人住宅均属侵权行为。

（8）住宅不受任何组织与个人非法侵犯的权利。住宅是私人财产的重要组成部分，受法律保护。我国《宪法》第三十九条规定："中华人民共和国公民的住宅不受侵犯。禁止非法搜查或者非法侵入公民的住宅。"任何组织或个人不得非法侵入他人住宅。那些为了达到某种目的而强行滞留他人住宅的行为，也应属于侵犯他人住宅的行为，情节严重的将受到法律制裁。同样，这种侵犯也包括对住宅所有人或使用人行使住宅权的侵犯，如在他人住宅门前或通道上堆放杂物或危险品妨碍他人通行，对他人生命与健康造成威胁，或对住宅周围环境质量的破坏使其恶化以及使不安全因素存在等。住宅周围的环境往往也是住宅权的重要组成部分，如对住宅区的绿化、空气与水源等的破坏与污染，实际上就是对住户住宅权的侵犯。

（9）住宅所有权的自由处置权。住宅所有权人有自由买卖、转让、出租、抵押等处置其住宅的权利。当国家为了公共利益需要征用时，住宅所有权人或使用权人有获取补偿的权利。住宅是私人财产的重要组成部分，是个人财富的象征，对自己所享有的财产自然应有自由处置的权利，或赠予，或出售、出租、抵押等以获取收益。

（10）住宅司法救济权。公民在无家可归时有权要求获得适当安置的权利。住宅权主要是保护社会低收入者或无家可归者获得居住的权利。例如，法国于2007年1月17日通过了"可抗辩居住权"法案，明确规定了公民有获得住宅保障的权利，政府应满足低收入者、无家可归者等特殊群体对由政府补贴的社会住房的需要。当公民的住宅权得不到充分保障时，可通过法律维护自己的权利。该法案规定，从2008年12月1日起，无家可归者、面临驱逐需要重新安顿的租房者、仅有临时住房者、居住条件不合格或不适宜者、至少与一位未成年子女同住且面积不达标者、与残障人士或者丧失生活能力的人同住且面积不达标者六类主体可优先向政府提出请求解决住房问题。

总之，住宅权就是每个公民拥有获得可负担得起的适宜于人类居住，并具有安全、健康、尊严、有良好的物质设备和基础服务设施且不受歧视的住宅权利，具体包括居住权、安全与健康权（或称舒适权）、基础设施享有权、可负担与可实现权、住宅的公平权、住宅的私密权（隐私权）、住宅选择的偏好权、住宅救济权以及住宅不受侵犯权与自由处分的权利等。

## 二、国家积极保护义务理论

国家保障义务的核心是国家的人权保障义务。公民权利的全面实现是国家及其权力存在的正当性基础；国家义务的内容是由权利的需要决定的，任何人都有合乎人性尊严生存的自由，国家在保障财产和个人权利的同时，要谋求全体国民包括经济状况不济群体的新型权利和新的需求[①]。住宅权在许多欧洲国家的宪法或判例法、《欧洲人权公约》(ECHR)(主要是第8条)和《经济、社会和文化权利国际公约》(ICESCR)(第11条)中得到了很好的确立。此外，修订后的《欧洲社会宪章》以及在欧洲促进社会权利的各种非政府组织至少表达了在不久的将来更大限度地实现这些社会权利的口头承诺。然而随着欧洲各地无家可归者人数的上升，法律权利与社会现实之间的巨大差距引发了关于住宅权有效性问题的讨论。法国于2007年推出《住宅权可执行法律》(*Droit au Logement Opposable*)，住宅权的可诉性得到法律确认，即可以根据“可执行的住宅权”要求国家对未能提供住房负责任。法律保障所有无法通过自己的方式获得和维持住房的人享有体面和独立住房的权利。尽管欧洲的许多宪法和法律制度都承诺国家促进住宅权，但法国的住宅权法律变革明确了国家对未能为有需要的人提供合适的住房直接负责。该法律包含两个要素，称为DALO和DAHO(*Droit au l’Hébergement Opposable*)。尽管住宅权包含各种限制性标准，但根据法律可有DALO和DAHO两种方式与途径。根据DALO提出索赔，申请人必须是法国的常住居民，居留证没有时间限制；无法以自己的方式获得或留在体面和独立的住房中；保持“诚信”；并具备获得保障性住房的基本条件。根据DAHO提出的索赔对任何人开放，无论他们在法国的状况如何——尽管没有居留许可的人只能获得临时住所，而不是住房或过渡性住房[②]。

我们要认识到，住宅权是公民的基本权利，其对应的义务主体是国家。国外有学者认为，“国家对于公民住宅权的义务是尊重责任的具体化，如迁移贫民窟中的公民，消除任何歧视，保护租户权利与房屋所有的责任，通过补助津贴保证住宅供给

---

① 李会勋，王学辉:《公租房国家保障义务理论探究》,《理论月刊》2014年第3期，第175页。

② TAYLOR O，LOUBIÈRE S，AUQUIER P:《Homelessness，housing first，and the right to housing—confronting right and reality》,《Human Rights Review》2020年第21期，第373-389页。

的责任，通过住房项目提升住房供给的责任。[①]”诚然，住宅权的保障义务就是在平等尊重的价值前提下，政府尽其所能回应公民的住房需求。早期的国家义务理论常常把宪法权利划分为“社会权”和“自由权”。值得注意的是，自由权对应着国家的消极义务，即国家不应干预公民的某种自由；社会权对应着国家的积极义务，即国家应当通过立法、行政或者司法等活动，实施某种积极的行为才能履行的保障公民权利的义务[②]。但是，在现在的宪法理论与实践中，这种对应关系已经逐渐失去了界限，国家对自由权也具有积极义务，对社会权也天然地具有消极义务。因此，逐渐抛开对权利、义务本身性质的界分，转而探讨基本权利的功能产生了“客观价值秩序功能、防御权功能、受益权功能的三分理论”[③]。理论上所有受宪法保障的基本权利都应当具有这三类功能，但受制于经济、文化、社会的客观条件，三种功能的实现程度有所不同。对于住宅权这样的宪法权利，防御权的功能是基础，即公民的住宅不受国家公权力的非法入侵；受益权的功能则需要根据各种客观条件，按照当前的客观价值秩序来确定国家在现阶段的积极给付的义务（提供公租房在现阶段就是这样一种给付义务）；并且国家还需要积极地通过立法、行政、司法等活动不断积极促进防御权功能和受益权功能的实现。配置公租房就是一个国家履行保护义务，遵循客观价值秩序，根据当前的客观条件，以适当的方式向公民积极履行给付义务的过程。

我国宪法尽管并未明确将住宅权与公民其他基本权利并列，但我国政府已将“发展普通商品住房和经济适用住房，改善城市中低收入家庭住房条件；健全廉租房制度，加快解决城市低收入家庭住房困难”列入《国家人权行动计划（2009—2010年）》，成为国家负有积极保护义务责任的依据。保障性住房建设对改善低收入家庭的居住条件，保障公民住宅权的实现，促进社会和谐稳定，拉动内需，平抑房价飞涨，促进房地产市场的平稳健康发展具有重要的意义。然而，与商品住房不同的是，保障性住房是由政府提供土地并出资建设的，大量的资金投入成为保障性住房建设的难点，尤其是地方配套资金的落实。同时，在地方“土地财政”[④]的格局短时间内

① DEVEREUX A:《Australia and the right to adequate housing》,《Federal Law Review》1991年第20期，第226页。

② 龚向和:《社会权与自由权区别主流理论之批判》,《法律科学．西北政法学院学报》2005年第5期，第21-27页。

③ 张翔:《基本权利的受益权功能与国家的给付义务——从基本权利分析框架的革新开始》,《中国宪法年刊》2007年，第225-251页。

④ 指一些地方政府依靠出让土地使用权，也就是说，通过土地出让金的收入来维持地方财政支出，属于预算外收入，又叫第二财政。

难以根本性改变的情形下，地方政府对保障性住房建设的动力不足。同样一块土地，用于商品性住房和用于保障性住房，对地方政府财政收入来说不可同日而语，这也是各地保障性住房建设进展缓慢的重要原因。而且，加快保障性住房建设给市场商品房的房价也会带来一定的影响，对地方 GDP 增幅也将产生一定的冲击，从而影响地方政府的政绩。因此，如何调动与提高地方政府在保障性住房建设上的积极性，明确地方政府在保障性住房建设上的法律责任与义务，建立相应的激励机制，成为当前我国保障性住房建设的关键。

## （一）政府责任的不可替代性

由于政府是城市居住条件得到实质性改善所必需的资源的唯一持有者，因此，国家有责任与义务采取一定的措施来帮助公民实现这一权利[①]。由国家向社会低收入者提供住房帮助的义务，已成为世界各国政府一致的共识。美国、英国、德国、法国、日本均通过其住宅法向社会低收入者提供住房补贴或提供公共住房等，使低收入者可以在市场上购买或租到其可负担得起的住房。我国政府应当成为保障性住房建设的主导，这是由政府在保障性住房建设中不可替代的地位与作用决定的，具体体现在以下几个方面。

其一，政府是土地资源（包括住房土地资源）的代表者与直接管理者。我国《宪法》第十条规定：城市土地属于国家所有。国家为了公共利益的需要，可以依照法律规定对土地实行征收或者征用并给予补偿。《土地管理法》也规定，我国实行土地的社会主义公有制。国家所有土地的所有权由国务院代表国家行使。国家采取出让或划拨的方式，设立建设用地使用权。国家实行土地用途管制制度。土地使用权人必须按照出让合同规定的土地用途行使权利，政府有权进行管理。由此可见，除法律另有规定外，城市土地实行国有制，由政府代表国家行使所有权，政府有权设立建设用地使用权，决定建设用地的性质与用途，并对出让后的土地使用进行管理。政府是城市住房土地资源的代表者与直接管理者。保障性住房的建设首先需要政府提供符合条件的建设用地。

其二，政府直接行使土地及城市规划权。我国《土地管理法》中第十五条、

① 金俭：《中国住宅法研究》，法律出版社，2004 年，第 62 页。

十六条规定，各级人民政府应当依据国民经济和社会发展规划、国土整治和资源环境保护的要求、土地供给能力以及各项建设对土地的需求，组织编制土地利用总体规划。土地利用总体规划的规划期限由国务院规定。下级土地利用总体规划应当依据上一级土地利用总体规划编制。《城乡规划法》规定各级地方政府的城市规划权，市、县、镇人民政府应当根据城市总体规划、镇总体规划、土地利用总体规划和年度计划以及国民经济和社会发展规划，制定近期建设规划，报总体规划审批机关备案。保障性住房建设需要政府从当年的土地规划编制优先列出，确保土地的供应量；同样要将保障性住房的规划纳入城市总体规划。

其三，政府是保障性住房建设资金的直接提供者。保障性住房与普通商品房不同，建设资金由政府负责提供，多方筹集，专款专用。例如，我国《廉租住房保障办法》规定，廉租住房保障资金采取多种渠道筹措，主要包括财政预算、土地出让净收入、住房公积金收益、社会捐赠等。政府是国家财政收入的支配者，保障性住房的建设、管理等需要国家财政支持。政府负有提供保障性住房建设资金的义务与责任。唯有政府，才能通过行使公权力，集中财力、物力兴建各类保障性住房。

其四，政府具有制定税收政策、征收权等权力。政府制定税收政策鼓励保障性住房的兴建，鼓励社会资源对住房保障的投入。政府对保障性住房的各类税费进行减免，确保其低廉性与公益性。政府或经政府认定的单位新建、购买、改建住房作为保障性住房的，社会捐赠房源、资金，政府应当进行税收减免。在符合土地征收条件的情况下，政府有权对土地进行征收，通过城市拆迁实现保障性住房的建设。

由此可见，政府是公民居住条件尤其是低收入者住房改善所必需的资源的唯一持有者。政府在保障性住房建设中所具有的不可替代的地位与作用决定了保障性住房建设既是政府的一项政治责职，更是政府的一项法律义务。为此，我国应建立与完善住房社会保障法律机制。“居者有其屋”既是公民住宅权的最终目标，也是公民住宅权的最低法律底线。

## （二）保障性住房建设对地方经济发展的影响

一方面，保障性住房建设的目的在于改善低收入家庭的居住水平与条件，保障公民住宅权的实现，因此加快保障性安居工程的建设，对改善民生、促进社会和谐稳定无疑具有重要的意义。同时，保障性住房建设对抑制部分地区房价上涨过快也具有重要影响。此外，保障性住房建设对拉动内需无疑起到了重要作用。据统计，2008 年中央财政投入了 75 亿元廉租房建设资金，各地累计投入的资金已经将近 400 亿元。由于房地产行业在固定资产投资中占有较大比例，并且对相关产业的拉动力较强，保障性住房的大规模建设也将对建材、机械等有巨大需求，并且每年将会创造 200 万 ~300 万个就业机会。伴随着保障性住房建设的持续推进，城市更新的步伐也在加快，保障性住房区域对周边地区的经济辐射效应逐渐显现出来，必然会给未来长时间的居民消费增长带来促进作用。这在很大程度上对促进房地产业的平稳健康发展起到非常积极的作用。因此，地方政府加快保障性住房建设将对地方的政治和经济的发展产生剧烈而深远的影响。

然而，保障性住房建设对地方经济的发展并非都是正面的影响。由于地方政府与中央政府在保障性住房建设过程中的目标与行为标准不一致，保障性住房建设对地方经济可能会产生一定程度的负面影响，从而使得作为住房保障政策直接执行者的地方政府难以调动承担其应负责任的积极性。保障性住房的建设一方面影响了地方政府的土地财政收入与支出，另一方面也会给商品房的成交及价格带来一定的冲击，从而对地方的税收与 GDP 产生一定影响，进而影响地方政府的政绩。这些影响会降低地方政府建设保障性住房的积极性。随着分税制的实行，地方政府之间、地方政府与中央政府之间的经济利益博弈愈演愈烈；而在对地方官员政绩考核的过程中，地方 GDP 的增长幅度逐渐成为一个主要的标准，这就使得地方政府的工作核心持续向任期内的 GDP 增长数量倾斜——在与土地相关的政府性收入方面，地方政府可独享如城镇土地使用税、房产税、耕地占用税、土地增值税、国有土地有偿使用收入等；在土地出让金方面，存量土地收益全归地方政府，增量建设用地收益由中央政府和地方政府三七分成，土地相关的收入成为地方政府潜在的政府收入来源[①]；土地相关的收入金额巨大，出让商品房建设用地成为地方政府增加财政收入、加快 GDP 增长以及推进城镇化进程的主要手段之一。而土地资源的稀缺性决定了，如果大规模地进行保障性住房建设，地方政府的收入在突破依赖土地收入的格局之前将会呈现萎缩的局面，从而直接影响地方政府的政绩考核。因此，要增强地方政府保障性住房建设的动力，还需要建立合理的配套制度与措施。

① 钱滔：《地方政府治理与房地产市场发展》，《浙江社会科学》2010 年第 3 期。

## （三）政府的政治责任与法律义务

习近平总书记在中共中央政治局第十次集体学习时强调："加快推进住房保障和供应体系建设，不断实现全体人民住有所居目标。"要完善住房支持政策，注重发挥政策的扶持、导向、带动作用，调动各方面积极性和主动性。要完善土地政策，坚持民生优先，科学编制土地供应计划，增加住房用地供应总量，优先安排保障性住房用地。要完善财政政策，适当加大财政性资金对保障性住房建设投入力度。要综合运用政策措施，吸引企业和其他机构参与公租房建设和运营。要积极探索建立非营利机构参与保障性住房建设和运营管理的体制机制，形成各方面共同参与的局面。保障性住房建设就是为了实现社会的公平正义。在以 GDP 为主导的政绩观的影响下，我国地方政府建设保障性住房的积极性难以调动，导致当前一些地方保障性住房建设出现了瓶颈。公民住宅权的实现不能仅凭政府的良心而为之，我国当前法律体系在规范地方政府保障性住房建设的法律责任方面存在缺失。笔者认为，建立调动地方政府在保障性住房建设方面积极性的法律机制应当包括以下内容。

首先，通过立法明确"保障公民住宅权"既是政府的政治责任，也是政府的法律义务。我国尚未通过立法确立作为人权的住宅权，仅规定了私法意义上的住宅权，即住宅所有权以及与此有关的权利。我国应当加快制定《住宅保障法》，规定人权法意义上的住宅权，即每个公民均享有获得适足、充分的住宅权利。政府是这一权利的义务主体，政府有向公民提供适当住房的法律义务。我国当前保障性住房的规定对各级政府及各职能部门的行政责任界定较为笼统。各级政府公权力行使的范围与限度应当加以明确。同时，当前立法未规定专门的责任机关，不利于法律责任的界定，应当设立专门的住房保障管理机构负责监督各级地方政府保障性住房建设进度、专项资金的使用情况，负责组织保障性住房的建设、分配、管理，严格监控保障性住房的准入与退出。

其次，建立合理的、能够调动地方政府积极性的相应措施。保障性住房建设将解决中低收入家庭居住问题，有利于社会的和谐与稳定，也有利于地方经济的长期发展。我们应当建立与保障性住房建设挂钩的奖惩考核机制，将保障性住房建设的情况作为考核地方政绩的尺度之一，改变过去以 GDP 为主要考核指标的做法。保障性住房建设考核的指标包括建设资金的投入情况、保障性住房的兴建速度、准入与退出机制实施情况、保障性住房覆盖率等。中央政府应当加大对保障性住房的资金投入与宏观调控，尤其对于较为贫困、保障性住房需求较大的地方应当加大力度，调动地方政府的建设积极性。

最后，建立官员个人问责机制，完善法律追究机制。保障性住房建设时间跨度较长，从项目的确立、审批、土地划拨、建设方选定，到项目的建设、分配往往要几年时间。政府负责人更替，易导致工程延缓甚至出现工程质量等问题。建立官员个人问责机制，由项目建设期间的管理机关负责人对项目承担连带责任。当保障性住房质量、分配出现问题时，追究主要负责人的行政甚至刑事责任。我国当前廉租房与经济适用房的规定也凸显了法律追究机制尚需完善：规定了保障性资金的来源，未规定资金的管理与使用；规定了准入程序，未规定政府暗箱操作应承担的法律责任；规定了退出机制，政府对违反规定者的惩罚力度过低等。政府法定责任的细化是完善的法律制度的必要条件，也是确保我国保障性住房建设目标达成的重要条件。

## 三、以人民为中心，反住房绝对贫困理论

贫困理论研究最早可追溯至18世纪末古典政治经济学家的贫困观。1776年亚当·斯密（Adam Smith）在《国民财富的性质和原因的研究》中系统阐述了“富国裕民”的核心思想。斯密主张通过国民财富增值与资本积累来创造劳动需求，以此拉动劳动工资增长，推动劳动者工资接近或超越社会平均工资，从而摆脱贫困的束缚。1798年，托马斯·罗伯特·马尔萨斯（Thomas Robert Malthus）在《人口原理》中对贫困问题进行了深入剖析，认为人类社会发展过程中离不开物质生活资料的保障，提出通过计划生育政策或鼓励个体节制生育来控制人口过快增长，以此缓解贫困问题[①]。1842年，马克思在《莱茵报》发文对古典政治经济学家贫困思想进行了深刻批判，从现实社会生产活动出发，科学地破解了贫困产生的本质根源和贫困深化的隐形因素，为全世界重新认识贫困问题提供了全新的视角。马克思主义反贫困理论认

① 郑继承：《中国特色反贫困理论释析与新时代减贫战略展望》，《经济问题探索》2021年第1期，第41–42页。

为，人类最终要消灭贫困，实现共同富裕。消除贫困是当今世界许多国家面临的全球性难题，摆脱贫困是中国人民孜孜以求的梦想，也是实现中华民族伟大复兴中国梦的重要内容。中国特色的反贫困治理理论对精准帮扶改善绝对贫困人群的住房条件具有重要的作用。精准扶贫精准脱贫基本方略是当代中国对马克思贫困理论创新的最新成果[①]。

## （一）以人民为中心

以人民为中心的发展思想是中国共产党对马克思主义群众史观的创造性运用和发展。毛泽东同志在领导中国革命和建设的过程中始终把“全心全意为人民服务”作为中国共产党的宗旨。习近平总书记指出：“人民对美好生活的向往，就是我们的奋斗目标。”以人民为中心是决胜中国脱贫攻坚战的指导思想。1978 年改革开放将中国推向高速发展的新阶段。与此同时，我国城乡之间的发展差距也越来越显著。20 世纪 80 年代后期，随着住房制度改革、商品房市场化推进，大多数人的住房条件获得巨大改善，但住房条件差距也越来越大，尤其是城镇弱势群体与边远贫困山区村民的住房条件困难突出。习近平总书记就住房扶贫发表了一系列重要讲话，阐明了新时期中国住房保障工作的重大理论问题和实践问题。各地棚户区改造、老旧小区改造、廉租房及公租房建设与配置等保障性住房体系的构建就是在践行以人民为中心的发展思想的具体举措。

1. 解决住房问题的决心

我国政府为改善与解决公民居住问题的政治意愿与执行力是任何一个国家无可比拟的。习近平总书记指出，住房问题既是民生问题也是发展问题，关系千家万户切身利益，关系人民安居乐业，关系经济社会发展全局，关系社会和谐稳定。党和国家历来高度重视群众住房问题。经过长期努力，我国住房发展取得巨大成就。同时，我们也要看到，解决群众住房问题是一项长期任务，还存在着住房困难家庭的基本需求尚未根本解决、保障性住房总体不足、住房资源配置不合理不平衡等问题。人民群众对实现住有所居充满期待，我们必须下更大决心、花更大气力解决好住房

① 吴国宝：《改革开放 40 年中国农村扶贫开发的成就及经验》，《南京农业大学学报（社会科学版）》2018 年第 6 期。

发展中存在的各种问题。

2. 扩大保障性租赁住房建设与供给手段

要高度重视保障性租赁住房建设，加快完善长租房政策，逐步使租购住房在享受公共服务方面具有同等权利，规范发展长租房市场。土地供应要向租赁住房建设倾斜，单列租赁住房用地计划，探索利用集体建设用地和企事业单位自有闲置土地建设租赁住房，国有和民营企业都要发挥功能作用。要减轻租赁住房税费负担，整顿租赁市场秩序，规范市场行为，对租金水平进行合理调控。要扩大保障性租赁住房供给，重点解决好新市民住房问题。

3. 保障性住房管理

保障性住房建设是一件利国利民的大好事，但要把这件好事办好、真正使需要帮助的住房困难群众受益，就必须加强管理，在准入、使用、退出等方面建立规范机制，实现公共资源公平善用。要坚持公平分配，使该保障的群众真正受益。要对非法占有保障性住房行为进行有效治理，同时要从制度上堵塞漏洞、加以防范。对非法占有保障性住房的，要依法依规惩处。

## （二）易地搬迁精准扶贫

2013 年，习近平总书记考察湖南湘西十八洞村时开创性地提出“精准扶贫”思想，并将贫困治理置于治国理政的突出位置，把脱贫攻坚作为全面建成小康社会的底线任务。党的十八大以来，党中央立足我国国情，把握减贫规律，出台一系列超常规政策举措，构建了一整套行之有效的政策体系、工作体系、制度体系，走出了一条中国特色减贫道路，形成了中国特色反贫困理论。事实上中国特色反贫困理论创新与总结远远滞后于反贫困实践创新。易地搬迁扶贫等改善相对贫困人群住房困难的实践就是中国特色反贫困理论的实践创新。易地搬迁在中国反贫困过程中发挥了重要作用。所谓“易地扶贫搬迁”，是指对生存和发展环境恶劣地区的农村贫困人口实施易地搬迁安置，根本改善其居住生存和发展环境，实现脱贫致富。通俗地讲，就是指搬离原址，在新的地方安家，具体包括从农村搬到城区及乡镇政府驻地、产业园区、旅游景区、中心村、公路沿线及其他有发展条件的地方。以四川凉山彝族自治州昭觉县支尔莫乡阿土勒尔悬崖村为例，该村因村民需攀爬落差达 800 米的悬崖，道路崎岖险峻而得名。过去因为居住在幽深的峡谷，村里的孩子去上学，每天要在悬崖上攀爬，有的甚至跌落致终身残疾。许多特殊困难户在土坯房已经居住了三四十年，84 户贫困户通过易地搬迁，现已全部搬进崭新的楼房[①]。再以贵州省黔西南布依族苗族自治州册亨县巧马镇孔屯村为例，这是一个土壤贫瘠、水资源匮乏和交通极不便利的多民族贫困村，分散居住着苗族、布依族、汉族、仡佬族等民族的 547 户居民，户均不到 2 亩耕地，完全靠天吃饭，即便风调雨顺都可能“吃不饱”，贫困人口占全村总人口的比例高达 90%，通过易地扶贫搬迁进入安置点[②]。“十二五”期间，在中央财政和地方财政支持下，全国共有 1171 万人通过易地搬迁改善了生活条件。“十三五”期间，有近 1000 万农村贫困人口通过易地搬迁实现脱贫。易地搬迁对实现精准扶贫的目标意义重大，充分体现了我国在反贫困方面的制度优势。我国易地搬迁的模式也越来越多元化，与国家的发展和移民的需求相适应，易地搬迁的方式也在不断创新。

1. 易地搬迁建档立卡对贫困人口精准识别

2015 年起开展易地扶贫搬迁工作，需要搬迁的贫困人口建档立卡被录入全国扶贫开发信息系统，确定了初步规模。“十三五”时期，易地扶贫搬迁建档立卡贫困人口规模约为 1000 万，有 960 多万贫困人口实现了搬迁。

2. 精准确定搬迁对象

在《“十三五”时期易地扶贫搬迁工作方案》里，对搬迁对象的区域条件、安置方式、建设标准、资金筹措以及补助标准等有关政策和保障措施都进行了明确。按照方案，各地以前期已经上报并录入系统的搬迁规模（即约 1000 万人的规模）为基准，对“十三五”时期需要搬迁的贫困人口进行进一步核实。

3. 实行动态调整

根据各地的实际情况，确保有意愿的贫困人口能够应搬尽搬。“十三五”时期全国共有 960 多万贫困人口实现了搬迁，在新的家园将迎来他们新的生活。

---

① https://www.jfdaily.com/news/detail?id=248403.

② 内蒙古自治区中国特色社会主义理论体系研究中心：《易地扶贫搬迁要实现可持续发展》，《内蒙古日报》2017 年 7 月 17 日。

# 四、公共资源配置公平与效率理论

## （一）公共租赁住房是公共资源

公租房无论实物配租，还是货币补贴，都是一种公共资源、公共产品。公共资源配置是否合理，关乎整个住房保障制度能否健康运行。在现代社会中，和谐社会的建立、市场经济的稳定发展，实际上需要各种资源和利益的合理配置。这种社会资源的合理配置，能保证百姓安居乐业和社会秩序持续稳定与发展。通过这种方式，实现社会或群体成员之间的权利、义务、权力和责任的合理分配，使广大公众能够将自身和他人条件相平衡。资源和利益的有效分配，能够更好地保障社会经济高效、稳定发展。社会经济高效、稳定发展能使百姓过上心满意足的生活，提高居民幸福感。国家发展过程中，分配正义原则要求统治阶级通过一系列合理的制度设计，采取权力构成、权利义务及法律后果的明确化、责任承担模式的安排等方法使社会资源在一国成员之内合理分配。理想状态下，这种制度设计的安排，能使百姓通过该制度设计分配得到的社会资源和利益得以均衡。住房作为一种特殊的市场资源，关系到公民最基本的生活保障。而住房资源本身的稀缺性和高价值性又与住房资源的稀缺和价值相关。另外，可以明确的是，百姓对美好生活的渴望是确定不变的，而要满足对生活的渴望，必须先有个让自己满意的居住环境。但庞大的人口和稀缺的资源导致分配住房相关资源时引发很多不公，降低了居民幸福感。分配导致的不公成为百姓在住房问题上“揪心”的问题，也由此引发了很多社会不稳定因素。因此，满足更多人的居住需求，尤其是能否解决中低收入社会成员“栖身之所”问题，是各国政府面临的最大考验和衡量政府执政能力的标准之一。

## （二）公共资源的均衡配置

公租房被视为福利性社会公共资源。公共资源与其他资源所具有的共性就是稀缺性。公共资源配置最大的两个问题是公平的缺失、效率的缺失。美国哲学大师罗尔斯在其所著的《正义论》中提出了正义的两个原则：平等分配各种基本权利和义务，同时尽量平等地分配社会合作所产生的利益和负担；坚持各种职务和地位平等地向所有人开放，只允许那种能给最少受惠者带来补偿利益的不平等分配。根据这两个原则，公租房的配置必须坚持每一个公民都享有平等的地位和平等的机会获取公租房的权利，即每一个公民，无论是城镇居民还是外来务工人员都应当享有同等获取公租房的权利与机会。同时，由于公租房具有稀缺性，为实现效益的最大化与效率的最优化，只能由社会中特定的人群来分享这一公共资源。公租房应当优先分配给那些社会经济状况处于最低层次的公民，在公租房的申请、审核、配租、轮候、补贴上，优先向那些处于最低层次的民众倾斜，发挥公共资源配置的最大效益。政府提供公租房，通过干预市场来帮助社会中低收入住房困难家庭获得公租房这一公共资源。住房保障是政府出于社会公平角度而对住房市场的一种干预，它建立在消费者支付能力不足的基础上。因此，住房保障不能给消费者带来溢出效应。所谓公平就是政府在提供这一住房时保证不能产生溢出效应，即受保障者不能因为保障性住房的价值增值而得到好处，这也是对未享受这一公共资源者的一种公平。公租房承租者仅是租赁居住，不享有对公租房的财产性权利。这意味着政府提供的公租房不但限于普通住宅，而且不能具有价值属性，仅限于满足受助者的居住使用。公平性还应体现在保障对象群体内的公平，公租房在分配、准入与退出上应保证公平公正，以及配置与程序的合理，提高公共资源的利用效率。公平分配应体现在四个方面，即适用对象的公平、分配标准的公平、分配程序的公平，以及分配结果的公平。同时，效率也意味着政府提供公租房不能影响住宅资源的市场化配置，公共资源的每一项使用都具有机会成本。在住房保障领域中，应当提高公共资源配置的效率，减少公共资源的流失，杜绝公共资源的寻租现象。

## 五、公平与实质正义理论

### （一）公共租赁住房的公平与正义

公平正义是自古以来人们建构社会秩序的重要标准，同时在现代经济运行过程中为人们所普遍接受的价值原则。公平与正义理论是探讨当今世界贫富悬殊和社会撕裂的问题状况以及相关的政治哲学的法理学根据[①]。

恩格斯在《论住宅问题》中指出公平是约束人们生产和交换的习惯性规则，习惯性规则逐渐形成了法律，是衡量什么算自然法和什么不算自然法的尺度。住宅权理论的必要性在于澄明如何在更大的程度上实现公众利益，进一步探究如何构建符合时代精神的实质正义原则，这也是我们在当前解决中国住宅领域的复杂问题时应当秉持的基本价值观念。

改革开放以来，中国人的住宅观念发生了深刻变化，住宅政策改革诞生了公租房制度等一系列的保障性住房制度。我国一直处于急速社会转型期，国家在不断调适出台各类政策促进经济与社会发展的同时，因为各种政治经济关系的变化也带来不少社会问题。近年来，随着房地产市场发展和住宅商品化观念深入人心，房价上涨的幅度和速度与人们实际收入之间的差距成为人们拥有住宅和改善居住条件的障碍。可以说，通过公租房制度来解决住宅问题已成为当今中国社会最为重要的民生措施，具有极大的政治价值和法治价值，也是实现党的政治目标的重要体现。

要改善民生问题，必须探究更符合实际地解决中国住宅问题的策略。多元供给主体的公租房制度体系的建立与完善，需要厘清政府应提供的公共产品责任和住房市场化之间的关系，正确对待房屋市场蓬勃发展带来的经济功能与社会功能。这就要求我们进一步实现平等的正义理念及其和谐诉求，使住有所居以及逐步改善住宅条件的愿望获得现实支撑。政府应当提供给人们尤其是弱势群体充分的住宅资源，社会弱势群体的住房需求应得到一定程度的优先考虑。在制定住宅法律和政策时应充分考虑他们的住宅需要与负担。在解决当前中国住宅领域的复杂问题时，应当在进一步发展社会主义市场经济的同时，尽可能满足人们日益增长的住宅需求以及对实现住宅公平正义的理想愿望。

## （二）公共租赁住房房源的公平分配

中国社会已从原先的为生存而挣扎转变为今天的注重百姓生活水准、关注民生之苦。然而，各地区不同人群之间的非均衡发展引发的贫富差距的扩大及深层的社

---

① 季卫东:《社会正义与差别原则——财富与风险分配公平的互惠性思考实验》,《现代法学》2021年第1期，第33-50页。

会利益矛盾也逐渐显露。由此，公租房建设等民生工程及政府提供的各类公共服务进入政策议程范围内，成为关乎民生发展的重大命题，成为维护社会公正的应然选择[①]。对各地多年的公租房保障推广实践进行探讨分析后，可以发现诸多问题的核心是分配上的不公平。为解决分配不公，中央多次颁发规范性文件或者具体政策引导来尝试解决这些问题，并强调公平分配公租房的必要性，但效果均不佳。因此，社会各阶层应该全面监督公租房的分配实践，以确保分配过程和结果的公平性和公正性，以此来有效防止公租房变成“权力房”。为了从根本上解决这个问题，从制度层面通过设计有效规范统一公租房予以保障的群体范围。通过有效制度设计确定公租房保障群体的范围，应从以下群体的具体情况着手思考：其一，中低收入人群；其二，新就业大学生，该类群体收入不高，主要是暂时没有为自己提供更好居住条件的能力；其三，户口不在本地的外来务工人员，这类群体可能属于经济适用房和廉租房的保障范围，但是这两类保障性住房房源不足，暂时由公租房来补充。

实现公平分配的另一个前提和核心是做到整个过程透明化。换句话说，当地政府的公租房管理部门应对运营中相关信息公开。笔者认为需要做到以下三个方面信息的公开。其一，房源需要及时向社会公布，宣传工作到位，尽可能做到人尽皆知。其二，对房屋基本信息、配租方式进行公开，公布房屋相关的基本材料、条件，收集好符合公租房申请条件的社会成员信息后进行摇号配租。摇号配租过程要全程公开，录音、录像，避免掺杂虚假成分。对本级政府的摇号，上级机关应派人员参与并有效监督。其三，公开公租房申请成功人员的相关信息，以便社会公众监督。

### （三）分配的公平性与法律保障

从“公平”这一价值取向的维度来看，公租房的公平分配是“分配正义”在公租房领域的政策表达，是公平福利模式的实践形态[②]，是“社会公平”法律保障的应然诉求，是社会公平性的一个重要体现，配置公租房，就是一个国家履行保护义务，遵循客观价值秩序，根据当前的客观条件，以适当的方式向公民积极履行给付义务的过程。在这一过程中，人格尊严既扮演着一项具体基本权利（人格权）的角色，

① 曹爱军：《民生的逻辑：基本公共服务均等化研究》，南开大学 2014 年博士论文。
② 邓智平：《基本公共服务均等化：中国特色福利社会模式》，《山西财经大学学报》2012 年第 3 期，第 38 页。

具有防御权、受益权功能，在客观价值秩序中占据一席之地，同时其也被认为就是客观价值秩序本身。公租房属于政府提供的准公共产品，具有显现的福利性和住房保障属性。

保障性住房的配置是政府公共政策的具体体现。住房保障制度设计无论是实体还是程序上都要体现公正、公平、公开、透明的原则，接受社会的监督。只有制定相应的法律，才能从制度上堵塞漏洞。政府的保障行为有法可依，才能使住房保障制度发挥实效，城镇住房保障制度才能持久、有效地健康发展。

# 第三章
# 比较法视角下公共租赁住房立法经验

公租房问题不仅在中国，在世界范围内都受到各国政府的关注。从国际经验来看，在快速城市化和住房严重短缺的条件下，政府直接干预住房建设和供给的公租房政策是各国和地区普遍采用的维护社会稳定、促进经济增长、改善居民生活的住房政策手段。国家主导的民生工程中，公租房作为我国保障性住房的重要类型，其可持续发展至关重要，影响深远。然而，相对于国外而言，公租房项目在我国的发展历史较短，对其可持续性方面的研究成果较少[①]。国外公租房的资金来源、管理机构、运营模式等方面的政策与立法经验，对构建我国公租房制度和相关法律体系具有重要的借鉴意义。各国对公租房资助对象的选择方式不同，没有统一标准。当然，公租房保障对象的具体选择标准应该根据各国国情而定，不能千篇一律。英、美、西欧等国家和地区由于有较为悠久的公租房发展历史，在民间也自发地形成了较为发达的行规，国家和地方政府制定的租房制度较为完善，使得这些国家和地区的公租房制度运行比较稳健，社会效果也较好。巴西、墨西哥、泰国、印度等发展中国家对解决特定人群的住房问题显得比较被动。无论是社会资源的丰盈程度，还是制度的完善程度，都无法与发达国家相比，行政机关的执法效力和素养也与发达国家相去甚远，进而导致公租房制度效果不尽如人意。经济的发展和转型需要社会中不同阶层主体的共同努力和维护，尤其是收入水平较为低下的社会群体的住房问题，在社会的整个福利体系中占据着重要的位置。以“住有所居”作为发展住房保障的基本目标，各国都在通过不同方式的努力以追求公租房制度在社会稳定中发挥最大化的效益。总的来说，在各国实践中，都将公租房制度作为最为基本的“稳定器”，发挥其对中低收入者的住房保障功能，用以减少中低收入者在社会生活当中的不稳

---

① 陈艳超，李德智，等:《国外公共租赁住房项目可持续性研究进展》,《现代城市研究》2014 年第 2 期，第 90–94 页。

定因素。虽然公租房制度在不同国家甚至同一国家的不同地区都有极大不同，并且公租房的发展还会与各国独特的经济、政治文化有所关联，但是比较法视野下的观察仍可以为我国的公租房制度带来一定的启发，具有一定的借鉴意义。

# 一、公共租赁住房制度的不同形态

国家是公民实现基本住宅权的义务主体。基于国家所承担的保障公民住宅权的责任，政府基于本国的经济发展状况、国情、资源禀赋的差异，为低收入住房困难群体制定了各有侧重的住房保障基本模式。基于对不同国家低收入弱势群体的住房保障政策的深入研究，根据政府所承担的社会责任的不同，保障性住房政策可以分为雏生型、社会型和全面社会型三种不同模式①。

## （一）雏生型的公共租赁住房政策

大部分发展中国家都缺乏对社会保障，尤其是住房保障的关注，当然上述问题是发展中国家经济因素制约的结果，造成了发展中国家对中低收入住房困难家庭的关注较为被动。雏生型的公租房政策大多由政府出资建立临时项目，比较被动，且缺乏稳定性②。总结发展中国家公租房政策发展水平不足的主要原因，包括但不限于以下三个方面。第一，发展中国家的经济发展水平较发达国家的经济发展水平低，需要通过大量资金以维持的公租房制度，在政府财政收入低下的情况下难以为继。第二，相对于发达国家来说，发展中国家的相关法律、政策也不够完善，导致政府在执行住房保障相关政策时没有较为具体的措施可执行，使得公租房制度还处于初级阶段。第三，发展中国家经济状况及国民收入都处于中低水平，社会中需要保障的国民群体数量相较于本国的经济水平就显得尤为庞大，在国家与公民双重的经济挤压之下，雏生型的公租房政策应运而生。例如，巴西、墨西哥、泰国、印度等国

① 胡书芝，刘桂生：《住房获得与乡城移民家庭的城市融入》，《经济地理》2012 年第 4 期，第 72–76 页。
② 龚骏超：《保障性住房供给需求的分析与预测》，南京农业大学 2013 年硕士论文。

家大多是采取项目式的临时措施，在系统性的公租房法律、政策的颁布和实施情况方面都较为薄弱，因而此类实施方面最为基础的公租房制度可以被视为雏生型的公租房模式。

## （二）社会型的公共租赁住房政策

对于很多发达国家来说，公民的住宅权主要是通过政府托底而非政府“保姆式”保障的形式实现的。例如，美国、英国等国家践行的是社会型的公租房政策，而社会型的公租房政策产生于政府对公民住宅权的关注。在自然防御权的自然演进过程中，逐渐形成了规模化的政府责任，政府作为公民的“守夜人”，应当承担起扮演保障公民住宅权这一基本权利的角色。因而对于这些国家或者地区来说，社会型的公租房政策实际上是政府为自己施加的一项保障公民住宅权的基本义务。在这一社会型的公租房政策中，大多数公民通过购买商品性住房的方式满足基本的住房需求，政府提供公租房，使住房困难家庭拥有住宅权。

美国与住房有关的立法大多与公共福利相关，属于公法范畴，由联邦众议院银行和财政服务委员会负责立法与管辖。在美国，还专门设立了联邦住房局（USHA），负责向地方政府提供建设公租房的补助，建立永久性的中央补助。地方政府则具体负责执行低租金平民新村方案，该方案在解决中低收入群体住房难题方面发挥了积极的作用。其中，主要资金成本和运营补贴由联邦政府支付。地方政府主要负责房屋的设计、建造和管理以及建成后的运营成本支出。1930~1960 年，美国政府加快公租房建设，解决住房短缺问题并刺激经济增长。美国公租房的建设高峰期出现在 20 世纪 50~70 年代，其间美国政府共新建约 100 万套公租房，并提供一种单一的低收入群体住房租赁项目。在这种租房资源极为有限的情况下，联邦政府规定，公租房保障的群体为收入极低的家庭。此后，政府逐渐放缓了公租房建设。1990 年以后，美国政府基本不再新建公租房①。美国政府改变以往由政府建设并提供公共住房以解决低收入者住房问题的方法，引入市场竞争机制，鼓励私人企业建设公租房以增加公租房房源，并且在 1961 年修订《国民住房法》，为私人企业提供低利率的贷款以表示对其支持，这对保障计划的实施起到了重要作用。不仅是学术界，美国民间很

① 高恒，金浩然：《美国租赁住房发展研究》，《城乡建设》2022 年第 8 期。

多人也认为公租房建设项目运行过程中对资金的限制影响了建筑质量、美观及基础设施的配套率，也为日后的维护和修缮埋下了隐患。公租房的选址集中也造成特定贫困群体聚集并使犯罪率上升。1993 年，美国国会为了解决公租房项目后期出现的问题，调整落后、高密度、隔离化的公租房社区，也进一步降低了贫困群体集中区高犯罪率等社会问题。另外，美国政府在 1997 年颁布了《公房管理改革法》(*Public Housing Management Reform Act*)，该法提出美国住宅立法的特点就是面向中低收入家庭住房制定。尽管美国是联邦制的判例法国家，但在公租房立法方面却由联邦立法，并通过成文的制定法来加以统一规范。另外，在制定公租房立法的同时，设立有相应的实施机构，以确保法律的有效实施。例如，联邦住房管理局和住房与城市发展部在美国住房社会保障政策的实施中发挥了重要作用。

英国的公租房主要指的是由地方政府管理的公共住房（council housing）。1890 年颁布的《工人阶级住房法》是英国首部鼓励地方政府改善工薪阶层居住条件的住房保障法。在该法推动下，伦敦东区开建了世界首个政府公租房。从此以后，地方政府建设公租房获得了中央政府财政支持，地方政府则负责具体的公租房管理工作，在政府定价的基础上，以低价出租给符合标准的家庭。这种中央政府出钱、地方政府管理的二元模式取得了不错的效果。

1919 年 10 月英国政府又颁布了《住房和城镇规划法》，从立法层面要求地方政府有义务向低收入家庭提供住房[①]。英国公租房相关的立法主要包括：公租房建设制度、公租房分配制度、住房补贴制度、公租房租金管制制度。确立地方政府在公租房建设中的主体地位，地方政府获得授权不仅建造公共租赁性住宅，同时有对不合格、不卫生住房进行处理与重建的权力，将住房法与城镇规划法联系起来使得整座城市布局更加合理。截至 1939 年，地方政府建造的公共住房达 100 万套，占住房存量的 10% 左右[②]。1946 年颁布的《住宅法》则进一步明确了保障性住房的申请者必须是中低收入者，特别是低收入者，同时也可防止贫困家庭集中于特定的聚居区。在租金管制制度方面，由州议会确定租金，房屋所有权人无权确定租金，以此控制租金成本。1965 年通过、1974 年修订的《租金法》对私房租金进行了更为严格的管制，以保护承租者的利益。为此，1965 年还设立了“租金法庭”（the rent tribuanl），专门

---

① 王志成，迈克尔 · R. 布朗：《英国住房保障潮悄然重来（之一）》，《住宅与房地产》2016 年第 23 期，第 20–24 页。

② MICHAEL B：《Housing policy and economic power: the political economy of owner occupation》，Methane Company Ltd，1983 年，第 2 页。

审理因房租产生的诉讼。英国的这种公租房政策一直持续到1979年。1979年，英国政府的住房政策发生了巨大变革，开始实行促进住房私有化的政策。1984年实行的《住宅与建筑控制法》、1986年颁布的《住宅与规划法》、1988年颁布的新《住宅法》等事关民生的住房法案充分引入了市场机制。自2003年起，英国工党执政后加大了公租房的保障力度，并且明确了政府在公租房中的主导作用。2004年3月，英国政府宣布政府将投资35亿英镑，在未来三年时间内建设7万套“可负担住房”。该项支出近几十年来每年保持在GDP占比2%以上，占政府公共支出的5%左右。英国政府是最早将解决低收入家庭的住房问题作为政府法定责任与义务的，为世界各国树立了榜样。公租房制度是一国不可动摇的基础性制度，是社会稳定与发展的基础。政府是公租房制度的主导者，政府如果放弃了其应承担的责任与义务，社会的安定与稳定以及个人的生存与发展都将受到极大影响。英国不同时期公租房政策的经验与教训证明了这一点，政府采取的公租房政策与立法应慎重。

政府资源与资金的投入主要向中低收入住房困难家庭聚集，主要是向经济收入在平均收入的20%~50%的一些群体集中。社会型公租房政策中，政府对居民住宅权的保障不仅在宪法上作出了规定，还通过制定相关的住房保障政策，确保公租房制度的严格执行，同时政府还会为维持公租房制度的资金运行提供较为明确和充分的途径，以确保公租房制度运行具有充足的资金来源。而对于经济收入水平处于中等和中等偏上家庭的住房问题来说，一般都是将其交由市场自由解决，从而实现自主化的供应模式，政府只在宏观层面对其加以调控。从这一角度而言，社会型的公租房制度中，政府与市场之间的关系是相辅相成的，政府所扮演的是市场自发调节过程中查漏补缺的角色，而市场负责商品性住房的模式。

实际上我国的公租房制度基本上就是通过社会型公租房模式建立起来的。对于经济收入水平能够满足自身住房需求的公民来说，政府并不对其加以过多干涉，而由市场对商品房的建设、购买等环节作出宏观上的调控；对于经济收入水平在中等偏下的人群来说，就需要通过政府向其给付公租房等保障性住房的方式才能够实现。实行社会型的公租房政策，坚持“保障”与“市场”两条腿走路，就成了我国当前住房政策的必然选择[①]。

① 李俊杰:《住房保障收入线测定及调整机制研究》，东南大学2015年博士论文。

## （三）全面责任型的公共租赁住房政策

第二次世界大战后的几十年里，大规模社会住房在西欧的扩散源于大规模的战后住房短缺和社会政治压力，旨在改善工人的公共卫生和生活条件[①]。全面责任型住房政策的代表国家有荷兰、德国、法国、瑞典以及新加坡，在现实的公租房政策选择上属于社会型，对住房市场进行全方位介入和控制[②]。

在全面责任型的住房保障政策中，政府以一种“父爱主义关怀”，力求达到国家政府对住宅权的监控和保障。就拿荷兰这一国家来说，荷兰政府通过有意识的宏观调控，以期实现政府对住房市场的控制，从而形成对中低收入住房困难家庭住宅权的保障的同时，实现本国公民在其所处的经济环境当中不至于因为在某一区域的聚集而遭受无意识的歧视。因而瑞典、荷兰等国建立起来的全面责任型住房保障模式，是政府对住房有意控制的结果。通过将住房相关制度的津贴补贴率提高，实现不同经济收入阶层的公民能够享有差别不大的住房环境和居住条件，削弱公民对住房差别化的概念和意识[③]。

德国的经济状况一直较好，在欧洲国家中处于领头羊的地位，所以德国的公租房采取的是发放住房租房补贴的保障模式。而且由于德国人对买房并不热情，不像中国人那样有较为深厚的执念。在政策推行过程中，政府也会考虑对申请公租房的家庭进行适当筛选。如果政府的财政收入比较高，采用德国的这种模式是比较适合的。德国政府通过向本国公民发放一定金额的租房补贴来促进本国公民住宅权这一基本权利的平等实现。德国对中低收入群体提供的公租房，主要是通过提供出租房和租房补贴两类模式来实现的。在德国，住房的私有化程度实际上并不高。通过租赁房屋解决住房问题的德国公民约占全部德国公民的60%，其中有30%左右的公民与德国政府的住房保障部门签署了房屋租赁合同，其他70%左右的公民通过租赁私人的住宅满足住房需求。随着经济的发展和公民权利意识的提高，德国政府对公民住宅权的保障效果也日益提高。为了使德国公民都能够实现其个人的住宅权，保障公民在房屋租赁时能够有充足的租金，德国政府制定并颁布了住房保障的相关法案

---

① BOELHOUWER P，VAN DER HEIJDEN H：《Housing systems in Europe：a comparative study of housing policy》，Delft University Press，1992年。

② 李一丹，李菲菲，李景国：《我国住房发展模式的研究综述与评析》，《城市》2016年第12期，第49-53页。

③ 盖多·卡拉布雷希：《事故的成本——法律与经济学的分析》，毕竟悦，陈敏，宋小维，译，北京大学出版社，2008年。

即《德国住宅补贴法》。《德国住宅补贴法》对德国政府为公民提供的住房补贴形式、发放方式以及发放比例等各项内容都作出了较为完善的规定。其中，德国公民在进行房屋租赁的过程中，政府可以提供相应的租赁补贴，以相应减轻房屋租赁者的经济压力。而政府所负担的租赁补贴主要是根据公民个人的经济收入作出调整。在租赁房屋的过程中，居民只需要负担家庭收入的三分之一用来缴纳租赁房屋的租金，其他租金份额由政府补足。政府为公民提供的租赁房屋的资金主要来源途径有两个：联邦政府负担个人住房租赁补贴的 50% 左右，州政府承担个人住房租赁补贴的剩余 50%。同时，德国政府还会为经济收入水平较低的购房者提供住房补贴，住房补贴的额度根据购房人实际的经济收入有所区别。目前，约有 86% 的德国人都可以享有不同额度的住房补贴。

法国实行法律强制型公租房模式。第二次世界大战后，法国住房存量在 1953~1975 年增加了 50%（约 800 万套），其中 80% 来自政府资助。自 2000 年以后，政府开始着手起草与住房保障有关的法律以对住房补贴的住宅建造提供一定的规制。其中，相关法律作出规定，建设住宅的开发商在房屋建设和规划过程中，至少要将其建设用地面积的 20% 提供给社会福利住房管理公司，并由社会福利住房管理公司租赁或者出卖给经济收入水平属于中低阶层的无房者，同时社会福利住房管理公司负责房屋的修缮、维护等，剩余的 80% 建设用地方能够进入市场领域由开发商自由买卖。此种对开发商开发的住房项目作出的强行限制具有以下优点：第一，强制将一部分房屋出售给社会福利住房管理公司，并由其出卖或者租赁给经济收入水平较低的公民，能够避免不同阶层的公民在住宅方面的分化和区隔，避免因为经济收入的不同而在购买住房的过程中形成对城市中社会阶层的分割，进而导致收入阶层标签的特定化，还可以很好地解决因为经济收入的悬殊产生的贫民窟问题。第二，这种做法能够不断促进住宅区域多阶层、多文化的交流。在政策推行过程中，政府也会考虑对保障家庭进行适当筛选。

新加坡以“居者有其屋”为目标，积极发展公共住房建设，形成了以公有住房为主、私有住房为辅的住房供应体系①。新加坡住宅法政策的重点是建造公租房，解决中低收入家庭的住房困难。1955 年新加坡通过《中央公积金法》，并依该法成立了

① 吴佳，何树全：《社会政策视角下的新加坡住房体系——兼论住房问题的社会属性》，《科学发展》2020 年第 7 期，第 103–112 页。

中央公积金局。1960 年 2 月，新加坡政府成立建屋发展局（Housing & Development Board，HDB），其作为半官方性质的法定机构，被政府赋予强大的法定权力和雄厚的财政支持。建屋发展局负责发放住房公积金贷款，房屋建设、分配、管理、维修一体化。同年，新加坡政府制定了《新加坡建屋与发展法》，该法律的实行以解决国家独立后面临的居民住房困难的问题为目标，政府依法设立建屋发展局，明确了政府发展公租房施行单一机构、统筹运行的方针和目标。1964 年建屋发展局正式提出“居者有其屋”的政府组屋计划。由政府拨出国有土地和适当征收私人土地作为建房用地。由银行和中央公积金提供建房资金。目前在新加坡，80% 的普通居民购买政府兴建的组屋，3% 的富有家庭购买富人住宅。新加坡还出台法规，限制居民购买组屋的次数，有效地解决了公共住房的转售、转租问题。采取社会型及雏生型住房政策的国家都面临筛选真正需要帮助的对象，以及确保资助真正达到效用最大化的问题。为了打击投机行为，规范房产市场，新加坡政府颁布了一系列法律法规。在实施过程中，既允许居民运用中央公积金购买组屋，又禁止居民转售所购买的组屋。如果居民不想拥有组屋，按照相关法律规定只能由建屋发展局以原价回购。该法律制度结合住宅的商品性和福利性，有效形成三者之间的良性互动，进一步协调了效率和公平之间的平衡。另外，严格把控组屋分配制度和准入制度也保证了公共资源的有效配置和利用。

## 二、比较法视角下各类公共租赁住房制度的评价

公租房是国家政府所给付的重要的社会产品。但是因为具体国情不同，各国的公租房制度也呈现出不同的发展样态。在运行过程中，也会在不断发展过程中形成一种趋向性的公租房模式。

### （一）从推行公共租赁住房政策到住房私有化政策

从英国、德国和瑞典三国的住房保障政策的比较分析中不难看出作为欧洲福利国家自由主义（liberal）模式、保守主义（conservative）模式和社会民主主义

（social democratic）模式的典型代表，这三个国家的公租房政策既有以社会权利为核心的共同特点，又保留了本国传统福利政策的特性[①]。各国在住房保障政策实施伊始，大多数都是通过政府介入保障性住房制度的方式实现为中低收入住房困难家庭提供保障。欧洲各国住房保障制度的建设，基本上都是通过由政府介入其中，并主导组建相应的公租房或其他保障性住房的形式得以实现。主要的西方工业国家在 19 世纪就相继完成了工业化和城市化的发展，当时普遍面临城市居住环境恶化、城市人口密度过大、住房短缺等一些社会问题。而在经历了两次世界大战之后，其住房紧缺的问题更为突出。因此，政府改变原先对住房市场的消极态度，越来越深入地寻求住房问题的解决。例如，在第一次世界大战前，英国政府对整个住房市场体系的干预仅限于对建筑密度过大、卫生设施不足等问题进行改善，但这些措施远不能解决低收入者的住房问题。因此，英国政府确立了公共住房政策，特别是在第二次世界大战以后，英国提出建立福利国家的目标，相应地在住房政策上作出调整，更是建造了大量的公共住房。其他一些较早实现工业化的欧洲国家如德国、法国、荷兰，也经历了与英国大致相同的公共住房政策阶段。

尽管欧洲不同国家的社会公共住房制度与政策反映了不同的特征和第二次世界大战前的不同制度框架，但它们都由于战后特殊时期受到经济因素和政治考虑的影响，使银行、建筑商、国家、雇主和市政当局以及工人阶级组织之间达成了共识[②]。随着 19 世纪后期的经济发展，私人出租住房在特定阶段得到了充分发展。20 世纪以后，随着资本力量和消费社会的兴起，自有住房成为最有效的供应形式，由国家组织的大规模社会公共住房建设重新达到平衡，住房部门更加市场化，公租房成为保障性住房的常态模式[③]。

虽然西欧第二次世界大战后公租房政策趋向住房社会化，但公共住房政策令欧洲各国的政府财政不胜负荷。因此，各国住房政策的重点又发生转变，减少保障性住房供给，鼓励公民个人积极建设自有房屋的方式，着力通过公民个人实现其住房需求的满足。这标志着公共住房目标从注重集体利益、贫困和社会福利的目标发生

---

① 黄燕芬：《利用欧洲经验帮助我国住房保障适度去商品化》，《中国经济时报》2018 年 10 月 12 日，第 4 版。

② LÉVY-VROELANT C，REINPRECHT C：《Housing the poor in Paris and Vienna：The changing understanding of ‘social’》，见 SCANLON K，WHITEHEAD：《Social housing in Europe II》，LSE Press，2008 年。

③ HARLOE M：《The people’s home?Social rented housing in Europe and America，Oxford》，Blackwell，1995 年。

转变。20 世纪 70 年代以来的新模式则反映了新自由主义思想和凯恩斯主义的危机[①]，即将私有化和市场化规定为解决公共服务问题的必要补救措施。在社会住房方面，这已转化为通过市场满足贫困家庭需求，并使社会住房的提供者面临受监管的竞争形势[②]。私有化政策削弱了社会租赁的基础，房屋所有权和私人租赁部门政策被推广作为更好的选择[③]。

英国政府一方面对私房租金进行限制，同时通过各项住房立法，减少国家在公租房上的投资，以降低私房出租率；另一方面，主要通过英国住房协会为会员提供优惠的住房抵押贷款，鼓励私人购房，从而很快提高了英国的住房自有率。法国政府则以低息贷款和为贷款利息提供补贴的方式，为居民自购住房提供了融资渠道。美国政府在早期也以建设公租房的方式，满足国内公民的住房问题。但相对于英国等一些欧洲国家，美国政府对公租房预期的投资相较于实际的投资数额要多得多。同时，美国政府对住房保障的对象也有严格的身份要求，仅限于低收入阶层，而未给予中等偏下收入家庭相应的保障。从这个方面来说，美国政府所推行的住房供应政策并未给予保障性住房制度的建设以很大的空间，甚至可以说美国政府对公租房的建设一直较为忽视。然而，在 20 世纪 60 年代其他国家都加大公共住房投入、积极干预住房政策时，美国政府就开始通过各种政策推进住房私有率的提高，旨在实现住房的私有化。其目的主要通过一系列政策和法律得以达成，如对个人购买住房的税收给予减免和优惠政策、提供优惠的住房抵押和担保措施等。从这一角度可以看出，美国所奉行的较为自由和宽松的公租房政策对市场的干预，相较于欧洲各国和新加坡等国家来说要小得多。

东欧各国在政治经济制度变革前，虽然社会性质与其他欧洲国家有着质的不同，但为体现社会主义优越性，都实行完全的福利型住房政策。住房的建设投资、分配、维修等各方面均由政府全权负责，可以说是绝对的公共住房政策。然而，东欧国家在经历了剧烈的社会变革后，纷纷打破原来的福利型住房体制和公共住房政策，通过住房贷款、税收减免、住房补贴等优惠措施，帮助居民购买原先租住的公共住房，

---

① MALPASS P，VICTORY C:《The modernisation of social housing in England》,《International Journal of Housing Policy》2010 年第 1 期，第 3–18 页。

② RHODES M L，MULLINS D:《Market concepts，coordination mechanisms and new actors in social housing》,《International Journal of Housing Policy》2009 年第 2 期，第 107–119 页。

③ RONALD R:《Housing and welfare in Western Europe: Transformations and challenges for the social rented sector》,《LHI Journal of Land，Housing，and Urban Affairs》2013 年第 1 期，第 1–13 页。

或是鼓励居民自建、自购住房，以逐步实现住房私有化的目标。

## （二）住房金融体制在公共租赁住房发展中的重要作用

在住房保障制度的发展过程中，各国所推行的住房保障政策的侧重点均有不同。无论是美国的住房抵押贷款保险和担保制度，英国住房协会与北欧住房合作社的优惠住房抵押贷款制度，无一例外都为我们提供了一个相同的启示，即想要实现对公民住房自有率的提高，刺激公民购买房屋的积极性，促进住房自有率的上升，首要前提是为居民提供一个通畅、便利的融资渠道。因此，各国不约而同地在住房金融制度上给予了有力的政府支持。虽然各国政府对住房金融市场的干预程度不同，如美国联邦政府金融系统和私人金融机构并重，政府成立联邦住房金融局全面接管房利美和房地美[①]，授予财政部在必要情况下无限量购买“两房”债务和股票的权利[②]；英国住房协会是游离于政府之外的专业性住房金融机构；法国的土地信贷银行则是一个半官方机构；新加坡的中央公积金局是官方机构，建屋发展局是半官方性质的机构。但它们的共同点就在于，政府对这些机构的贷款均给予了各种优惠，如贷款利率低于市场利率水平、利息免税等。

## （三）住房社会保障体制目标的转变

早期，面对国内大量流离失所的贫困人口，各国政府的住房社会保障体制都是以解决住房供应的绝对短缺为目标，即从住房数量上解决适于低收入者的住房供应问题。但在各国此类住房问题都得到较好解决后，政府就把目光放到了进一步满足住房的有效需求即住房质量上。

不可否认，目前国际上整体住房标准较高的是美国（包括低收入居民住房）。在美国，政府对“过于拥挤”的标准设置较为严苛，只要是一个房间内超过一人居住就意味着“过于拥挤”。20 世纪 80 年代以来美国的住房标准有了进一步的提升和发

① 房利美即联邦国民抵押贷款协会（Federal National Mortgage Association，简称 Fannie Mae），房地美即联邦住宅贷款抵押公司（Federal Home Loan Mortgage Corporation，简称 Freddie Mac），二者是美国两大房地产抵押贷款巨头。

② 杜鹏：《公共部门在风险处置中的职责分工和作用研究——以美、英、日为例》，《北方金融》2021 年第 4 期，第 79–84 页。

展，美国新住宅平均建筑面积为 $175m^2$/ 套，其中半数以上的住宅都装有制冷设备，3/4 的住宅有 2 个厕所[①]。而在北欧的瑞典，政府历来将为所有人提供良好的住房作为其在住房问题上的长期目标。许多国家的公共住房是针对低收入者而建造的居住标准较低的住房，但瑞典政府对公共住房基础设施的建设甚为完善，不仅提供各项必要的基础服务设施，还在生态环境的保护和可持续发展方面付出努力。英国、法国等国现在的住房保障标准更注重房屋的舒适性。

## （四）制定与完善公共租赁住房立法

在各国住房保障制度实施过程中，首当其冲的就是建立较为完善的住房保障政策，从而为住房保障制度的实施提供充足的法律依据。例如，日本颁布《住宅建设规划法》等相关法律以保障日本民众住房基本权利的实现，德国制定有《住宅建设法案》《住宅法案》《联邦建设法》《城市建设法》，美国、英国在不同的阶段都制定有《住宅法》。而对于我国来说，则没有位阶较高的法律保障公租房制度的施行。

## （五）将提供合宜价位的住房作为基本价值目标

英国等各国住房保障制度的历史发展都在向我们揭示同一个立法经验，即在解决公民个人住房问题的过程中，政府所扮演的角色是举足轻重的，尤其是在宏观调控方面具有十分重要的意义。即便是美国、英国政府，虽然其一直以来都在推进以提高住房自有率为目标的住房保障政策，个人住房需求通过市场经济的方式实现自由调节，但是政府仍然是公租房最大的投资者和持有者。同时，美国、英国政府通过出台一系列的制度、措施，实现政府对市场经济为主导的住房市场的宏观调控，避免住房市场以及房屋租赁市场价格的频繁波动，从而为中低收入住房困难家庭提供一个较为稳妥的住房买卖和住房租赁的市场条件。此种公共住房的发展模式和政策趋向，对于我国具有很强的借鉴意义[②]。在实施公租房制度的过程中，首先需要利用好政府对市场的宏观调控作用，增强政府宏观调控的能力，控制公租房租金价格

---

① 王志成，约翰・格雷斯，鲍勃・布劳顿，约翰・史密斯：《美国提高保障房项目可持续性的策略》，《住宅与房地产》2018 年第 32 期，第 73–74 页。

② 闫飞飞：《论适足住房权的国家义务》，《郑州航空工业管理学院学报（社会科学版）》2010 年第 6 期，第 86–88 页。

的波动，使得公租房的供应和需求能够达到相应的平衡，并且使得相应的收入群体都能够获得可负担得起的住房，满足不同收入阶层的住宅权需求。

### （六）完善的公共租赁住房补贴制度

美国政府在不同的历史时期采用了有所区别的住房保障模式。这些多样化的住房保障模式在各时期都具有其特定的意义和作用，主要目的都是解决在特定时期下较为突出的住房保障问题。这些住房保障政策是中低收入家庭的住房保障问题得以解决的有效手段[①]。例如，“砖头补贴”（或称房屋补贴）就是一种极其有效的住房保障方式，能够为大量中低收入住房困难家庭提供可得的住房。随着家庭私有住房所有率的提高，市场对公民住房的自发调节功能得以加强，“砖头补贴”的方式又被各种其他住房补贴模式所代替。“砖头补贴”的方式难以起到更为显著的效果后，“砖头补贴”转变为现金补贴的住房保障模式，通过为中低收入家庭补贴一定现金的方式，实现对公民的住房保障。现金补贴的方式不仅促进和刺激了住房市场的发展，也使中低收入家庭能够针对住房保障模式，基于自己的意志作出更为自主的选择[②]。我国在住房制度改革前，实际上实行的是多种住房补贴，包括暗贴、明贴等多种补贴形式。但由于政府实行的是全面的住房福利政策，国家与地方政府没有财力全部承担起这一关系亿万百姓的住房责任。低收入阶层也并没有真正享受到国家的住房福利政策。

## 三、各国公共租赁住房的立法情况

### （一）美国公共租赁住房立法与实施机构

20 世纪 30~50 年代，美国政府采取的是完全由政府主导的公租房包干制度；60

① 宋明星：《基于城市关联性的保障性住房发展历程与设计策略研究》，湖南大学 2016 年博士论文。

② 王培刚，胡峰：《当前我国城镇低收入家庭住房福利政策问题与对策探讨》，《经济体制改革》2007 年第 3 期，第 44–48 页。

年代，美国政府改变以往重点解决低收入者住房问题的方法，鼓励私营开发商新建住房；到了70年代，美国住房政策的重心从住房供应方转向需求方即低收入家庭，即将利益的补贴点由出租方转向承租方，它针对的是住房需求方即低收入阶层。其实，联邦住房管理局早在1934年就已成立，并被赋予为个人住房抵押贷款提供保险的职权，只是由于当时的公共住房政策影响，其在信用担保方面的作用未能凸显。能够享受“第8条款计划”提供的信用担保的低收入者，则由住房与城市发展部（HUD）进行资格审核，住房与城市发展部也负责该计划其他具体事宜的操作。此后，里根政府为了减轻政府因“第8条款计划”而承受的财政压力，对该计划进行了修改，提高了租户的租金承担水平，即由原来的占家庭收入的25%提高到30%。由于美国的联邦制国家结构形式，以及其他政策方面的考虑。

## （二）英国公共租赁住房立法与实施机构

在保障性住房分配制度方面，1890年，英国政府通过颁布《工人阶级住房法》，在法律中明确授权地方政府自主建设住房并对住房进行分配，开创了英国保障性住房分配制度[①]。第一次世界大战以前英国政府对住房市场的干预力度非常小，基本上完全依靠市场本身的供求调节机制来实现住房的生产和分配。1930年颁布的《格林伍德法》再次对公租房的保障主体作出了限制性规定，即公租房首先需要满足社会阶层中相对而言的弱势群体的住房需求[②]。因此，当时的居民大多是租住在私人房屋中。但随着战争的爆发、产业革命带来严重城市污染及人口激增，第二次世界大战后，英国的住房矛盾进一步加剧，政府为了有效解决这一严重的社会问题，同时也为了与英国战后建设福利国家的目标保持一致，开始大力推行“公共住房政策”。其在立法上则表现为1965年通过《租金法》。政府为此还在1965年设立了“租金法庭”（the rent tribunal）专门审理因房租产生的诉讼。但从20世纪80年代开始，英国政府的住房政策发生了巨大变革，开始实行促进住房私有化的政策[③]。但住房私有化政策的一个难题在于，住房消费对普通英国民众而言需要颇大的费用

---

① MICHAEL B:《Housing Policy and Economic Power: the Political Economy of Owner Occupation》, Methuen Company Ltd, 1983年，第2页。

② 毛锐，王林娩:《试论撒切尔政府的公共住房私有化改革》,《山东师范大学学报（人文社会科学版）》2006年第4期，第118-121页。

③ 朱仁显，陈楚亮:《西方政府社会公共事业管理职能的嬗变》,《云南行政学院学报》2008年第1期，第64-69页。

支出，如何筹措这么一大笔购房资金呢？英国住房协会在居民融资购房问题的解决上起到了至关重要的作用。自 2003 年起，英国工党执政后为扭转这一状况，加大了住房保障的力度。这一时期，英国政府的住房保障策略主要是向社会公民提供大量的“可负担性住房”（affordable housing），以使得在自由市场经济主导之下，低收入水平的住房困难群体能够在政府的扶持和帮助之下，享有相应的资金补贴或实物补贴，获得充足的资金租赁房屋或者最终拥有自己的房屋[①]。2004 年 3 月，英国政府宣布将对公租房投资 35 亿英镑，在未来三年建成大约 7 万套“可负担住房”。起初住房协会具有一定的金融属性，类似于现在的商业银行，以吸储的方式形成资金池。但它的吸储对象为居民会员，如果会员需要购房，需要经过条件审核，符合条件之后，住房协会就向会员提供贷款，其资金运转有现代住房公积金的影子。英国第一部《住房协会法》颁布于 1874 年，规定住房协会只能从事住房抵押贷款。由于英国法律对不同金融机构的业务范围作了严格、明确的界定，因此，住房协会成为住房抵押贷款市场的垄断者[②]。1986 年英国颁布了新的《住房协会法》，其中对住房协会的性质产生转折性影响的规定在于，该法律允许住房协会转变成银行，进行金融创新。因此，现在的英国住房协会可以说是从事住房金融业务的专业性金融机构。从英国住房协会的发展过程来看，它实则游离于政府之外，政府仅提供政策扶持。例如，住房协会吸收的存款利息可享受免税的优惠；政府允许住房协会的住房抵押贷款利率随通货膨胀率和市场利率的变化而作出调整，从而避免了固定利率在通货膨胀时变为负值的风险。1974 年颁布的《住房法》中的相关条款也增加了对住房协会的资助。

## （三）法国及北欧各国公共租赁住房立法与实施机构

不同于英国、美国、新加坡最初由政府直接建房的公租房模式，法国政府早在 20 世纪 50 年代就开始通过向低收入者提供长期的低息贷款来保障他们获得住房。整个 50 年代，法国政府的住房贷款在住房建设中都起着领导作用。在法国政府每年兴建的房屋中，超过 87.17% 的新建住房领受当地政府的资助和补贴。直到 70 年代，

① 汪建强：《二战后英国公共住房发展阶段简析》，《科学经济社会》2011 年第 1 期，第 95–97 页。
② 曾国安：《英国住房金融的特点及其借鉴意义》，《中国房地产》1995 年第 1 期，第 75–79 页。

领受政府投资补贴的房屋占比还保持在50%以上。早在1894年，法国政府就已经开始对住房保障制度的相关问题给予了关注，并出台了很多与廉价住房制度相关的法律。1906年，法国政府开始着手制定相关法律，通过颁布法律对廉价住房的建设问题作出相关的规定。1912年，法令允许省级、市级、乡镇级别政府成立与廉价住房相关的机构，以督促廉价住房的建设。1950年，法国政府将廉价住房这一名称指称的住房保障更名为廉租住房。2000年，法国政府再次对住房保障的相关法律作出更新，通过出台《社会团结和城市革新法》拟对廉租住房占全部住房建筑的比例作出限制性规定，比例不得低于全部住房建筑的20%，违反相关规定将会受到相应处罚。2006年，《国家住房承诺法》颁布实施，使得福利性住房的供给率获得了极大提高。2007年，法国政府颁布了《可抗辩居住权法》[①]。

与法国相似，瑞典、挪威、丹麦等北欧国家也主要是通过长期住宅商业贷款和利息补贴等激励模式确保住房保障制度顺利推行。然而，与法国模式不同的是，北欧国家通常认为公租房保障的目标是为百姓提供更好的居住环境[②]，而不是主要为低收入阶层服务。在英国等国建立了住房协会后，瑞典、挪威、丹麦等北欧国家纷纷仿效，建立了住房合作社。但与英国住房协会不同的是，北欧国家的住房合作社的宗旨更侧重于社区建设的合理性、社会生态环境的保护和可持续发展，而不仅仅是为中低收入阶层提供住房。例如，瑞典由于人口较少、经济发达，所以其确定的住房标准相对较高，而且公租房的覆盖人群不仅局限于中低收入者，甚至出租的私人住宅和公共住房的租金水平也是一致的[③]。

## （四）新加坡公共租赁住房立法与实施机构

1960年新加坡制定《新加坡建屋与发展法》，政府依法设立建屋发展局（HDB），明确了政府发展公共住房的方针、目标。1964年，建屋发展局正式提出“居者有其屋”的政府组屋计划。政府划拨国有土地并将其规划建设成为公共住房，或者适当

---

① 易磐培：《中国住房租赁制度改革研究》，华南理工大学2018年博士论文。

② 何代欣：《住房公积金制度与住房福利分配的他国镜鉴》，《改革》2015年第5期，第43-57页。

③ 黄燕芬，张超，杨宜勇：《福利体制理论视阈下瑞典住房保障政策研究》，《价格理论与实践》2018年第8期，第23-29页。

征收私人的土地以作建房之用[①]。1955年新加坡通过《中央公积金法》，并依该法成立了管理住房公积金制度的"中央公积金局"，其最为主要的职能在于有效监管公积金的分配与使用，保证建房资金供应链的安全性和完整性。1968年通过的《中央公积金法的修正案》使得住房公积金制度获得了进一步完善。该修正案的宗旨为使新加坡公积金制度更加完善，全面达到"居者有其屋"目标，也鼓励居民自购房屋。

## 四、比较法视角下公共租赁住房的立法评价与启示

住宅问题不仅在中国，在世界范围内都受到各国政府的普遍关注。世界各国无不把解决住宅问题作为维护社会稳定、促进经济增长、改善居民生活、提高公民幸福指数和保障公民基本人权的大事来抓[②]。美国、英国、法国、荷兰、日本等发达国家都制定了一系列的公共住房政策和相关法律法规，以推动本国住房保障制度的积极健康发展。对国外相应的立法经验进行梳理和总结，能够为我国住房保障制度的完善、构建我国住房社会保障法律制度发挥重要借鉴作用。

美国与住房有关的法律基本上属于公共福利保障的范畴，因此处于公法的调节范围之内。主要由美国的联邦众议院银行和财政服务委员会两个机构负责公共福利保障问题相关的立法事宜与管辖工作。1934年，美国通过了《国民住房法》，旨在确保由联邦政府负责担保公民个人的住房抵押贷款等事宜[③]。美国政府先后成立了多个与住房保障有关的部门，共同负责和保障公民的住房权利，还通过成立相关基金的形式提供个人住房抵押贷款过程中的保险。1997年，美国国会再次对住房相关法案作出修正和改革[④]。美国住宅立法的特点就是面向中低收入家庭，旨在提升住房困难家庭的住房环境以及满足公民基本的住房需求。美国住房保障立法主要的保障对象

① 蔡真，池浩珲：《新加坡中央公积金制度何以成功——兼论中国住房公积金制度的困境》，《金融评论》2021年第2期，第108–122，126页。

② 金俭，朱颂，李祎恒：《论保障性住房建设中的政府法律责任》，《现代城市研究》2010年第9期，第32–35页。

③ 徐承红：《产业集群与西部区域经济竞争力研究》，西南财经大学出版社，2006年。

④ 黄程栋：《住房保障与社区服务责任：美国的经验教训及其启示》，《安徽行政学院学报》2017年第6期，第97–102页。

是中低收入水平的住房困难家庭，提升其在房屋购买或者房屋租赁过程中的经济承受能力，形式由政府主导的政府投资转向鼓励私人主体加入住房计划，实现了社会资本与国家资本的融合发展，以确保公民最为基本的住宅权的实现。各州政府和非营利性社区开发机构同样对美国的住房保障制度作出了较为卓越的贡献。在制定住房保障立法的同时还设有相应的实施机构，以确保法律的顺利实施。

英国保障性住房立法主要包括保障性住房建设制度、保障性住房分配制度、住房补贴制度、租金管制制度。保障性住房建设制度首先确立地方政府在保障性住房建设中的主体地位。地方政府不仅有权建造保障性住宅，同时有对不合格、不卫生住房处理与重建的权力，旨在建设布局更合理的保障性住房。其次，政府可以将私有住宅进行收购并对其加以改造作为公租房。再次，政府兴建公共住房，并以低于市场价格的租金将其出租给住无所居者。

法国政府供应的廉租住房的价格相比于市场价格来说通常较为低廉，只有市场价格的三分之一左右，最低的廉租住房价格只相当于市场价格的六分之一左右，廉租住房的供应对象绝大多数为中低收入阶层的公民。2007 年，法国政府颁布《可抗辩居住权法》。这一法案颁布的目的为通过法律手段保障公民的住宅权利，避免政府在公民住宅权保障方面的失职①。另外，自 2018 年年底开始，法国政府为公民的住宅诉讼权提供了救济途径，住房保障部门对公民提出的住房保障请求置之不理或者保障不到位的，公民可以通过诉讼途径维护自己的合法权益。

新加坡政府的住房保障制度是通过政府主导的方式建立和发展起来的。在发展公共住房政策、解决低收入者的住房问题的过程中，中央公积金管理局与建屋发展局发挥了决定性作用。为了解决公租房专项资金短缺的问题、保障公积金制度平稳有力推行，新加坡的立法机关制定了《中央公积金法》，并以此法为依据，设立了“中央公积金局”，专门用于管理公积金。新加坡住宅法律政策的重点是建造公共住宅，解决中低收入家庭的住房困难。相关法律限制居民购买组屋的次数并对违反规定的法律后果作出了明确的规定，有效地解决了公共住房的转售、转租问题。

总之，即使在市场经济体制发展较为成熟的西方国家，政府也会对住房市场有不同程度的干预。而对于房地产业还存在房价虚高、投资过热、市场秩序混乱、供

① 主要包括无房户、将被逐出现住房且无法重新安顿者、仅拥有临时住房者、居住在恶劣或危险环境中的人、与未成年子女同住且住房面积不达标的人，共五类群体。

求结构失衡等[①]诸多问题的中国而言，政府在住房的生产、分配、消费等方面的介入是不可或缺的。对社会中高收入者的住房供应应当交由市场调控。简而言之，中国现阶段的住房政策应市场与政府并重，针对不同消费阶层制定，同时发展适于高收入者的商品房和针对低收入者的公租房。

① 王志刚:《中国房地产产业组织优化研究》，吉林大学 2019 年博士论文。

# 第四章
# 公共租赁住房法律制度基本框架

公租房法律制度框架包括公租房法律制度应遵循的基本原则、基本目标、基本内容以及具体的制度框架。公租房法律制度应遵循的基本原则主要有普遍性原则、保障生活所需原则、分配正义原则、社会化原则、倾斜保护原则等。公租房法律制度的目标在于，通过完善公租房法律制度，保护公民住宅权，真正实现“住有所居”。公租房法律制度的基本内容以住宅权的实现为基础，包括公租房的对象、公租房的方式、住房建设制度、住房金融制度、住房租赁制度和保障性公共住房制度等内容。

## 一、公共租赁住房法律制度的基本原则

法律原则具有较强的抽象性和稳定性，涵盖面较广，逻辑结构简单。法律原则因为其抽象性则没有事先设定具体而明确的事实状态[①]，也不指向任何特定的权利和义务，没有采取任何特定形式确定相应的法律后果。但是，在法律的创制和法律的实施过程中，却离不开法律原则的指导和运用。住房法律保障制度的基本原则是指集中体现公租房法律的理念和宗旨，指导和协调整个公租房法律制度的制定和实施，调节公租房关系所应遵循的根本准则。住房法律保障制度的基本原则贯穿于公租房立法、执法、司法、守法等各环节，是公租房精神实质的高度概括，对推进我国公租房法律制度的发展、实现公民住宅权益起着基础性的指导作用。

① 张文显:《法哲学范畴研究》，中国政法大学出版社，2001 年，第 54 页。

## （一）普遍性原则

公租房领域中普遍性原则是指涵盖所有社会成员作为其保障对象，通过公租房制度尽可能地保证并实现每一位社会成员的居住权益。公租房的普遍性原则需要从国家保障公民住宅权益寻求相应的依据。住宅权作为宪法中社员权中存在的隐形基本权利之一，其制度设计应保护公民住宅权益平等的实现。当公民基本的居住需求无法从一般性的社会途径中实现时，有权诉求社会或国家为自己提供相应的帮助，此种权益是每个公民平等享有的。国家或社会通过公租房制度向一般社会成员提供住房帮助时应做到一视同仁。但凡符合当地申请公租房资格条件的成员，政府应一律提供基本居住条件的保障，否则，便会偏离公租房法律制度的根本宗旨。

当然，随着国内大部分地区城镇化程度的提升，尤其伴随城市常住人口的迅猛增长，公租房推广工作面临多样的挑战和考验[①]。具体来说，各地政府因人才引进的需求，普遍松动和改革户籍制度，这样的政策给当地城镇带来新一波的城市人口增长高峰[②]。同时，在各地政府推广公租房的过程中，虽然普及率有所提高，但也出现相应的政策失衡现象。该类失衡的原因一方面是公租房的地区性差异。虽然公租房推广初期全国性标准人均面积为 $28m^2$，但政策推广到各地时，因每个地区政府治理能力、财政情况不同，政策实施情况也相应存在差异。很多地区公租房人均面积达不到人均 $28m^2$ 的住房标准。导致失衡的另一个原因是公租房保障的社会成员的阶层差异。由于公租房保障的社会成员所处的社会阶层不同，其享有的公租房居住面积也不同。因此，有些地方出现某些享有公租房的社会成员居住面积大于全国统一标准，某些享有公租房的社会成员居住面积却严重不达标的情况。当然，居住面积达不到国家标准的群体占多数，甚至出现达不到平均住房标准二分之一或三分之一的严重失衡现象。据不完全统计，在商品房价格居于全国首位的上海，超过两成拥有上海户口的家庭拥有两套以上的居住用房。然而，江苏省各城市中，在“夹心层”

---

① 诺贝尔经济学奖获得者、世界银行前副行长斯蒂格利茨曾宣称：21 世纪影响人类进程有两件大事，一是新技术革命，二是中国的城镇化，其成败得失不仅影响中国，而且遍及全球。2008 年，我国城镇化率已从 1949 年的 10.6% 提高到 45.68%，有 6 亿多中国人居住在城镇。参见：李慧，张玉玲：《经典中国 · 辉煌 60 年——城乡建设篇》，《光明日报》，2009 年 8 月 26 日。

② 2010 年居住证制度的正式提出，有力地推动了国家户籍制度的改革。2010 年 5 月 27 日国务院转发国家发改委《关于 2010 年深化经济体制改革重点工作的意见》，首次在国务院文件中提出在全国范围实行居住证制度。自 2008 年 3 月浙江慈溪、吉林长春废止暂住证实施居住证以来，全国已有至少 10 座城市实施这项制度。

人群连人均 28m$^2$ 的公租房国家标准都很难达到的情况下，有两三成的当地居民名下有“两套以上”的房产。当然，该统计数据背后必然是更多“夹心层”社会成员可以说没有或只享有不完整的居住权利。另外，随着沿海地区的人口涌入，某些地区出现很多“空城”“空心村”，使得这些地区大量住宅无人居住。这种现象也引起了国内多家媒体的关注，对这种社会现象深入调查，发现全国各地 660 座城市 6540 万套公租房中，住宅电表连续 180 天用电量没有变化①。按照国家人均居住面积 28m$^2$ 来计算，前述空置的房屋足以满足 2 亿人口的住房需求。当然，前述调查数据真实性及数据来源引起大家的疑惑，但其不影响该数据本质上揭露的社会问题，即中国国内房屋空置率较高。总之，住房问题不仅是维持社会成员基本生活的关键，更关系到国家的稳定和长远发展。

## （二）保障生活所需原则

公租房的保障生活所需原则要求各地政府在推广公租房政策时以相关法律制度作为自己的行为准则，保障当地“夹心层”群体的基本住房需求。住宅不同于一般商品，其本身是为了满足人们的基本生活所需，是衣、食、住、行中最基本、最重要的生活必需品，政府有责任确保公民最基本的生活所需。但是，在市场经济高速发展的今天，住房却被作为普通商品在市场上进行自由流通，很多消费者购房的主要目的不是为了居住，而是将购房作为一种不动产投资，这在一定程度上刺激了房地产市场的繁荣，但同时伴随而来的却是房价的飞速上涨，还有越来越多“望房兴叹”的无力购房的群体。购买两套、三套甚至更多住房，投资住房市场，已经成为众多城镇家庭投资理财的首选方案。因而，前文所述 6000 多万套住宅无人居住，电表连续六个月读数为零也就不足为奇了。当然，这也从反面揭示了实际存在着更多无房居住的社会大众，也反映出我国公租房的现状和困难。

确立保障生活所需的公租房原则，是由我国的经济发展水平和公租房的现状所决定的。对“夹心层”群体的公租房保障，需要国家支出大量的财力、人力。然而，纵观我国目前综合实力，国内各地经济发展不均衡，各地政府用于社会保障的财力、人力存在差异，大部分地区用于公租房支出的人力、财力非常有限。另外，从各地

---

①《京华时报》2010 年 7 月 7 日。

公租房普及现状来看，各地实际情况并不乐观，公租房供应量仍无法全面满足城镇化带来的人口突增导致的客观需求。此外，始终保持飙升状态的商品房价格，使得“夹心层”群体无法购买此商品房，通过市场满足自己的住房需求。前述种种原因致使保障基本生活所需原则成为我国目前公租房等保障性住房制度的核心原则。这也是因为满足“夹心层”群体的住房需求是中国现阶段首要解决的社会问题之一。在新时代下，进一步发展房地产市场主要是为满足广大人民群众的居住需求这个重大社会课题服务的，而非为通过房地产市场得到投资盈利的模式服务。几年来，国家宏观调控政策频出，主要目的就在于控制住宅价格，稳定住房市场秩序，努力满足人民的最低居住需求。2010 年 1 月 12 日，《国务院办公厅关于促进房地产市场平稳健康发展的通知》发布，明确提出要合理引导住房消费，抑制投资投机性购房需求。

## （三）分配正义原则

国家经济的有序发展、社会的和谐稳定、百姓的安居乐业，在很大程度上依赖国家内部社会资源和各种利益的有效分配。此类资源和利益的有效分配，能够更好地保证社会经济高效、稳定发展。社会经济高效、稳定发展能使百姓过上心满意足的生活，提高居民幸福感。国家发展过程中，分配正义原则要求统治阶级通过一系列合理的制度设计，采取权力构成、权利义务及法律后果的明确化、责任承担模式的安排等方法使社会资源在国家成员之内合理分配。理想状态下，这种制度设计的安排，能使百姓对于通过该制度设计分配得到的社会资源和利益感到均衡。若国家社会资源分配不公平，百姓的满意度也大打折扣，进一步引发社会动荡[①]。市场经济发展以来，很多国家在住房问题上也引入市场机制，我国也不例外。通过市场手段调整住房利益，使关系到一国百姓最基础、最重要生活保障工具的住房成为特殊的市场资源。与此同时，特殊社会资源的住房客观上的稀缺性使其具备单位价值高昂的特点，拥有一套属于自己的住房成为百姓热切追求的目标。当然，百姓对住房的渴望，以及住房作为特殊资源的稀缺性决定了住房分配稍不合理便会出现使百姓感到不公的社会现象，同时，居住利益的满足和住房分配的公平也成为最受大众关注的社会问题。

---

① 何建华：《分配正义论》，人民出版社，2007 年，第 7 页。

罗尔斯在社会资源分配上提出自己的见解，他认为：几乎每个人都追求实现自己目标的途径，因此，在寻求目标实现途径时都希望被分配较多的利益。但社会资源往往是有限的，由此产生了一系列利益冲突。这些利益冲突的平衡协调要求国家设计一系列的社会原则，通过合理的分配原则来指导不同权利主体之间的利益分配，让社会成员在设计的社会安排中选择符合自己最大利益的方式，由此达成资源分配上共同认可的契约。国家在进行资源分配时需要的原则为资源分配的社会正义原则。社会资源分配正义的制度设计满足了社会运行过程中资源分配中明确权利、义务的需求，进一步确定社会成员协作的利益和责任承担的适当分配[①]。纵观国家的各类社会规范，正义是社会规范的基本要求，也是法律规范所向往的核心价值。毋庸置疑，法律规范可以比较有效率地保障分配正义的制度。法律规范应符合基本正义观念，若不符合基本的正义要求，则被视为无法为一国政体提供长远的、持续的、稳定的社会秩序。当然，法律规范要实现正义也需要一个具备强大立法、执法、司法能力的国家机体来保证每个公民公平地实现个体正义，不然也无法有效实现正义。法律旨在创设一种正义的社会秩序[②]。可以说，实现正义需要合理、有效的秩序支持才能够发挥其保障功能，一国社会秩序的稳定维持要求国家拥有合理、健全、高效运行的法律制度。国家在满足百姓住房需求上也试图通过引入市场机制来调整，然而，由于种种原因某些群体始终无法通过市场机制来满足自己的住房需求，其中我国“夹心层”群体最为典型。针对此类群体的住房保障，亟待通过制定和实施相应法律规则来实现住房正义。分配正义原则应该作为保障社会和谐稳定的一项基本原则贯穿公租房立法、执法、司法等各环节，是协调、平衡各类利益冲突及化解社会矛盾、消除不稳定因素的最佳手段。

### （四）社会化原则

公租房的社会化原则是力求稳定实现公租房资金来源，呼吁全社会共同关注、共同参与推广公租房事业，进一步实现多主体、多层次住房供给的住房责任的社会化。从国家社会保障责任的角度来看，社会化原则为近现代国家社会保障制度中的

① 罗尔斯：《正义论》，何怀宏，等译，中国社会科学出版社，1988 年，第 2–3 页。

② E. 博登海默：《法理学——法律哲学与法律方法》，邓正来，译，中国政法大学出版社，1999 年，第 318 页。

核心原则。国家社会保障责任要求国家通过一系列积极行为保证公民的社会需求得到满足。然而，在社会保障过程中，责任主体并非仅仅是国家，其他社会及有能力的公民也承担一部分使“夹心层”群体“继续生存下去”的责任或义务[①]。政府、公民、企业等全社会主体负相应的社会保障责任，这也是社会保障制度的核心内容。在住宅权益的实现过程中，公民个人无疑应负主要责任。公租房制度作为社会保障制度的重要内容，其核心也是国家责任的实现。住房保障过程中国家责任的实现，一方面通过对现行的房地产市场由“看不见的手”宏观调控，另外一方面通过支出财力、人力来推广公租房等保障性住房制度，保障“夹心层”群体的居住需求。我国对公民住房分配进行市场化改革后至1998年以前一直实行的福利房制度。住房分配市场化实践，虽能有效保障我国公民的居住需求，使大多数地区的人均住房面积有所提高，但无法更高效地减轻国家的住房保障责任。观察各地改革实际发现，这几年来国内房地产形势愈加严峻，房价居高不下，市场调控失灵，更多的人群无力购房。基于此，有越来越多的学者甚至人大代表、政协委员纷纷提建议要求国家制定科学、合理、符合中国现实的住房保障相关的法律制度和政策。同时，呼吁社会各界力量、每一个社会成员，尤其具备相应条件的企事业单位，积极参与保障性住房的推广，共同实现全方位的城镇居民公租房体系。因而，有关辩证看待福利分房的讨论便备受关注。一项调查指出，有56.6%的居民认为福利分配住房更具优越性，福利分房是从房屋的基本功能出发，以实物分配的形式满足公民的居住需求[②]。

关于单位集资建房或者单位自建房的话题一直备受争议。反对者认为，集资建房与1998年之后房改政策的初衷相背离，无法有效实现住房市场化及商品化的主要目标。赞成者认为，允许单位集资建房，只是把开发商的利润完全返还给买房者，必然会使房价下降，这不仅不会影响政府的利益，而且还会减轻政府建设公租房的压力。由政策实践得知，单位集资建房在初期属于经济适用房内容的一部分。在政策执行中，单位集资建房建设标准、保障对象及享有的优惠政策是依照经济适用房政策规定的。该政策执行到2006年，建设部、监察部和国土资源部三个部门发出通知，禁止党政机关以任何名义、任何方式搞集资建房，超标准为本单位职工牟取

---

① 种明钊：《社会保障法律制度研究》，法律出版社，2000年，第5页。转引自郑尚元，等：《劳动和社会保障法》，中国政法大学出版社，2008年，第409页。

② 李斌：《分化的住房政策：一项对住房改革的评估性研究》，社会科学文献出版社，2009年，第131页。

住房利益[①]。笔者认为，这一规定的科学性和合理性值得商榷，本着公租房社会化原则，只要能够合理引导和加强监管，应该允许单位通过自建房或者适度提高住房补贴缓解职工住房困难，这也是缓解高房价的有力举措之一。实践中，广东、新疆等地就曾明确规定，单位在符合规定的前提下可以自行建房解决单位内职工的住房问题[②]。

## （五）倾斜保护原则

倾斜保护原则要求国家通过多样化、多层次的保障途径满足广大无房可住、不具备购房能力的“夹心层”群体的住房需求。因此，公租房法律制度的设计，不仅要遵守普遍性原则，提高住房私有化程度，使绝大多数社会群体能够居者有其屋，更为重要的是，要重点关注和保障广大特殊社会群体——弱势群体有房可居。当然，弱势群体是一个外延较为宽泛的概念，学者们有不同的理解。通过国家、社会公认的概念理解其含义，是专指由于某些社会、生活、自身的障碍，同时欠缺相应的政治机会、社会机会、经济机会原因在社会上处于不利地位的特定人群。这部分群体经济基础较为薄弱，住房条件极为困难。一般来说，在现实生活中，此类人群的居住水平处于社会平均水平以下，在社会、政治、经济生活中往往处于弱势地位，通过自身的努力难以改善和提高自己的住房条件。因而，社会弱势群体的住房问题只有通过国家、社会的支持与帮助才能得以解决[③]。现阶段，这部分特殊群体主要包括无收入或者收入水平低下的人群，如广大进城务工人员群体、失地农民群体、残障群体、妇幼及老龄群体、特殊病患群体和由于遭受各种自然灾害而失去家园的灾民群体等。从现状来看，这些特殊需求群体的住房条件普遍较差，急需通过住房的社会保障制度予以救济和改善。因而，公租房法律制度在坚持普遍性原则的同时，还应该从我国实际出发，对上述特殊群体进行倾斜保护，做到普遍性和特殊性的统一。倾斜保护旨在实现法律的实质公平和公正，促进社会各阶层的和谐相处。总之，倾斜保护原则中的倾斜是以实质公正作为其限度的。倾斜保护不能通过牺牲一方的合

---

① 《关于制止违规集资合作建房的通知》（建住房〔2006〕196号）。

② 《张广宁：单位自建房不是回归福利分房》，《南方日报》，2007年3月16日；新疆维吾尔自治区《自治区党委办公厅、自治区人民政府办公厅关于进一步规范清理单位集资建房工作的通知》（新党办发〔2008〕12号）。

③ 金俭：《中国住宅法研究》，法律出版社，2004年，第67–70页。

法权益来满足需要保障的一方利益的需求[①]。

贯彻和遵守倾斜保护的基本原则，要求公租房法律制度必须充分关注上述各种特殊住房需求群体的住房困难，通过有效的制度设计逐步解决他们的住房困难。具体来说，我国当前的经济适用房制度、城镇廉租房制度、限价房制度、公租房保障制度等都有助于改善广大弱势群体的住房条件。但是，从实际来看，这些制度的保障作用却极其有限，保障性住房数量不足、质量较差、分配不公等问题不断凸显并深刻揭示了当前制度设计存在的种种内在缺陷以及实施过程中出现的偏差。因此，不仅在基本的公租房制度设计中要体现对特殊群体的倾斜保护，相关配套制度以及制度的严格执行同样应该贯彻这一基本原则。

# 二、公共租赁住房法律制度的基本目标

公租房法律制度的目标是通过合理的制度设计，逐步解决我国目前面临的公租房困境，解决广大中低收入群体的居住问题，实现公民的住宅权。建立完善的公租房法律制度，保证住宅权的最终实现是公租房法律制度的基本目标。

## （一）实现“住有所居”的目标

1. 从“居者有其屋”到“住有所居”

古今中外，“住”的问题一直为人们所重视。古人有一句：“无恒产有恒心者，惟士为能”，进一步说明了从古至今“恒产”对百姓生活的重要性。通俗意义上说，“恒产”指土地、房屋等不动产，是百姓安居乐业、甘其食、美其服的前提。拥有属于自己的“恒产”是中国百姓几千年来渴望的理想状态。民国时期，孙中山在“耕者有其田”理念的基础上进一步提出，建设的核心在于搞民生，因此呼吁政府必须把中心放在人民之食、衣、住、行四大需要，并为此必须与人民齐心协力，共同面对国内农业现状，以足民食……建筑大计划之各式屋舍，以乐民居。在此基础上，

① 黎建飞：《劳动法的理论与实践》，中国人民公安大学出版社，2004年，第24页。

孙中山进一步提倡政府应当承担满足人民居住需求的责任。“居者有其屋”的社会理念随着我国住房私有化改革进程的逐步深化而逐渐开始为大众所熟知。新中国成立后，与住房的公有制形式相适应，住房福利政策一直被当作社会福利的范畴，没有引入市场机制，住房不具备市场交易中商品的性质。城市居民的住房由政府和单位分配。然而高度的住房公有化与住房福利政策的弊端使政府不得不进行住房体制改革，实行住房个人所有制。自 1988 年的“世界住房日”开始，我国正式开始把住房改革的方向指向住房私有化。同年我国政府首次提出，通过住房私有化实现“居者有其屋”[①] 的目标。福利住房制度是由国家解决职工住房问题，将市场排除在外。国家为提供、维修、保养职工住房投入了大量的财力、人力，但住房矛盾却没有得到相应缓解。为此，1988 年和 1991 年国务院分别下发关于各地城镇分期分批、积极稳妥推广住房改革的通知。这两个通知明确了我国城镇住房制度改革实践依照社会主义初级阶段有计划的商品经济宗旨，逐步通过市场机制实现住房商品化。1994 年，为了进一步全面深化和推进住房制度改革，国务院发布规范性文件，允许城镇职工购买除各地县级以上政府认为不宜出售之外的公有住房。1998 年 7 月，《国务院关于进一步深化城镇住房制度改革加快住房建设的通知》发布，确立了以住房货币化为中心内容的改革方向[②]。在这样的背景下，“居者有其屋”的提法开始在各大媒体和公众面前频繁出现。“居者有其屋”曾一度被媒体和学者奉为我国住宅市场化改革的目标，有不少学者也曾对这一目标的内涵进行了认真研究，关于“其屋”是否应该包括租住房也由最初的部分质疑而逐渐为学界所普遍肯定。

新加坡在 1964 年为解决居民的居住困难，推广“居者有其屋”的公租房计划[③]。这也是“居者有其屋”首次作为概念正式被提出。随后，从 1970 年开始，我国香港着手普及“居者有其屋”计划。该计划激励有能力的居民自购住所，针对收入不符合享受廉租房申请标准同时也承担不了市场中私人楼宇租金的居民解决其居住困难[④]。1996 年，联合国在土耳其伊斯坦布尔召开了人类住宅大会第二次会议。在该会议上，各国政府作出承诺，明确“人人享有适足住房”宗旨和行动口号。2000 年，

---

① 许晨:《居者有其屋——烟台住房制度改革闻见录》,《中国作家》1989 年第 1 期，第 176–193，142 页。

② 金俭:《中国住宅法研究》，法律出版社，2004 年，第 13–16 页。

③ 阳旭东:《新加坡组屋政策与中国住房市场——新政治经济学分析》,《海南大学学报（人文社会科学版）》2018 年第 2 期，第 69–76 页。

④ 洪霞，许芷晴:《1954—1997 年香港公共房屋政策研究》,《杭州师范大学学报（社会科学版）》2018 年第 4 期，第 111–119 页。

联合国“2000年全球安居规划”呼吁各国政府调整直接干预政策，实现“居者有其屋”。前述一系列举措表明，“居者有其屋”“人人享有适足住房”理念逐渐成为国际社会为之奋斗的目标①。

2.“住有所居”目标的正式确立

从古至今，我国百姓都对拥有属于自己的住宅抱有最朴素的情感。古人常说的“有恒产者有恒心”“安居才能乐业”，近现代提倡的“耕者有其田”“居者有其屋”等深入人心的观念，是导致目前住房消费激增不减的主要观念因素。受这些传统观念的影响，百姓普遍认为，只有拥有属于自己的住房才能实现真正意义上的立足之所、立家根本。我国百姓常说的“租房不如买房”也从侧面说明群众对购房和房屋投资特有的热衷。关于“居者有其屋”的内涵，虽也有很多学者作了分析和研究，指出租房居住也应该包括在内。但是从字面意思理解，“居者有其屋”所指向的是公民对房屋的所有权。当然，从1998年开始的住房改革实践中分析，“居者有其屋”确实也可以理解为，使更多的人进入市场交易购买房屋所有权，而不仅是有房可居。从住房改革的这层意义出发，让更多的人能够从市场交易中购入住宅，被多数百姓视为政府住宅改革实践应达到的主要目标，因此政府有义务和责任帮百姓实现“居者有其屋”②。

从我国现发展阶段的实际出发，全面实现让更多的人能够从市场交易中购入住宅的目标，要求政府做到多数人认为并主张的“居者有其屋”，是不符合现阶段中国国情的。数据显示，通过对国内“买得起房”的家庭和发达国家“买得起房”的家庭进行横向比较可知，百姓购入能力上发达国家远超我国，但从购入意愿上看，我国多数百姓都希望拥有属于自己的住宅。然而，有很多专家指出，从我国目前综合实力看，近20年内很难满足③让每一个想拥有住宅的百姓都能够从市场交易中购入住宅的需求。总之，古今中外，作为房屋基础的土地一直被认为是稀缺资源，而中国是人口大国，随着城镇化进程进一步加速，全面实现“居者有其屋”的时机还未成熟。

与此同时，基于人们对“居者有其屋”目标的实现必要性的论证和评价，另一

---

① 包宗华:《房改政策之异见剖析之一——提出“居者有其屋”是否倒退》,《中国房地信息》2000年第8期，第37页。

② 新加坡实行“居者有其屋”计划以来，建屋发展局已建造了90万间组屋，新加坡有80%的人口居住在组屋中，其中95%的人口拥有自己的组屋，是全球唯一近乎达到百分之百拥屋率的国家，真正实现了“居者有其屋”的政策目标。

③《住建部专家：十二五住房发展目标人人有房住》,《经济参考报》2009年11月24日。

个较为科学、符合我国实际的住宅相关概念——“住有所居”引起了大众的注意。从一般意义上理解，“住有所居”主张通过公民拥有住宅使用权的方式，进一步实现人人有房可居。换句话说，“住有所居”不强行要求百姓必须拥有住宅所有权。与“居者有其屋”的概念相比，“住有所居”概念的提法较为科学，更贴合国内现实状况。以此种比较合理的科学概念为基础推广的住房政策，使百姓的居住权益不仅可以通过市场交易购买房屋所有权来实现，也能使不具备相应经济条件的居民通过租赁或申请廉租房、公租房的方式实现。当然，不仅是我国，在很多发达国家，也并非每个人都拥有住宅所有权。2007 年，“住有所居”这一概念因其合理性和可行性在我国得到正式认可和接受。中国共产党第十七次全国代表大会报告中正式提出，社会建设与人民幸福安康息息相关。我国这几年以来政策推广的实践显示，“住有所居”已是我国保障性住房政策的中心，其中公租房制度是实现“住有所居”的最佳途径之一。国内主流住房观念从“居者有其屋”到“住有所居”转变，不仅仅是字面上的变动，也是概念科学性的转变。这种从我国国情出发的科学概念的转变，使得国家改变为实现住房保障提出的政策方向，让“住有所居”成为我国住房相关制度改革进一步转型的重要标志。从“十二五”时期一直延续到 2020 年，国内各地城镇发展始终处于“脱贫为主、适度改善”的阶段。因此，需要在大多数人有房可居住的基础上，进一步实现人人有房住的战略目标。这也是在住房问题上，从大多数人适度改善开始逐步实现中低收入群体优先改善的总目标的趋势。换句话说，在未来几年的战略期内，国内各地城镇住房基本目标仍是“住有所居”①。

## （二）确保公平住宅权的最终实现

众所周知，一个政策和制度的全面实现离不开法律制度的背后支撑和最终保障，解决广大“夹心层”社会成员的居住困难，实现“住有所居”的目标也应如此。从比较法视角考察各国住房相关的法律制度，不难发现美国、日本、英国、新加坡、法国等国家，很早就开始着手建立较为规范的住房相关的法律制度。其中，法国住房构成中福利性住房比重较大的一个重要原因是有法律保障。最引人瞩目的是 2000 年实行的一项法律规定法国各大区、省、市、镇中凡是人口超过 5 万的地区，廉租

① 《住建部专家：十二五住房发展目标人人有房住》,《经济参考报》2009 年 11 月 24 日。

住房普及率不能低于当地房屋的20%。另外，法国2006年制定的《国家住房承诺法》激励各大区增加福利性住房供给，2007年实行的《可抗辩居住权法》提倡并承诺进一步增加住房建设投入。法国通过一系列的法律制度，实现国家保障居民的合法居住权，为本国居民提供可通过法律手段维护自己居住权益的多项途径。法国政府采取一系列措施保障公民居住权益的背后是政府通过采取一系列财政补贴等积极措施致力于满足弱势群体的住房需要的社会保障理念。通过上述一系列法律制度，法国政府不仅满足了法国当地居民的住房需求，也保障了公民住宅权益得不到适当保障时的诉讼权益。

总而言之，国家作为政治机体，为保障某一类权利体系所应承担的主要义务包括以下两个方面。其一，通过立法机关制度确定法律形式，对这一类权利义务体系予以正式确认。其二，通过执法、司法手段来进一步保障该权利义务稳定、有序运行[①]。从实践来看，仅靠住房政策对市场进行短期调控，并不能真正解决我国目前面临的公租房难题。实践中，真正能解决国内各地公租房制度运行过程中面临难题的途径是进一步加快公租房相关法律制度的立法，通过法律制度的形式，以最快的速度将住房改革实践中取得的成果固定化。并对公租房的宗旨、公民住宅权、公租房的对象、保障的范围与标准、保障的途径和程序、实施公租房的组织机构、公租房法律责任的承担与公民住宅权的救济等内容通过法律予以明确规定，对公租房涉及的住宅土地供应、住宅规划设计、住宅建设、住宅分配等环节进行严格规范和约束，逐步建立完善的公租房法律制度。从长远来看，建立健全公租房法律制度的意义主要在于以下几个方面。

1. 是我国社会保障法律制度建设的必然要求

社会保障是指国家对年老、疾病、伤残、失业、丧失劳动能力或因各种自然灾害等不可抗力致使原先正常生活变得生活极为困难的百姓，根据相关法律规定给予一定的物质援助，满足公民基本生活所需的制度。社会保障旨在通过国民收入的再分配缓解各种社会矛盾、维护社会稳定，其内容通常包括社会保险、社会救助、社会福利、社会优抚等方面。现代各国的社会保障制度普遍是通过国家立法的形式建立起来的。这是因为，国家对社会成员的保障待遇只有通过法律予以规定才能够更加明确、更加具有执行力。按照公私法的划分标准，社会保障法律制度很难归属于公法或者私法，

① 王人博，程燎原：《权利及其救济》，山东人民出版社，1998年。

而是属于社会法的范畴。从各国社会保障立法情况来看，社会保障法律制度普遍以社会保险、社会福利、社会优抚、社会救助等相关法律制度作为主要内容。

2. 有利于公民住宅权的真正确立和保护

住宅权是指公民获得适宜与充分住房的权利，既是公民的一项基本人权，又是一项重要的财产权。然而，这一关系公民基本生活保障的基本权利并未为我国现行法律所明确规定。何为住宅权，如何确保住宅权得以真正实现，政府在公民住宅权实现中的责任应该如何落实？这些都有赖于通过制定专门的公租房基本法才能得以实现。因此，建立健全完善的公租房法律制度是公民住宅权实现的根本途径。

3. 推动政府公租房责任的落实，确保住房问题从根本上得以逐步解决

公民“住有所居”目标的实现，主要依赖于公民自身的努力。但是，对于部分收入水平极低、生活困难的公民来说，仅靠自身的努力根本无法获得适当的公租房。因此，对于这部分生活困难的弱势群体，政府负有不可推卸的责任。换个角度来说，基于公租房的性质，政府对于公租房具有关键性的作用。这是因为政府对公租房资源的投入和配置都有着决定性的作用，政府具有最强的提供公租房的能力。因此，政府不仅要作为公租房制度的供给者，也要作为公租房的组织者和公租房资源的主要供应者，政府要承担公租房的最终责任①。但是，这些责任仅靠政策和文件很难得到真正落实。所以，公租房法律制度的确立，将会使政府的公租房工作有法可依，各级政府的公租房责任也会因此受到法律的规范和约束，这也将会有助于住房问题从根本上得以逐步解决。

4. 有利于我国房地产市场的可持续发展

当前我国房地产市场的现实表明，房价无序上涨和巨大的住房需求之间的矛盾越来越突出，甚至出现了很多怪象。例如，开发商和地方政府声称住宅用地指标不够用，而实际上开发商手里却囤积了面积惊人的土地以哄抬地价和房价；看似是住宅供不应求而致使房价不断飞涨，但是大量空置房的出现却让我们不断反思什么才是刺激房价上涨的主要因素。虽然，我国中央政府近年来一再要求各地政府加大公租房等保障性住房的投入，全力解决低收入人群的住房问题，但是在不良政绩观影响下，一些地方政府却始终是在应付、做样子，主要精力都集中在了征地拆迁、大搞面子工程等方面。另外，保障性住房供应中也暴露出了许多制度性的问题。这些

① 曾国安，胡晶晶：《论中国城镇公共租赁住房体系改革和发展的基本思路与目标构架》，《江汉论坛》2011 年第 2 期。

问题使房地产市场失稳、失控的风险不断加大，已经严重影响到我国住宅市场甚至整个房地产业的健康发展，国内经济金融面对的安全局势也越来越严峻[①]。社会上有关“开发商绑架了政府”“房地产绑架了中国经济”的说法也足以说明我国房地产市场发展存在的问题。因此，从满足公民最基本的居住需求出发，以保障居民的居住利益为出发点，设计完备的公租房法律制度，不仅可以逐步解决广大低收入群体的住房问题，更重要的是，住房整体供求关系也会因此受到影响而趋于稳定，从而最终保障房地产市场的可持续发展。

5. 有助于实现社会生活秩序的稳定，促进社会和谐

一国之内，和谐、稳定社会秩序的建设，其核心是着力解决人民群众比较关心的衣、食、住、行等基本民生问题，维护人民群众的各种合法权益。房地产业事关我国经济发展大局，但是，在房地产业蓬勃发展的同时也应该注意与社会整体的和谐，必须关注和顾及广大低收入群体的生活保障尤其是公租房问题。事实证明，因为房价上涨、野蛮拆迁以及过度城镇化产生了很多社会不稳定因素，因而导致群众集体上访、围堵政府部门等现象时有发生。有学者表示，我国城镇发展中，中低收入者等“夹心层”人群的住房难题若没法得到合理解决，那么必定会影响国内经济发展和政治稳定[②]。因此，公租房法律制度的不断完善，将会使广大中低收入尤其是低收入群体的住房需求得到最大限度的满足，进一步消除由此带来的社会不稳定因素，实现我国社会的和谐稳定。

## （三）我国公共租赁住房立法模式的选择

各国公租房立法的实践证明，完备的法律制度才能有效解决公租房问题，更能为“夹心层”群体的住房保障提供成体系的法律支撑，为满足“夹心层”群体实现安居乐业的需求奠定良好的法律基础。加快公租房立法是我国当前住房改革的必然选择，也是实现人民“住有所居”的根本途径。从这一需求出发，我国目前面临的首先要解决的问题是公租房立法应该如何定位，公租房立法应该选择何种立法模式？从我国的现状来看，关于公租房立法模式的选择还存在着很大争议，属于公租

① 冯燮刚：《国安居之路——走出房地产迷局》，上海远东出版社，2008年。

② 周珂：《住宅立法研究》，法律出版社，2008年，第134页。

房立法过程中急需解决的首要难题。我国《住宅法》的制定工作屡遭搁浅，不仅是由于我国当前的经济改革形势复杂多变，还与公租房立法模式的选择存在很大关系。由于学者们和立法机构在公租房立法模式的选择问题上意见不能统一，给立法工作的顺利开展造成很大障碍。关于立法模式的选择，主要存在以下争论。

第一，公租房立法属于何种性质的法律。即公租房立法在性质上属于经济法、民法还是社会保障法？关于这一问题，不同领域的学者有不同的主张。有学者曾认为，由于与公民住宅权相关的民事法律制度存在缺陷，严重影响了该权利的实现，因而应该加强民事法律制度尤其是住宅所有权制度的完善，从而为住宅权的实现提供有力的民事法律制度保障①。社会保障制度领域的学者多强调在社会保障法的框架下解决公租房的制度构建问题，如有学者认为，公租房是社会保障制度的重要内容，公租房的各项管理规定应该从属于社会保障法。我国急需通过立法方式确立完备的《社会保障法》，只有通过立法确立的制度安排才能真正指导、规划公租房法律实践。另外，也有文章从政府宏观调控与政府公租房责任的角度探讨住宅权的经济法属性②。笔者认为，无论是从保护住宅所有权的角度提出加强住宅民事法律制度建设的建议，还是从社会整体利益尤其是广大低收入群体的住房利益出发探讨公租房的经济法属性，在理论上都有其合理之处。但是，从公租房的目标及其本质来说，将公租房立法归属于社会保障法似乎更为合理。这是因为，住房是每个人渴望拥有的，是安全生存的必要条件，为弱势群体提供住房、保障住宅权益是国家政府应予供给的一个“公共产品”。因此，公租房与失业保障、养老保障、医疗保障一样，都属于社会保障体系的重要组成部分③，社会保障的理念、原则以及目标等内容都适用于公租房。否则，如果将公租房立法定位于其他部门法范畴，就有可能忽视和违背社会保障的一般原则和基本要求。此外，无论是从住宅权的双重属性还是从公租房制度自身来说，在民事法律或者经济法律的框架下构架公租房法律制度都比较难以顾及公租房的多层次性，难以涵盖公租房的多元价值目标。

第二，公租房立法应该选择一般立法还是单行立法的模式。关于立法模式的选择，一般可分为一般法与单行法两种模式。一般法又可称为基本法，是用来调整某一类社会关系的基础性的法律，适用于该特定法域内的所有人；单行法又可称作特

① 刘亚娟：《基于居住权的住房保障制度创新探析》，《湖南师范大学社会科学学报》2021 年第 3 期，第 136–143 页。
② 孙峰：《构建以住房承租人权利为核心的法律制度》，《西南民族大学学报（人文社科版）》2020 年第 1 期，第 80–86 页。
③ 房绍坤：《房地产法》，北京大学出版社，2009 年。

别法，旨在调整和规范某一种具体领域的社会关系，或者是仅适用于特定地区、特定主体的法律。如前文所述，公租房是社会保障体系的组成部分，公租房立法也应该属于广义上的社会保障法的范畴。因而，关于公租房立法的模式选择，社会保障法领域的学者多主张一般法的模式，将公租房作为社会保障法的一个方面加以规定。在他们看来，公租房只不过属于整个社会保障体系中比较小的一部分内容，通常归属于社会救助或者社会福利，因而认为公租房在社会保障法的框架下即可以得到解决。但是，从全国范围来看，近几年关于制定公租房专门性法律的呼声和建议越来越高，先后有多名专家、人大代表、律师等纷纷建议对公租房进行专门立法。笔者认为，从我国公租房的实际出发，应该采用混合立法的模式，通过《社会保障法》的制定，对包括公租房在内的保障性住房作出原则性的规定。在国家制定和实施《就业促进法》《社会保险法》以及将来发布《社会救助法》之后，我国的社会保障法律体系将会得到不断完善，因而有必要制定社会保障的基本法——《社会保障法》，将社会保障的宗旨、基本原则以及社会保险、社会救助、公租房等基本内容通过基本法的形式予以规定，实现社会保障法领域内基本法和单行法的协调统一。另外，应在我国现有公租房立法的基础上，尽快制定公租房单行法。住房、医疗、教育是我国目前最受关注的民生问题。在我国社会保障工作整体获得改善和提高的过程中，公租房立法的重要性和紧迫性越来越突出。因此，制定公租房单行法就显得尤为必要。我国多年的住房改革经验以及部门立法、地方立法工作的探索和积累，为公租房单行法的制定奠定了良好的基础，公租房单行立法的条件和时机已经成熟。

第三，公租房单行法的定位与选择。公租房单行法的定位与选择主要是指该项立法工作站在什么样的立场，解决哪些主要问题。单行立法因为切入点不同、定位的不同而有不同的选择。此外，学者们也围绕《中华人民共和国公共租赁住房法》的制定展开了热烈讨论。争论的焦点主要是其适用范围、公租房的方式、经济适用房的存废、特殊人群的公租房问题、公租房中的政府责任等[①]。笔者认为，关于公租房单行法的选择，无论是《住宅法》《住房法》还是《公共租赁住房法》，都必须立足我国当前的公租房现状，通过科学的制度设计确立公民的居住权利，通过多种方

① 申卫星：《公共租赁住房法的起草：目标、原则与内容》，《江淮论坛》2011 年第 3 期；申卫星：《公共租赁住房法：保障什么？怎样保障？》，《政府法制》2010 年第 26 期；上海易居房地产研究院发展研究所：《关于〈基本公共租赁住房法〉若干问题研究》，《上海房地》2010 年第 5 期；郑尚元：《居住权保障与公共租赁住房立法之展开——兼谈〈公共租赁住房法〉起草过程中的诸多疑难问题》，《法治研究》2010 年第 4 期。

式满足不同层次人群的居住需求，明确和落实政府在公租房工作中的责任。

因此，以保障“夹心层”群体居住权益的实现为核心，加快制定《住宅法》《公共租赁住房法》等法律，是我国当前公租房工作的当务之急。笔者建议，首先应该在宪法层面增加对公民居住权益的保护，以国家根本法的形式将居住权益确立为公民最基本的权利；其次，通过制定法律来将公租房的宗旨、基本原则、保障对象、住宅用地供应、住宅规划、住宅分配，保障性住房的供应和分配，公租房的政府责任等内容作出明确规定。在此基础上，对《中华人民共和国城市房地产管理法》《中华人民共和国土地管理法》《中华人民共和国城乡规划法》等其他相关法律进行适当修订，逐步健全我国的公租房法律体系，确保公民住宅权的实现。这是我国社会保障制度不断推进的必然选择，具有重要的历史和现实意义。

# 三、公共租赁住房法律制度的基本内容

公租房法律制度是依据公租房法律的基本原则所制定、相互之间具有一定联系的各种公租房法律规范的总称。然而，到目前为止，我国尚缺乏公租房方面的基本法律。仅有的法律规范不仅效力层级较低，而且相互割裂、极不统一，很难达到预期的目标。进一步剖析现行法律规范发现，有关实现公租房核心目标和基本宗旨、公租房工作中“夹心层”群体居住利益的适当保障和有效救济，建设公租房的土地供应、公租房建设规划、公租房质量安全等一系列最基本的问题急需通过完备的法律制度予以确定。而这些都属于我国公租房法律制度所涵盖的基本内容。借鉴世界各国公租房法律制度的经验，结合我国公租房的现状，确定全面、科学的公租房法律制度的基本内容是当前构建我国公租房法律制度所要解决的主要问题。

## （一）构建公共租赁住房法律制度应该注意的几个问题

### 1. 必须以公民住宅权的保障和实现为核心

公民享有获得适足住宅的权利，这已经为相关国际公约和世界上多数国家住宅立法所确认。公民住宅权不仅是一项住宅财产权，更是一种住宅人权。因此，要从根本上解决公民的公租房问题，必须首先通过法律赋予公民住宅权，这既是公民获得公租房的前提，也是最直接的法律依据。我国公租房法律制度具体内容的设计，必须紧紧围绕公民住宅权的保障和实现。唯有如此，才能实现立法的既定目标，达到预期的保障效果。

2. 应在公租房法律制度中确立我国住房社会保障的根本模式

在法律制度的设计中，应该确立以市场化兼国家保障的福利房政策形式作为我国公租房制度的主要模式。这类两者兼并的模式，不仅能满足我国住房制度市场化改革目标的需求，还能适当兼顾国内中低收入“夹心层”群体无法通过自身解决居住困难的现实问题。对于中高收入者，可以通过市场途径购买普通商品住房；对于低收入者，由于其自身无法克服住房困难，所以必须由政府通过公租房福利制度予以解决。收入低下且住房困难者可以通过向政府申请保障性住房来满足其居住需求①。

3. 公共租赁住房法律制度应该满足不同层次人群的住房需求

公租房法律制度旨在保障全体社会成员的住宅权利，但在具体内容的设计上要区分不同层次人群的住房需求。受年龄、地位、经济收入等条件的影响，人们的住房需求和愿望是不同的。有的人收入较高且住房条件较好，购买房屋并非为了居住，而是将其作为一种投资手段；有的人收入较好，常以拥有自主产权的房屋作为奋斗目标，以满足自己的住房需求；有的人收入较低，但是却拥有一套甚至几套住房，住房并不存在困难；有的人不仅收入低，而且住房条件非常艰苦，他们的住房理想是有房可居。还有部分人群如刚刚毕业的大学生，他们收入处于中等水平，但是购买普通商品住房仍然困难很大，这部分人被称作公租房的“空心阶层”。另外，对于进城务工人员、伤残病患者、灾民等特殊群体来说，他们的住房需求也明显不同于普通城镇居民。因此，公租房法律制度内容的具体设计，既要在整体上确保全体社会成员的住宅权利，也要区分上述不同人群的不同住房需求。对于中高收入人群来说，他们通常以拥有自己的住宅为目标，其途径通常是通过购买商品住房来实现。对于这部分群体，可以通过规范普通商品住宅的供应和分配制度来满足其居住需求。对于低收入且住房困难者，购买住房对他们来说困难较大，只要有房可居，满足他们最基本的居住需求即可。

---

① 金俭：《中国住宅法研究》，法律出版社，2004年，第78页。

4. 公租房的定位要以救济性为主、改善性为辅

公租房制度的特征是由公租房的住房保障范围为“夹心层”群体决定的。这类群体依赖公租房制度满足其最基本的居住需求，提供安宁、卫生、安全的居住环境。当然，国家经济发展水平、提供公共产品的能力适当提高之后，可以再加大财力、人力，提供更充分的保障，进一步实现公租房制度等保障性住房制度由浅到深逐步发展[①]。以目前饱受争议的经济适用房为例，虽然政府将其适用对象定位为城镇低收入人群，但是，由于经济适用房的设计、建造标准几乎等同于普通商品住宅，只是价格比市场价格略低，实际上真正的住房困难人群仍然无力购买。因此，经济适用房制度在实际运行中暴露出很多缺陷，诸如经济适用房滞销、部分高收入人群入住经济适用房小区等报道常见诸报端。

5. 保障性住房制度应该采用租赁为主、出售为辅的租售并举形式

提供保障性住房是政府承担公租房责任的主要方式。应根据实际情况合理安排不同类型保障性住房的供应比例。从整体上来说，政府提供的公租房供给对象主要应该侧重于中低收入群体尤其是低收入人群。这部分人群的支付能力极其有限，因而制度的设计应该以鼓励和发展租赁住房为主，以购买为辅。对于低收入人群来说，以出售为目的的经济适用房由于价格过高、供应量不足而很难满足他们的住房需求，因而只能租赁由政府提供的公共住房。因此，在公租房具体制度的设计中，应该突出对城镇廉租房、公租房等保障性住房的规定，以出售为目的的经济适用房制度只能作为补充。

## （二）公共租赁住房法律制度的基本内容

在立法内容上，公租房法律制度应该包括以下几个方面的内容。

1. 确立公民住宅权及住宅权实现中的国家责任

宪法规定的基本人权是每个人作为一个国家的公民应享有的权利，也是每个公民在一个国家及社会进行正常的社会活动时应享有的最起码、最根本的权利。公租房法律制度的保障主体是城镇发展过程中的“夹心层”群体。这就意味着，无论是男是女，不分民族、区域，只要是符合保障条件的公民都有权申请可以居住的公租

---

① 金俭:《中国住宅法研究》，法律出版社，2004 年，第 79 页。

房。公租房法律制定的前提是法律明确确立并保障包括中低收入者的所有人的居住权利，并且依据相关法律规范来确立国家在公民住宅权利实现中的责任。

2. 明确公租房的对象

我国目前的公租房政策主要着眼于住房困难家庭，通过具有产权式保障性质的经济适用房制度和具有租赁式保障性质的廉租房制度、公租房制度满足中低收入家庭的住房需求。因此，公租房应该立足于对全体社会成员的住房需求的满足。对于其收入和住房条件的差异，完全可以通过建立多层次的公租房体系来满足不同层次人群的不同住房需求。

3. 公租房的方式

从整体上来说，公租房是政府通过租赁式住房保障的方式，满足中低收入者的居住需求。以保障性住房为基础的社会保障方式又可以分为产权式保障和租赁式保障两种方式。我国公租房法律制度关于保障方式的确定，应该同时包括上述市场保障和社会保障两种方式。但是，由于公租房法律制度的定位主要归属于社会保障法，因而，在具体的内容规定中应该以社会保障即以保障性住房的供应和分配为主。另外，在社会保障方式中，应该实行以租赁保障为主、出售产权保障为辅的保障方式。其中，对于租赁保障，还可以采用实物配租和提供住房租赁补贴等不同形式。

4. 公租房的建设制度

我国公租房建设处于初期阶段，公租房建设不仅关系着房屋供应的数量，还关系着房屋的质量。因此，在公租房法律制度建设中必须要高度重视公租房建设和制度推广过程中的每个环节，有效保障合格的公租房建设，普及相关的法律制度。具体来说，首先应该规定住宅用地供应制度，合理解决住宅建设中的土地供求矛盾。其次，要合理制定公租房规划制度。各地政府通常通过城市规划引导城市发展与建设，积极调控、合理分配城市资源及公共利益来实现城市发展、社会的稳定、保障公共安全。城市规划与公民住宅权的保障关系极为密切，科学、合理的城市规划不仅可以预先确定住宅的选址，还可以尽量避免在城市更新和改造过程中频繁修改规划导致过度拆迁进而引发社会矛盾。住宅规划是城市规划的重要组成部分，既关系着住宅小区的整体环境和住宅的品质，还涉及国家规划权与公民私有住宅所有权的冲突与协调，是住房建设中的关键环节之一，必须为法律所明确规定。再次，在房地产建设中房屋质量安全是公民居住利益实现的应有之义，保障房屋安全的关键在于房屋的质量。因而必须对住房建设中的房屋质量标准和监管作出明确的规定，以保障公民住房的健康性、安全性和持久性。此外，对于住房建设的主体，除普通开发商和政府外，还应该鼓励社会力量或者民间团体参与住房建设，逐步增加住房的供应量，构建多元化的住房供应体系。这就要求通过立法的形式肯定集资建房、合作建房的合法性，并对我国现行的住宅合作社制度进行明确规定。

5. 公租房租赁双方的权责制度

由于私有租赁住宅在住宅存量中占有重要地位，西方各国普遍将对私有住宅租赁市场的干预作为国家公租房政策的重要工具。随着我国公租房工作的不断开展，私有租赁住宅在今后公租房中的比例会越来越高。因此，在公租房法律制度中应该对住房租赁制度作出详尽的规定，如住房租赁中房东的责任、承租人的住宅权利、租金控制等。

6. 公租房的金融保障制度

为了解决公民住宅权问题，世界各国都在不同程度上为公民尤其是中低收入的住房困难公民提供积极的政策支持和制度保障，住房金融保障制度便是其中之一。住房消费需要大量而且长期的资金投入，单靠居民个人积累的资本来一次性付清显然是非常困难的，在市场经济条件下，持续稳定的住房融资政策是我国住房改革制度顺利推进的关键。获得有效的融资是提高公民住房消费能力、有效实现住宅权的保障条件。在住房金融保障制度中，住房抵押贷款制度、住房公积金制度等都是满足公民住房需求的重要制度[①]，对改善公民住房条件发挥了重要作用。公民住房需求的满足和住宅权的实现，依赖于合理的住房金融政策的支持。因而，住房金融制度是整个公租房法律制度中不可或缺的重要组成部分，公租房立法必须对住房抵押贷款、住房公积金等问题予以明确的规定。

7. 公租房的组织与管理

公租房立法目标的实现、各项具体制度的最终落实，离不开健全、高效的组织机构和行政管理体制。在公租房立法中，必须对公租房组织机构的设立、公租房职责和行政管理权限的划分等问题作出明确规定，确保公租房组织机构的统一，有效推进各项制度能够得到有效实施。

---

① 元春华:《推进和完善住房公积金管理的对策探究》,《中国产经》2020 年第 23 期，第 181–182 页。

8. 公租房法律责任制度

公租房法律责任制度旨在确认“夹心层”群体基本的居住权益，通过法律制度来保证各地政府等义务主体履行依据法律确认的法定职责，有效推行公租房制度。公租房推行中政府的法律责任具体包括提供适当、合理的公租房权益受侵犯时的救济方式和救济程序，解决纠纷中各方具体承担的法律责任及法律责任的规则原则等。就法律责任的方式而言，包括住房民事保障法律责任、公租房行政法律责任、公租房刑事法律责任等。

## （三）公共租赁住房土地供应环节中的政府责任

1. 合理调控公租房土地供应，优先保证公租房实施过程中的土地供应

从目前全国的整体形势来看，尽管房地产开发土地供应总量较大，但仍难以满足民众的公租房需求，公租房等保障性住房用地普遍供应不足。国有建设用地实际为地方政府控制和利用，有些地方政府为了追求地方经济利益，往往超出土地利用规划，过度提供土地用于普通商品房开发，缩减保障性住房用地供应量①。由于公租房建设用地实行行政划拨方式供应的占多数，地方政府多将公租房用地选在远离城市的郊区，而且随着城镇化的加速，距离市区更是越来越远。加之交通、学校、医院等相关配套设施的匮乏，间接增加了中低收入家庭取得住房之后正常生活需要的经济成本，使得政策的实施难以得到较高的群众满意度。与此同时，却有大量的住宅建设用地长期闲置，开发商借此哄抬房价，牟取暴利，导致更多的群众买不起房。因此，政府土地管理部门应该对公租房用地供应进行合理调控，对过度用地或者大量闲置城镇土地和农村土地供应进行限制，土地经营模式的路径选择上应当平衡多元生产经营主体之间的利益关系②，并根据需要加大公租房用地的优先供应和合理供应。

2. 公租房实施过程中规划选址应以适居为要旨

在土地供应环节，住宅的规划选址对公民住宅权的实现也同等重要。各地政府相关部门在公租房规划选址决策之前需要考虑适居性要求。首先，在选址规划上，需要把全面考虑居住在此处的社会成员的安全和健康作为第一考虑要素。其次，应

---

① 郜清攀：《乡村振兴战略背景下乡镇政府公共服务能力研究》，东北师范大学 2019 年博士论文。

② 周延飞：《完善农村土地经营模式的路径选择》，《西北农林科技大学学报（社会科学版）》2021 年第 4 期，第 80–88 页。

该注意公租房周边配套的基础设施与服务设施等，方便群众生活和工作需要。再次，公租房等保障性住房的规划选址应该接近城市普通商品住宅区或者直接选定在普通商品住宅小区中，避免公租房过分集中，防止以住房空间严重阶层化为诱因形成新的社会歧视链以及贫富差距过大等局面。

3. 确保土地出让金的规范使用

部分地方政府大量批地、卖地引发了城市规模的无序扩张和房价的飞速上涨。由此，为了进一步调整地方政府土地出让金管理，2006 年国务院办公厅下发通知[①]，明确地方土地出让金收支必须全额放入地方政府基金预算中管理。

该规定统一地方土地出让金管理模式，实行严格意义上的“收支两条线”，要求地方收入全部移缴地方国库、地方支出通过地方政府基金预算并从土地出让金收入中进行安排。但是，实践中土地出让金的管理和使用仍存在较多问题，使用不规范、监督和约束机制缺乏等问题较为突出。2009 年审计署发布的 18 个省级行政区财政预算管理情况的审计调查结果公告显示，全国有 10 个省级行政区超过 600 亿元的土地出让金未纳入预算。另外，从使用情况来看，土地出让金用于改善民众住宅状况的比例较低，尤其是在保障性住房的资金构成中，土地出让金只占很小部分。有学者认为，土地出让金收益全部归政府所有是个很大的弊端，应尽快建立类似于我国香港的土地基金制度[②]，防止现届政府花未来的土地收益资金。综上所述，政府有责任通过制定政策和修订法律，调整土地出让金缴入和支出模式，全面考虑其对中低收入群体居住权益保障的积极作用。

4. 加大土地执法力度，严厉打击各种土地违法行为

国土资源部 2009 年 12 月的调查数据表明，全国闲置的房地产用地约达 1 万公顷，开发商长期囤地所获利润已经远远超过房地产开发。地方政府违规批地卖地、开发商囤积土地、哄抬地价等土地违法行为，不仅造成土地资源的浪费，更造成住房价格的快速上涨，以致更多的公民无力买房。土地、规划等执法部门应该坚决执行和贯彻落实国家土地管理法律法规和政策要求，加强对住宅开发用地的监管，严格土地执法，稳定住宅市场，保障公民的住宅权益。

① 《国务院关于加强土地调控有关问题的通知》（国发〔2006〕31 号）。

② 唐在富，冯利红：《香港土地管理的做法及启示》，《经济纵横》2014 年第 10 期，第 30–34 页。

# 四、《民法典》居住权与公共租赁住房居住保障功能

## （一）《民法典》居住权制度

我国 2020 年颁布的《民法典》第三百六十六条规定：居住权人有权按照合同约定，对他人的住宅享有占有、使用的用益物权，以满足生活居住的需要。居住权在《民法典》物权编中作为唯一一个以房屋为客体的全新的用益物权类型设立，是公民通过合同的约定而取得的一项物权（用益物权）即财产权。《民法典》颁布后，学界有相当一部分学者认为，居住权的设立对当前住房保障具有重要意义。居住权具有人身性和住房社会保障性质[①]，不仅丰富了用益物权类型，更有助于完善我国的住房保障体系[②]，具有鲜明的公法色彩，其通过向社会弱势群体为特定的给付义务的方式进行社会财富再分配，从而实现给付型政府职能[③]。2021 年 1 月自然资源部下发《自然资源部关于印发〈居住权等登记办法（试行）〉的通知》（征求意见稿），对以合同设立居住权进行登记的情形列举了七种类型。除包括父母、子女、夫妻等家事范围内保障弱势群体住房设立居住权的四种情形外，还规定：公租房出租人与承租人签订书面租赁合同的同时，为保障承租人的权益，同时为承租人设立居住权；政府有关部门组织建设的公房，为政府和机关事业单位人员设立居住权；在拆迁安置过程中，拆迁单位为被拆迁人在被安置房屋中设立居住权等。尽管其仅为征求意见稿，但反映出实务领域也同样有将《民法典》居住权扩大适用的意图与倾向。一方面，在公民的居住权这一私权上附加了住房社会保障的公权功能；另一方面，在住房保障（住宅权）这一公权上又赋予了私权（物权）的权益，混淆了《民法典》作为私法为公民设立的私权与政府提供给公民住房保障的公权义务的关系，实质是私权公权化、公权私权化。

---

① 陈信勇，蓝邓骏：《居住权的源流及其立法的理性思考》，《法律科学》2003 年第 3 期，第 68–75 页。

② 申卫星：《从“居住有其屋”到“住有所居”——我国民法典分则创设居住权制度的立法构想》，《现代法学》2018 年第 2 期，第 105–118 页。

③ 席志国：《居住权的法教义学分析》，《南京社会科学》2020 年第 9 期，第 89–97 页。

## （二）《民法典》居住权与公法层面住宅权的区别

1. 居住权与住宅权引发的困惑

《民法典》正式确立居住权制度之前，“居住权”“住宅权”“住房权”“适足住宅权”等法律术语在司法裁判领域、学术理论研究中长期混同使用。《民法典》居住权和公法层面住宅权的混同使用，导致难以正确把握居住权概念的内涵，造成概念界定上的混乱。学术界甚至提出，居住权既可缓解不符合申请保障性住房者的居住困境，又可在一定程度上避免保障性住房取得过程中的投机行为①，“夹心层”群体除了廉租房之外，还可以通过物权编中的居住权制度，由政府提供住房。住房产权属于政府，居住者无须支付高额费用，又能使居住者获得物权的稳定性②。居住权保障弱势群体住房利益，实现公平正义才是居住权立法宗旨的核心③。事实上，《民法典》中的居住权与公法层面上的住宅权是两个完全不同的法律概念，其设立的价值取向与功能完全不同，适用的领域与范围也不相同。公法层面的住宅权是指公民有权获得可负担的适宜于人类居住，有良好的物质设备和基础设施，安全、健康、尊严并不受歧视的住宅权利，属于公民基本人权范畴。《民法典》中居住权是私法（民法）为公民设立的用益物权，是公民个人为保障特定关系人居住的需要，处分自己财产权的一种方式，其核心为充分发挥财产权属性以定分止争和保障交易安全。也许其在客观上也起到了保障居住人的居住权利的作用，但该私权在本质上并不承担社会住房保障的功能与义务。

2.《民法典》中居住权具有财产属性和人身属性

《民法典》中居住权作为私法范畴内满足特定主体现实居住需求的制度，最早诞生于罗马帝国时期的优士丁尼法，其制度根源为当时的遗嘱继承制度，以权利主体的家庭成员或准家庭成员等特定身份为基础，为保障该类无继承权的家庭弱势成员（主要是女性）的住宅权益，通过设立遗嘱的形式使其在特定条件下占有、使用房屋，属于人役性较突出的物权，承担家庭生活保障的基本功能。居住权作为以用益权为蓝本的人役权，在诞生初期主要用于满足家庭成员之间以相互扶持为目的的生存保障，因而具有一定的身份属性。随着社会发展，罗马法中居住权因身份关系

① 单平基：《〈民法典〉草案之居住权规范的检讨和完善》，《当代法学》2019 年第 1 期，第 3–15 页。

② 王利明：《论民法典物权编中居住权的若干问题》，《学术月刊》2019 年第 7 期，第 91–100 页。

③ 曾大鹏：《居住权的司法困境、功能嬗变与立法重构》，《法学》2019 年第 12 期，第 51–65 页。

相互生存保障的伦理基础逐渐弱化，价值取向也发生相应的变化。居住权制度随着社会发展逐渐演变成为一种身份属性弱化、突出财产属性的权利规范。18 世纪后，随着欧洲各国用益物权制度的确立，居住权制度得到相应的发展。《德国民法典》第 1093 条（1）规定："在排除所有人的情况下，将建筑物或者建筑物的一部分作为住宅加以使用的权利，也可以作为限制的人役权加以设定[①]。"《法国民法典》第 625 条规定："使用权及居住权，按用益权同样的方法设立与消灭。"第 633 条规定："居住权以权利取得人及其家属居住所必要为限[②]。"属英美法系的美国也有类似的居住权，在美国的普通法中称为"终生所有权"。即基于法律规定，当事人的行为或当事人之间因协议而产生的仅于特定人的生存期间内有效的完全所有权，特定人一旦死亡，该所有权自行终止[③]。尽管名称为所有权，但该土地所有权实则是为保证特定关系人在其有生之年享有居住权而设立的。

我国《民法典》中居住权是一种私权，为特定自然人的生活用房需要而设定，核心价值应体现在公民个人以保障特定关系人居住为目的处分自己财产权的行为上。居住权设立是私法中平等主体遵循当事人意思的结果，平等主体通过合同或遗嘱等形式设立居住权，其设立于住宅的一部分之上，能对住宅的全部施加负担，从而实现居住权人对该住宅的特定部分享有使用权益，居住权人获得用益物权的财产权。因此，居住权的设立，与国家政府对社会弱势群体的"社会保障"完全不同，其设立的初衷在于"家庭成员或准家庭成员范围内的保障"满足无经济能力和生活自理能力的家庭成员的居住需求，也是所有权人以保障特定关系人居住为目的的处分自己财产权的一种方式，作为私法中的用益物权。居住权制度价值系能够在物权法定原则的基础上最大限度地发挥房屋的财产属性，实现物尽其用，同时也能在家事关系中保障弱势家庭成员的居住利益。

3. 居住权不宜附加住房社会保障功能

尽管住宅权对公民的住房保障与《民法典》确立的居住权在一定程度上都体现了保障弱势成员的住宅权益，其功能与价值具有一定的相似性，但是，政府以公权的方式为弱势群体社会成员在符合特定条件下提供住房保障，受助人并非也并未获得住房物权这一财产权。《民法典》中居住权是私法为公民设立的用益物权，仅在家

---

① 《德国民法典》，陈卫佐，译，法律出版社，2004 年，第 326 页。

② 《法国民法典》，马育民，译，北京大学出版社，1982 年，第 132 页。

③ 马新彦：《美国财产法与判例法研究》，法律出版社，2002 年，第 58 页。

事关系中有住房保障功能，是民事主体为保障特定关系人居住之需，处分自己财产权的方式，其核心为充分发挥财产权属性以定分止争和保障交易安全。《民法典》中居住权具有的私法内在价值，其适用范围不应扩大至公法住房保障领域，更不应附加住房社会保障的功能与义务。

2021 年《自然资源部关于印发〈居住权等登记办法（试行）〉的通知》（征求意见稿）对以合同设立居住权的情形类型化，对具有一定的住房社会保障功能的公租房、政府部门公房及房屋征收中保障被征收人住房的安置房设立居住权，完全混淆了公法层面公租房、公房或拆迁房的住房社会保障属性（并无财产权属性）与《民法典》中具有财产权属性的居住权两者的性质。公法上的保障性权利不宜赋予《民法典》中居住权的人身属性与财产权功能；反之，作为私权的《民法典》中的居住权也不应具有公法上住房保障的功能，更无法替代公法上国家应承担的住房社会保障责任与义务。该《征求意见稿》中公租房、政府部门的福利公房及房屋征收中保障被征收人住房的安置房的供房主体均为国家政府部门或代表政府的指定机构，并非民事主体。而政府提供住房保障并非为被保障者赋予其私法上的财产权。因此其实质是将公法私法化、公权私权化。该《征求意见稿》中的三种情况不可设立居住权，理由如下。

第一，国家通过公租房制度来保障社会上符合条件群体的住房需求。提供公租房的目的是帮助那些住房困难群体度过困难期，具有期限性，且随着申请人自身条件的改变，将适用公租房的退出机制。公租房的实践规则很灵活，承租人自身条件、国家有关公租房政策、房地产市场的波动等都将影响公租房租赁期限、租金及退出机制。《民法典》中居住权在规范设计上以设立居住权无偿为原则，甚至一般为居住权人的终身期限。尽管可以通过订立书面合同明确期限，但这个期限在合同签订时就是固定明确的期限，并不因居住权人的收入或条件变化而可以随时收回。而公租房的承租人在条件改善后，将进入公租房退出程序，再由符合条件的申请者进入，唯有如此才能确保公租房制度长效发挥保障作用。

第二，政府有关部门为政府和机关事业单位人员组织建设公房，政府部门为单位员工无偿设立居住权，具有鲜明的福利房色彩。新中国成立后，国家对城市住房社会主义公有制改造初期采用通过国家投资兴建住宅的方式，实现住房公有化。该阶段在住房的政策上采取的也为住房福利分配政策，所有城市住房都不具备投资或商品属性，而由国家或政府所有，由政府与单位提供。从福利房时期的经验和现阶段政府机关为其员工设立居住权的可行性来看，住房高度福利化的弊端是显而易见的。一方面，政府机关财政负担增加，使政府机关不得不承担大额的住房补贴且回报率很低，随着时间的推移维护成本也会增加，这是福利住房的弊病；另一方面，政府机关向员工提供福利房，易造成社会不公和腐败，现阶段为该福利公房设立居住权将进一步增加住房短缺，造成社会不公。

第三，拆迁单位为被拆迁的权利人在拆迁安置房屋中设立民法上的居住权同样不符合法理。首先，在被拆迁人是拆迁房屋的所有权人的情况下，按照法律规定被拆迁人可以选择的征收补偿方式一般为货币补偿和房屋产权调换两种。对被拆迁人以在被安置房屋上设立居住权的形式进行征收补偿无法律依据，也是对被征收人权利的损害。因为居住权并非所有权，居住权人不能处分也不能继承。其次，被拆迁人是拆迁房屋的承租人或其他使用权人时，则仍应根据被拆迁房屋所有权人选择的被补偿方式而定：若拆迁房屋的所有权人选择货币补偿方式，那么原居住权人可以与房屋所有权人主张从被征收的房屋的价值中按照一定的比例获取补偿；若拆迁房屋的所有权人选择产权置换方式，承租人可与房屋所有权人协商就新安置房主张继续承租；如果为公房拆迁，在公房被征收后，拆迁人为原承租人居住安置的性质仍为承租，承租人并非获得民法上的居住权这一私权。

# 中篇

# 实践模式与经验总结

# 第五章
# 公共租赁住房筹集模式与各地经验总结

公租房是指政府投资兴建或政府提供便利政策扶持由其他主体投资建设的，限定建设标准和租金水平，面向符合规定条件的城镇中等偏下收入住房困难家庭、新就业人员和在当地持续就业一段时间并有意愿继续在当地工作的外来工作人员出租的国家保障性住房的一种。公租房是新型的住房保障形式，在住房保障方面发挥着重要作用。公租房制度在各地运行过程中需要在加强公租房建设的政府责任、扩大公租房的融资平台等方面加以完善，以确保民众住房福利的实现。2010 年 6 月发布的《关于加快发展公共租赁住房的指导意见》（建保〔2010〕87 号）指出，公租房建设要遵循政府组织、社会参与的原则，公租房房源通过新建、改建、收购、在市场上长期租赁住房等方式多渠道筹集。公租房的供给可分为政府供给型公租房与社会企业参与供给型公租房。

## 一、公共租赁住房供给类型

### （一）政府供给型公共租赁住房

1. 新建方式

新建方式具体分为政府集中建设、定向代建和园区自建。

（1）政府集中建设

政府出资集中建设是指政府划拨土地，采取公开招投标的方式，委托企业新建用于销售（经济适用房、限价房）或者租赁（公租房）的保障性住房。政府出资建设的好处是集中建设、集中管理，且规划合理，房屋质量好，配套设施好，环境优美。政府集中成片规划建设保障性住房虽然便于保障对象的集中管理，但其不利之处在于，由于土地使用权转让收益是地方政府财政收入的主要来源，客观上政府不会将增值性强、具有区位优势的地块用于保障房建设。因而，多数保障房处于城市区位相对较差的位置，远离主城区是一大特点。例如，南京的四大保障房片区建设即采取政府集中建设方式。此外，新建占用资金数额大，建设周转时间长。成片集中建设易产生标签效应，保障对象可能因被居住地标识，成为“特定群体”而产生心理失衡，建成的保障房小区容易形成“贫民窟”现象，易成为社会治安隐患的滋生地。

（2）定向代建

定向代建是指在一些已开工的商品房或安置房小区中，按照公租房的建设要求，由政府向开发建设单位订制保障房。定向代建方式虽避免了集中建设给保障对象的心理上带来的负面影响，实现了普通商品房与保障房的合理布局与搭配，但在实践中也出现了商品房购买人对混住产生反感，造成商品房小区整体品质下降，直接影响了开发企业配建公租房的积极性。

（3）园区自建

园区自建是指为满足新就业人员及外来务工人员的住房需求，在城市工业园区或开发区内建设公租房。主要有开发区或者园区管委会筹资建设，然后出租给企业的公租房，还有企业自行筹建的公租房性质的员工宿舍。例如，南京紫金科技创业园区建设的紫金科技人才中心以及南通经济技术开发区国有开发区总公司集中建设的四海家园、五湖家园。

*2. 改建方式*

改建既包括对旧城区、旧村的旧有住宅进行符合公租房条件的改造，也包括对因城市产业结构调整而闲置的厂房、仓库等非居住用房的改建。改建不仅是对土地资源的集约利用，也有利于城市面貌的更新，但是对非居住用房的改造，无论是在房屋户型、水电气的供应，还是配套设施的建设方面均需达到公租房的条件和要求，改造的成本较高。

*3. 收购方式*

对于房地产建设项目、二手房市场中符合公租房条件的住房，由政府按照市场价格进行收购，再按照公租房的租金标准出租给承租人。政府一次性收购的住房只能依靠租金收回成本，政府投入较大；而收购的住房也较为分散，不便于日后管理。因此，收购只能作为筹集公租房的一种辅助方式。

4. 租赁方式

租赁方式主要包括两种。一种是社会收储方式，即居民将自有住房按照约定的租金出租给政府，政府再按照公租房的租金标准将住房配租给保障对象的形式，由政府与保障对象签订房屋租赁合同。例如，常州自 2012 年 4 月起专门成立常州市保障房收储管理中心，收储社会房源用于公租房保障。另一种是出租人按照市场价格出租自有住房，保障对象按照市场化租金承租，政府按承租人应享有的公租房的租金补贴给出租人。此种租赁形式中，保障对象是与出租人签订的房屋租赁合同，并非直接与政府发生租赁关系，实际是租金补贴而非实物配租。

5. 其他方式

其他方式如将政府依法没收以及社会捐赠的住房作为公租房。这些住房政府投入成本低，但数量极少，不可能成为公租房的主要来源渠道。

## （二）社会企业供给型公共租赁住房

由社会组织或企业供给保障房可以大幅度减少政府投资建设资金，但企业供给公租房需要在政府的指导与监督下进行。

1. 开发商配建

开发商配建是指政府提供给开发商政策扶持，强制开发商在出让的商品房住宅用地上，按总建筑面积规定的比例在开发规划项目中配建一定数量的保障房，如规定在大于 10 万 $m^2$ 建筑规模的住宅项目中必须配建 3% 以上的保障房。房地产开发企业可以选择在本项目中自行建设，也可以通过向政府缴纳易地移建款的方式进行指标置换。其实质相当于政府向开发商购买建成的住房用于销售或租赁。

2. 社会组织与企业参与公租房运营

社会组织与企业参与公租房运营，政府给予税收、土地政策等方面的优惠并将公租房的特许经营权授予企业，以政府与企业约定的租金价格出租给公租房保障对象。社会组织与企业提供公租房可以大幅度降低政府规制成本，扩大公租房的供给量，各地政府应采取积极手段与措施鼓励，以调动社会组织与企业参与公租房运营或供给公租房的积极性，促进公租房房源筹集渠道的畅通和方式趋于多样化。2010

年，为了吸引社会资金投入公租房建设，《财政部 国家税务总局关于支持公共租赁住房建设和运营有关税收优惠政策的通知》(财税〔2010〕88号)等相关文件相继下发，对公租房建设和运营中涉及的土地使用税等多项税收给予了政策上的优惠。随后《财政部 发展改革委 住房城乡建设部关于保障性安居工程资金使用管理有关问题的通知》(财综〔2010〕95号)进一步允许土地出让净收益用于发展公租房，允许住房公积金增值收益中计提的廉租房保障资金用于发展公租房。但由于公租房租金低廉，项目回报周期长，资金沉淀时间长，相比于可以通过销售迅速回笼资金并获得利润的经济适用房和限价房，公租房对社会资本的吸引力显然不足。因此，尽管政府在土地、税收政策等方面都提供了优惠，但大多数企业仍不愿涉足此领域。在公租房的分配上各地政府主要有以下几种方式。第一，政府主导型，如重庆市。从公租房的建设用地供给、兴建、运营分配、审核管理到退出机制，每一环节背后都存在公权力的介入和保障，并建立专门的保障性住房管理局监管。第二，市场主导型，如珠三角地区城市。注重市场基础性的资源配置作用，依靠地方较强的经济体量、稳健的财税制度、理性的投资机构和成熟的市场规制来推进保障房建设和分配。第三，混合型的苏南模式。其特点为紧跟政府各项公租房的指令，尊重市场规律，进一步丰富"夹心层"群体选择公租房的形式。苏南地区各级政府高度重视并尊重市场经济规律[①]，结合当地经济发展、城市建设中的人才需求、土地供给侧等因素，对公租房兴建、运营分类指导。在各级政府领导下因地制宜地规划合理的公租房制度设置，运营过程中管理和监督得当，并结合明显的市场导向。第四，"双向互动型"的京津冀模式。政府强力推动的同时注重制度和政策供给，充分实现市场在保障房建设、融资、管理和运营方面的优势。各地公租房实践中，政府主导为各区、县兴建公租房的核心原则，同时充分尊重市场经济规律，重视市场、政府的有机交叉，并实现立法相对原则化[②]，注重多元化的地方立法创新。

下面本书以具有代表性的江苏、北京、上海、重庆、广州、深圳等城市作为样本，从公租房的土地来源、新建模式、保障对象、经营管理、退出机制等方面揭示公租房制度的运行逻辑，以从中吸取教训，总结经验。

---

① 孙广琦:《强镇扩权：苏南乡镇治理模式的重构——以苏州经济发达镇为研究对象》，苏州大学2014年博士论文。
② 李会勋:《保障性住房地方立法及实践研究》，西南政法大学2015年博士论文。

# 二、江苏省公共租赁住房建设与筹集模式

## （一）江苏省公共租赁住房建设与筹集模式

《江苏省公共租赁住房管理办法》第十二条规定，公共租赁住房建设和房源筹集应当符合公共租赁住房发展规划及年度实施计划。新建公共租赁住房采取集中建设或者配建相结合的方式。市、县人民政府应当根据需求，在经济适用住房、限价商品住房和普通商品住房项目中配套建设公共租赁住房。公租房的供给可分为政府供给型公租房与社会企业参与供给型公租房。自公租房制度实施以来，江苏省各地结合自身情况，率先在全国形成了具有江苏特色的“政府主导、社会参与、市场运作”的多元化投资建设和多渠道筹集的[①]经营管理新模式，并不断进行制度创新。

1. 常州社会收储模式

自2012年以来，常州市创新思路，采取建储并举模式。所谓“储”，即通过收储社会房源实施住房保障。自2012年4月开始收储，房源主要是房改房，当年就在全省率先实现中低收入住房困难家庭应保尽保，提前三年完成“十二五”规划确定的目标任务。社会收储房源的保障对象主要是中低收入的无房或住房困难家庭，新就业人员和外来务工人员不在此范围之内。社会收储房源大多位于市中心，租金为每月3.5元/$m^2$，相当于市场租金的30%。以一套60$m^2$住房计算，大概是200元/月。截至2013年年底，共收储社会房源2200多套，安排近2000户家庭入住保障房。为有效推进保障房社会化收储工作，常州积极发挥政府主导作用，充分调动社会资源。一是成立收储机构，成立了常州市保障房社会化收储管理中心（简称收储中心）；二是出台相关政策，制定了《常州市市区保障性住房社会化收储管理暂行办法》，详细规范收储工作；三是明确收储标准，按照保障基本住房需求，明确收储房源为80$m^2$以下的成套住宅房，月租金低于1000元（参照同类小区，根据地段、楼层、装修状况由评估机构进行评估，用以确定收储的租金），租赁期限在3~5年。具体操作如下：第一，在公租房申请表中专门设一个栏目，即申请人期望房屋所在方位。收储中心通过对申请表的统计，获取公租房申请家庭的户数、需要多少房源，以及房源

① 赵亮：《经济法视角下的我国保障性住房制度研究》，中央财经大学2015年博士论文。

的区位。收储中心据此向社会收储房源，避免空置房源。第二，房屋所有权人将房屋租给政府后，由收储中心通过银行划账的形式将租金按约定支付到房屋所有权人（房主）账户，租金一般为半年一付。政府收储后，无论房屋出租与否，房屋所有权人都将会获得固定的租金收入。房屋所有权人无违反约定的情况，还可享受每年1000元的期满整修补贴，年限按期限计算。该补贴用于房屋所有权人对房屋的整修。房屋的日常管理及小修小补由政府负责。第三，收储中心负责对收储房屋办理房屋财产保险，受益人为房屋所有权人，购买的保险费用由收储中心承担。房屋所有权人应缴纳的涉房综合税费由收储中心承担或协调免征。

社会收储公租房开辟了“多、快、好、省”的房源筹集新渠道。一是缓解了公租房建设资金难，破解了公租房选址难，住房保障的资金投入效率大大提高，降低了资金成本，减轻了政府负担。2009年，常州市组建了常州公共住房建设投资发展有限公司作为融资平台，当时适度宽松的货币政策让平台获得了不少资金支撑。但是，2011年以来，由于银根紧缩，平台的融资遭遇了巨大困难。各商业银行对住房保障投融资平台控制很严，除担保外还要有资产抵押，这对住房保障投融资平台有限的资产而言难度非常大。且银行贷款利息高，其他方式（如通过信托公司）融资成本太高。2012年保障性安居工程建设目标任务中，常州全市要开工建设各类保障性住房23150套，竣工5740套，其中公租房的任务量是新开工1900套、竣工1000套。从征地拆迁到土建再到装修，常州新建房屋成本不会低于5000元/m$^2$，如果按照共2000套、每套60m$^2$计算，成本就是6亿元，一年的财务成本要6000万元。而通过收储方式，每年一户的补贴不到1万元，2000套房子用2000万元就可以解决问题，大大缓解了资金压力。常州为近1600户家庭提供了政府收储的公租房，节约建设资金达5亿元。二是收储社会房源充足。常州符合保障房条件的房源多，仅市区就有16.2万套面积在80m$^2$以下的房屋。三是房源筹集速度快，保障速度快。高层建筑建设周期约为3年，还不包括前期拆迁、办手续。而收储一套社会房源，从获取信息到签订合同一般20天基本可以完成，保障家庭从提出申请到入住3个月内就可以完成，不需要轮候等待即可入住。四是效果好。由于收储的房源大多位于市区，且都在成熟社区，医院、菜场等设施都很便利。和其他市民混居在一起也让租户觉得有尊严。因此，收储房屋可使房东高兴（租金收取稳定），承租户开心，政府也放心，促进了社会的和谐稳定。五是避免申请人的寻租心理。公租房是社会公共资源，在房价高涨的情况下，一些人希望通过公租房的申请先占有公租房，以期将来可能拥有房屋。但通过社会收储方式获取的房屋的所有权不是国家或地方政府的，而是房东的，承租人使用再久也不可能占为己有。这使得真正需要保障的家庭可以申请此类公租房，而那些并非真正无房或住房困难者将主动选择退出申请。常州市 2012 年公租房申请家庭达到 2210 户，当年实际保障 1131 户，其余转到 2013 年。因为之后转换成了收储房源，房屋产权是房主的，租户不可能通过占有使用取得产权，故而有 500 多户主动放弃了申请。

从社会存量房屋中收储公共住房的方式有诸多优势，值得鼓励与推广。常州市社会收储公共住房的模式在北京、上海等地也正在推行。以社会收储方式筹集公租房还应取决于各地的具体情况，关键是有相应的闲置房源，且成本不是很高。常州的成功经验在于有充足的社会闲置房源。据调查，2011 年常州市市区居民平均每户拥有出租房面积 14.8m$^2$，26% 的城镇家庭拥有多套住房；市区目前登记在册的面积在 80m$^2$ 以下的房屋有 16.2 万套，其中中小户型的房改房有 5 万多套。闲置住房可以通过政府或公共机构签约代租等方式来挖潜。在没有做好存量住房资源普查和充分利用的情况下，贸然直接大规模兴建保障房（包括公租房）风险很大。以常州市为例，2014 年新开工任务是 1900 套，而当年申请公租房的家庭是 1200 户，尚余 700 套。如果为了开工目标而多收储房源，就只能空置造成浪费。如果第二年继续有 1900 套的开工任务，是否有同样数量的申请家庭申请呢？公租房空置将造成对社会公共资源的极大浪费。

*2. 无锡收储存量安置房模式*

无锡市政府为推进保障性安居工程亟须筹建大量公租房和拆迁安置房因与需求不匹配而尚有空置。2014 年 3 月，无锡市滨湖区在江苏省内首创“将闲置安置房转性成为公租房和经济适用房等保障性住房”的筹建新模式，完成了 2400 套公租房和经济适用房的建设筹集任务。其经验总结如下：一是节省了建设资金成本。在无锡建设 3000 套公租房按建设成本计算，征地需要 200 亩土地，排除土地市场价，按照 9 万元 / 亩的政府征地成本计算，所需资金约为 0.18 亿元。每套房源建设成本约 3200 元 /m$^2$，以每套房源建筑面积 70m$^2$ 计算，所需资金约为 6.72 亿元；此外，公租房在租赁前还需另外投入 3.5 万元 / 套的装修费用，所需资金约为 1.05 亿元；各项相加，整体投入资金将高达 7.95 亿元。随着无锡滨湖区安置房建设进度的不断加快，出现了一部分存量（非农民手中的）安置房。如果将存量的安置房转为公租房，只需办理好房源的转性手续，并投入一小笔装修费用，就可以面向大众接受申请，这样节省了大量建设资金。二是消化存量安置房，提高了安置效率。三是由于其没有建设周期，只有装修周期，将存量安置房转为公租房更为高效。

3. 南京集中新建公共租赁住房兼租金补贴模式

南京市公租房的特点是以政府集中新建为主。从2010年开始，南京市以区域新城的理念，规划建设了四大保障房片区，即岱山、上坊、花岗、丁家庄，2012年已初具规模。四大保障房片区共338栋住宅，包括了廉租房、公租房、人才房、经济适用房、保障性限价房、产权调换房等。《南京市公共租赁住房和定向公共租赁住房建设意见》明确“十二五”期间，全市公租房建设总建筑面积500多万 $m^2$，共计9万套，用于解决城镇中低收入住房困难家庭、新就业人员、外来务工人员等“夹心层”群体的住房难题，其中包括1万套高层次人才公寓、3万套安居公寓、5万套青年（创业）公寓。2015年年底基本实现城镇中低收入住房困难家庭应保尽保，新就业人员及各类创业人才住房有保障，外来务工人员租住有支持。《南京市定向公共租赁住房（人才房）实施计划》提出突出南京人才房体系的特色亮点。“十二五”期间南京市实施人才房“195工程”，其中“1”是1000套专家公寓，“9”是9000套人才公寓，“5”是50000套青年（创业）公寓，大力满足有突出贡献人才和拔尖人才过程性、长期性住房需求，全力满足领军型创业人才过程性、自主性住房需求，合理支持普通人才阶段性、周转性住房需求，形成60000套人才房的保障体系。人才房主要通过政府主导投资新建、改建（造）或在保障性住房区域项目中新建，区县、产业园区、功能板块新建、改建（造），与经营性用地混建，有条件的高校、科研院所和大型科技企业等利用自有土地自筹资金新建、改建（造），收购、承租社会房源五类渠道筹集。南京高校青年教师住房基本上以单位自建方式解决，利用学校自有的土地新建或改造，主要供青年教师临时居住、周转、过渡之用，租金为市场租金的70%。建设资金由省财政补贴，其余由高校自筹。

成片新建保障房片区的问题包括保障房小区“标签化”、配套不完善。因此，“去标签化”与“反贫民窟现象”是集中新建保障房片区所面临的挑战。对于集中建设的保障房片区，后期管理是重中之重。南京市四大保障房片区通过公开招标等方式选定优秀物业，如丁家庄是一级资质的紫竹物业，是物业行业的全国百强企业；岱山的齐修北园为绿城物业，大大提升了保障房片区的档次。

4. 昆山外来务工人员公共租赁住房模式

昆山是外向型经济发展的典型，外来务工人员多。昆山市户籍人口约70万，外来务工人员已达130.4万，几乎达到户籍人口的两倍，因此解决外来务工人员的住房问题是昆山市政府的重要任务。昆山市按照“政府主导、社会参与”的原则，采取配建和集中建设相结合的方式，通过房产开发公司、村镇集体经济组织，用工企业、政府投资建设等途径，加快公租房建设。经过多年探索，昆山市逐步形成“三种模式”。

第一种是外来人员集中居住模式。通过规划建设“蓝领中心”，实现外来务工人员的集中居住、统一管理。例如，昆山开发区永馨置业有限公司投资建设的永馨家园，总建筑面积7.9万$m^2$，居住着沪士电子、昆颖电子、彩晶光电、南亚电子等11家外资企业的5000多名外来人员。截至目前，昆山市已建成外来人员集中居住区68处，共计建筑面积111.9万$m^2$，解决了17万名新昆山人的居住问题。

第二种是企业集体宿舍模式。在昆山，投资超过5000万美元、职工人数超过3000人的企业按规定可建设集体宿舍，由企业自主管理，从而减轻了地区交通、治安等压力。例如，南亚集团为解决部分员工的居住问题，规划建造总建筑面积11.47万$m^2$的集体宿舍楼，目前一、二期已竣工，入住率超过95%。目前，昆山市共有企业集体宿舍206万$m^2$，解决了44.7万新昆山人的居住问题。

第三种是人才公寓模式。昆山市积极实施科技创新和人才兴市战略，各类产业人才加快集聚，全市人才总量达17万人。为满足产业发展对人才的需求、充分发挥人才对经济发展的支撑作用，昆山市规划建设了位于昆山开发区、花桥商务城、科技教育园、昆山高新区和软件园的建筑面积共计24万$m^2$的人才公寓，并成立专门人才公寓管理公司进行市场化经营运作。

5. 南通外来务工人员公共租赁住房模式

一是市级统建模式。为妥善做好退城进园、退城进郊以及破产企业关停并转后原长期居住于厂区职工宿舍内住房困难家庭的安置工作，南通市利用搬迁厂区工业用地投资建设了“五一职工苑”公租房项目。土地为政府划拨，建设成本由市财政部门拨付，由市直管公房管理中心作为建设主体开发建设。该项目总建筑面积1.45万$m^2$，总投资3000万元，共建公租房190套，面积为50~80$m^2$，以两室一厅为主。原先居住在企业集体宿舍的职工，在腾退原先居住宿舍后，可以扩大面积按成套住房租住。租金标准按照直管公房标准收取，为每平方米2.65元/月。小区建成后统一由市直管公房管理中心管理。该项目建成后解决了南通机床厂等企业180余户居住在厂区宿舍内老职工的住房难题，实现了企业和职工双赢的局面。

二是园区共建模式。为解决企业管理技术人才及外来务工人员的居住难题，南通市探索园区共建公租房模式。部分园区财政筹集资金，以国有企业为投资主体，建设了一定数量的公租房。自 2006 年开始，南通市经济技术开发区管委会陆续投资建设了“四海家园”职工公寓项目。该项目总建筑面积 15.9 万 $m^2$，总投资约 4.14 亿元，共建有职工公寓和人才公寓 2848 套（间），可容纳 2 万余人居住；主要供应对象为在园区工作的外来务工人员和新就业人员；配有餐厅、超市、休闲中心、话吧、超市、阅览室、教育培训室、医疗服务、邮政电信服务等公共便民设施。该项目的建成为改善开发区投资环境创造了良好的条件，也得到了外来居住员工的拥护和赞赏。

三是企业自建模式。由大型劳动密集型企业根据规划要求利用自有土地在厂区内自行建设一定数量的职工集体宿舍，自行负责管理，用于解决企业内部职工居住问题。企业自建模式是解决部分大型劳动密集型企业外来务工人员居住问题的一条有效途径。例如，南通市振华港机公司为大型造船企业，外来务工人员较多，企业由于行业特点位于长江沿岸，周边缺少大型居民区，企业职工住房困难较为突出。2009 年，为解决这部分企业职工的住房问题，市政府批准由南通市振华港机公司投资建设“振华港机职工宿舍”公租房项目。该项目总建筑面积 15.68 万 $m^2$，项目总投资 2 亿元，共建有职工宿舍 2542 套（间）。供应对象为企业内职工，由企业自己管理。

四是市场代建模式。南通市为解决中低收入住房困难“夹心层”群体的住房问题，尝试在普通商品住宅房地产项目中配建一定数量的公租房，政府在土地挂牌出让文件中明确了项目中配建公租房的数量、套型、面积等标准。待项目建成后由开发商无偿提供约定面积的房源给政府，住房保障部门将此用于安置市区中低收入住房困难家庭。其中位于南通市经济技术开发区的“炜赋花苑”项目共配建了公租房 200 套，全部为两室一厅套型。

五是政府市场收购模式。该模式是由政府安排资金，通过规范化程序从二级市场收购一批交通便利、配套齐全的小户型房源，快速筹集房源，重点解决市区新就业大学生的居住问题。南通市财政先后专项拨款 1790 万元，从“金辉花园”等项目中收购 1 万 $m^2$ 房源作为公租房，经简单装修后，专门用于解决新就业大学生过渡期间住房困难问题。租金标准为每月 3.2 元 /$m^2$，仅相当于市场价的 40% 左右。南通醋酸纤维有限公司等大型企业单位的新就业大学生承租了公租房，居住条件大大改善。在操作管理中实行“两个统一”，即用人单位统一租赁，住房保障部门统一管理。截至目前，南通市区累计直接投资35亿元，已建、在建公租房100余万$m^2$，解决了6.8万名外来务工人员、新就业大学生等特殊群体的居住问题。

6. 张家港集体投资公租房模式

张家港公租房的投资建设途径包括：政府直接投资建设，主要满足户籍人口中的中低收入家庭以及新就业人群的住房需求；由区（镇）投资建设，主要服务于本区域企业职工；由企业自建，主要用于满足本企业职工的住房需求；由村及其他社会经济组织自建，服务于周边企业职工。

一是企业和经济强村集体投资以及以集体土地建设公租房模式。为积极引导企业等社会经济组织建设公租房，张家港市在2011年出台并实施了《张家港市公共租赁住房建设项目认定办法》等一系列配套政策，对企业自建的公租房项目进行认定，帮助企业全面落实相关税费的减免政策，每平方米可以综合减免规费25元，企业享受到了政策优惠。2012年7月，张家港市认定的企业公租房建设项目规模已达66万$m^2$，企业享减免各项规费1600多万元。张家港经济开发区还鼓励企业和经济强村按照开发区统一规划，投资参股建设公租房，河南村、南庄村、晨新村和一些骨干企业参与蓝白领公寓建设，总建筑面积达4万多$m^2$。按照每人9$m^2$测算，这些公租房将解决超过4400人的居住难题。让企业和经济强村投资参股，一方面解决了公租房建设的资金来源问题，另一方面也能够帮助村级集体和企业拓宽经济增长渠道，从而达到一举多得的效果。为鼓励引导村集体以多种方式筹资，利用村集体土地适量建设公租房，张家港市大新村专门成立了新联村镇建设投资有限公司，投资建设了3万$m^2$公租房。这些公租房不仅为大新村新就业人员和外来务工人员解决了居住问题，还增加了村集体收益，壮大了村级经济。

二是防空疏散基地兼作公租房模式。“平时公租房战时防空疏散基地”是张家港市住房保障部门的又一创新做法，在全省尚属首创。通过与民防部门合作，这种模式既建设了公租房，又推进了疏散基地建设。2008年张家港市在塘桥镇工业集中区启动建设了全省县级市首家人口疏散基地工程——妙新社区。该工程总建筑面积3万多$m^2$，由10幢建筑组成，可入住2500人。妙新社区的住宅楼分集体宿舍、单身宿舍、夫妻宿舍等不同类别，此外还有一幢公共服务用房，配有物业管理、警务、医务、餐饮等服务设施。该项目战时作为应对战争防空疏散的避难场所，平时作为公租房，委托当地政府管理，以低于市场的租金出租给各用工企业，既节约了资源，又满足了外来人员的居住需求。另外，2011 年凤凰镇工业集中区启动建设了 3.5 万 $m^2$ 的市直机关疏散基地。这是张家港市民防部门的又一个大型战时人口疏散基地，预计该工程完成后可解决近 4000 人的居住问题。正是通过多方面寻找资源、多渠道筹措资金，张家港市的公租房数量得到了快速增长。统计显示，2012 年张家港全市已建和在建的公租房累计总建筑面积已达到 252.98 万 $m^2$。按人均保障面积 $9m^2$ 计算，共可入住 28.1 万人。2013 年，张家港市新开工公租房项目 33.85 万 $m^2$，共 5732 套（户），数量位列苏州市之首。

三是发放租房补贴模式。对于一时无法解决居住问题的外来务工人员，张家港市还通过下发文件的形式，要求企业发放公租房租金补贴，每月人均 100 元。2012 年张家港市已有 245 家企业向 1.78 万人发放租房补贴。为率先基本实现现代化目标，张家港把外来务工人员享有公租房的比例作为一个硬性的考核指标，要求各区（镇）及企业积极落实。

7. 泰州、连云港新建商品房配建模式

泰州为加快公租房建设，2011 年出台的《泰州市市区公共租赁住房管理办法》规定，凡是在市区范围内投资开发建设的普通商品房、限价商品房、经济适用住房等商品住宅项目，住宅总建筑面积大于 10 万 $m^2$ 的都应按 2% 的比例配建公租房。为便于管理，规定以整幢或整单元的方式予以配建。同时，为避免出现标签式的成片公租房现象，泰州市公租房的布局为“小集中、大分散”，即单宗项目内小集中、市区范围内大分散，住宅建筑面积控制在 $60m^2$ 左右，必须具有完善的居住和使用功能。泰州市首宗以“限地价、竞公共租赁屋面积”方式拍出的地块新建了 13 万 $m^2$ 的高档商品房，同时无偿为政府配建百套公租房。连云港市规定，市区商品住房开发项目在土地“招拍挂”出让前，必须将配建保障性住房作为前置条件，规定商品房建设中配建 3% 的公租房。商品房混搭配建公租房最大的问题就是后期管理，配建公租房势必会影响楼盘的整体档次。因此各地在公租房配建政策上不能“一刀切”，如建设高端豪宅的地块便不宜配建公租房。

8. 苏州、镇江租金补贴模式

苏州市自 2015 年起进一步扩大住房保障覆盖面，将中等偏低收入住房困难家庭首次纳入租赁补贴和租金减免这两类保障形式中，提高租金补贴幅度。低收入无房一人户补贴标准由目前的268元/月调整到378元/月，增幅为41%；低收入无房二人户补贴标准由目前的431元/月调整到540元/月，增幅为25.3%；低收入无房三人及以上户补贴标准由目前的594元/月调整到648元/月，增幅为9.1%。中等偏低收入群体过去未纳入租赁补贴范围，现在一人户补贴标准为252元/月，二人户补贴标准为360元/月，三人及以上户补贴标准为432元/月。此外，公租房轮候期家庭也可领取租赁补贴。

2014年，镇江市印发《镇江市2013届大学生租房补贴发放管理暂行办法》，以落实在镇江市就业的当年应届毕业生的租房补贴政策事宜。该通知明确补贴适用对象为2014年6月30日前与在镇江市区进行工商登记注册并正常纳税的各类企业签订一年及以上劳动合同、按时足额缴纳社会保险费的2013届普通高校全日制本科及以上学历的毕业生。大学生租房补贴标准为每人每月500元，补贴期限不超过两年，即从大学生与所在企业签订劳动合同、缴纳社会保险并在外租房当月算起，补贴享受截止时间为2015年8月31日。

## （二）江苏省公共租赁住房建设与筹集模式经验总结

江苏省公租房为全国性公租房制度的进一步发展和完善率先尝试了创新实践。实践与经验表明，公租房的建设与取得可通过多渠道、多途径方式实现。然而各地的创新实践，无论是统一新建还是配建、社会收储，或转安置房为公租房、开发商投资方式、回购商品房模式，均是根据各地的实际情况因地制宜总结出的做法。任何一种模式与做法都不宜“一刀切”，各地需要结合当地房地产市场以及社会房源等情况选择适合的模式。例如，常州市的社会收储模式成功的经验在于其有充足的社会闲置房源，且当地的房价与租金相对较低，因而从社会存量房屋中收储公租房有诸多优势，比大规模新建公租房更合适。而这一做法对房价与租金较高的南京而言可能并不合适。同理，收购存量商品房作为保障性住房房源，虽可缓解政府的市场调控压力和保障房建设压力，但将存量房转为保障房，关键要看各地方的存量商品房情况。对商品房库存量较大的城市可以适用，起到缓解供需矛盾、增加保障房源、提高财政资金绩效的效果，且对房地产市场不会产生冲击；如果库存量少，则不宜收购，否则会加剧供需矛盾。

# 三、北京市公共租赁住房建设与筹集模式

## （一）北京市公共租赁住房房源筹集模式

北京公租房保障对象主要为低收入家庭，覆盖对象范围较广，申请门槛也较低。“十三五”期间，公租房成为解决北京本地城镇家庭住房困难的主要形式，并逐步向已就业、非京户、无房的群体开放[①]。2007年8月发布的《国务院关于解决城市低收入家庭住房困难的若干意见》（国发〔2007〕24号）的核心目标就是解决住房困难群体的保障问题。北京市在国家大力号召下大力建设保障房。按照建设主体不同，北京市公租房房源筹集模式可分为以下四种模式。

1. 政府筹集房源模式

其一，通过配建或集中建设模式筹集公租房房源。在政府集中建设模式下，可以根据相关规定进行项目管理及委托代建。然而，集中建设模式从实际运行来看，多数情况是政府管理部门和开发商是委托和被委托关系。负责统一收购的部门为市投资中心。其二，政府统一收购的房源有一定的针对性并具备一定的条件。其三，由专门的机构或企业向政府提供房源，作为政府向“夹心层”群体提供的公租房。管理部门持续稳定地租赁社会房源（安置房和商品房）来充实公租房房源。这类公租房要求租金、区位都适合中低收入群体的经济状况。

2. 产业园区管理机构或所属企业筹集房源模式

按照北京市统一规划，当地政府允许企业或产区管理机构集中建设或在开发商品房项目中按比例配建公租房。国家积极鼓励人才型公租房建设，并要求大部分产区规划建设的公租房的适用对象应更多地针对专业型人才。这一类人才型公租房的租金应实行保本微利的原则。

3. 社会单位建设公租房筹集房源模式

依据北京市相关规定，社会单位兴建公租房的前提是建房用地须为国有土地。企业等社会型单位负责兴建公租房后，依据相关法律拥有公租房的所有权，兴建单

---

① 马秀莲，张黎阳：《准市场还是准科层？——基于上海、北京的中国公租房提供模式研究》，《广东社会科学》2019年第1期，第185–195，256页。

位负责运营管理。除此之外还可以对社会闲置厂房及工业用房按公租房建设标准进行重新修缮和改造。

4. 投资机构和房地产开发企业筹集房源模式

按照政府要求，投资机构和房地产开发企业可以通过新建和配建方式。共同筹资兴建公租房，建设用地原则上必须是当地政府专门为公租房供给的土地。不管是新建或者是配建的公租房，运营权和所有权均属于合作双方。但是超过一定时限，合作方须将公租房交由政府并同意其回购。

## （二）北京市公共租赁住房土地供应

由于北京市近20年来房价稳定增长及人才集中、务工人员集中等综合原因，北京市公租房仍然处于供不应求的状态。而城郊土地的制约使公租房的供应受到一定限制[①]，这也使得北京市公租房逐渐增加的需求量和现有的公租房供给量之间仍存在较大差距。另外，从现有的公租房条件看，有些公租房选址较偏，远离市中心，公交、地铁等交通设施不方便，医疗、教育等配套设施严重不足。从公租房的申请到审核通过再到入住，政府机关审核通过周期较长，办理入住程序较复杂，导致这些公租房的入住率不高，甚至有些公租房长期闲置[②]。北京市公租房土地供应的常见形式有以下三种。

1. 政府划拨方式

政府划拨给某单位土地，专门用来兴建公租房。这是北京市各区主要采取的土地供应模式，也是公租房建设中普遍的土地来源方式。

2. “招拍挂”方式

通过“招拍挂”方式获得出让土地也是北京市政府配建公租房常用土地出让方式。

3. 协议租赁或出让方式

党的第十九届中央委员会代表大会的报告中提出，各地落实商品房更多满足居住需求的功能，要求防止一切炒房的行为。此时，北京市在入市的集体土地上兴建公租房的试点工作也结成良果。例如，成寿寺地块正是试点项目之一，用地性质也因此变成了集体土地作为租赁住房。

---

① 宋少伟:《北京市公共租赁住房入住率研究》，北京建筑大学2020博士论文。

② 黄蔚:《北京市公共租赁住房后期管理研究》，清华大学2014年硕士论文。

## （三）北京市公共租赁住房资金来源

1. 中央财政专项补助资金

专项补助为专项用于公租房项目的中央财政承担的政府开支。该补助金包括贷款利息及投资专项补助。另外，还涵盖了政府专用投资的资本金支出。

2. 市、区政府财政资金

政府的财政资金来源于两个资金部分类目：①专项管理的“土地出让金”收益；②政府公积金增值部分中住房保障金。

3. 地方融资平台

北京市保障性住房建设投资中心在成立之初就获得北京市财政拨款。其作为北京最重要的公租房持有主体，截至 2019 年年底累计实现保障性住房融资 1133 亿元，完成投资 1558 亿元[①]。

4. 商业贷款

众所周知，银行贷款是间接融资的手段之一。银行贷款也是公租房兴建的投资来源之一。对于开发商参与公租房兴建，银行有更多优惠的贷款形式为其提供资金保障。开发商能够通过参与公租房建设实现更多的融资自由，可以更低的贷款利率获得商业贷款。

5. 公积金贷款

北京市住房公积金管理中心为积极推进住房公积金支持保障房建设，定时向各区公租房项目发放贷款。

## （四）北京市公共租赁住房建设标准及配租标准

根据北京市相关规范性文件的具体规定，公租房的规划设计、选址条件、公共产品普及率、公共服务质量都不能低于一般住宅标准。

众所周知，北京市不管是城市土地还是农村土地均寸土寸金。面对不断增加的城市人口，在土地却如此稀缺的情况下，如何大力兴建公租房满足更多人的公租房需求是北京市改革开放以来面临的大难题之一。针对这一困境，北京市政府建设公

① 胡吉亚，胡海峰：《对保障性住房建设融资问题的思考》，《理论探索》2020 年第 4 期，第 93–99 页。

租房的土地供应模式最初采取“招拍挂 + 竞配建”的出让方式，并在坚持保障性住房用地优先供应的原则下[①]，在土地租赁形式和土地报批程序方面进行了诸多行之有效的改革。这种出让方式要求公租房建设项目需要用地时，在开发商原用地方案上限定最低配建比例。为了增加公租房规模，出让土地竞买的叫价一旦达到土地评估设定的上限报价，政府就不再接受更高报价而要求开发商在开发的商品房基础上配建一定数量的公租房来达到政府公租房指标要求。当然，这种模式主要目的是扩大公租房供应量、扩大建设规模，实现多渠道增加公租房供应的目标。另外，北京市为了提高房地产企业在公租房建设中的积极性，也对公租房供应土地出让金缴纳作了调整。例如，北京市政府为了使土地供应方式多样化、丰富化，采取将城市出让土地供应“由卖改租”等措施，减轻政府公租房土地供应的负担。城市土地“由卖改租”的转变能够减轻土地使用者一次性缴足 70 年出让金的负担，落实公租房等保障性住房使用城市土地时依照的土地年租制，一方面缓解公租房建设商的资金压力，另一方面降低了初期建设成本。

## （五）北京市公共租赁住房管理

根据北京市相关规定精神，除各部门各司其职、配合做好公租房的管理工作之外，住房保障管理部门是北京市公租房的行政主管机构。自 2019 年起，北京市公租房项目创新采用“人脸识别”、智能门锁等技术手段[②]，以防止保障性住房在使用过程中违规转租行为的发生。公租房人脸识别系统上线运行后，住户通过人脸数据库的对比验证方能打开门禁系统，进出社区单元楼门，陌生人则被拒之门外。例如，北京市阅园四区公租房项目的人脸识别设备类似于地铁闸机，这个设备的用处就是仅为提前录入信息的租户开门，拒绝一切陌生人进入小区。

## （六）北京市公共租赁住房分配范围的扩大

北京市公租房在分配上不仅为拥有北京户口的低收入且无房居住的困难家庭提供住房，也针对特定群体提供公租房，该群体包括高学历人才、城市服务和保障人

---

① 陈俊华，吴莹：《公租房准入与退出的政策匹配：北京例证》，《改革》2012 年第 1 期，第 75–80 页。

② 端木：《公租房人脸识别系统正式上线运行》，《中国房地产》2019 年 4 期。

员等。北京市早在2010年便成为推广利用集体土地丰富住房用地供给的试点城市。例如，北京市昌平区海鶄落村西北的建设用地不参加土地征收，利用村自有资金建设公租房，兴建后用作出租，不对外出售。截至2016年年底，北京市已先后启动了5个试点项目，涉及集体建设用地38hm$^2$，配租公租房约2100套，累计完成配租1.5万套。政府可以充分利用集体土地上兴建的公租房扩大公租房分配范围，较好地解决了复杂的人口、就业结构因素下住房困难“夹心层”群体的基本住房问题。

# 四、深圳市公共租赁住房建设与筹集模式

## （一）深圳市公共租赁住房房源筹集模式

深圳市一直以来都是我国政治经济改革的“试验田”。深圳属于沿海特大型城市，作为经济特区，伴随着改革开放进度加深，深圳经济腾飞、人才引进力度进一步加大，大量的外来人口涌入深圳市。由此，2015年深圳出现人口涌入高潮，常住人口约1037万，到2016年年末，深圳市常住人口约为1191万，同比增长4.7%。深圳市公租房的推广致力于解决逐日增长的常住人口的居住问题①。该地区主要公租房筹建形式为市、区政府直接投资或政府对老旧建筑进行回购并对其改建或要求开发商配建等。对深圳市符合条件的常住人口给予适当优惠政策，在此基础上，给予申请人限定面积和租金的保障性质的公租房保障。当然，深圳市现存公租房的所有权属于所在地政府或某个机构。

## （二）深圳市公共租赁住房土地供应

深圳市公租房建设过程中，常用土地供应途径有政府划拨土地、政府“招拍挂”出让、政府向企业协议租赁。政府划拨或“招拍挂”形式供给土地，是各地市、区（县）公租房建设工作中常用的土地供给方式。由房地产开发商负责对取得的土地进

① 龚岳，稠铃沂，孙珊，林俊强:《公租房公共设施空间可达性研究——以深圳为例》，《北京大学学报（自然科学版）》2020年第6期，第1113–1121页。

行公租房配建。作为2017年开始实行集体土地入市“试点”的城市之一，深圳市取得了可观的成绩。

### （三）深圳市公共租赁住房建设标准及效果

2018年，深圳市发布《深圳市人民政府关于深化住房制度改革加快建立多主体供给多渠道保障租购并举的住房供应与保障体系的意见（征求意见稿）》（以下简称《意见》），同步制定了《深圳市公共租赁住房建设和管理暂行办法》等三个政府规章和相关配套细则，系统构建面向2035年的住房供应与保障体系[①]。《意见》中对深圳市未来的住房供应与保障体系重新规划和总体设计，在供给侧结构性改革的思路下突出多层次、差异化和全覆盖。针对不同收入层次的成员，进一步构建以多主体供给为目标，包含“租购并举”等多种保障渠道的住房体系。这一举措对全国保障房制度变迁具有重要的示范意义。其制度亮点在于有效扩大了保障范围，体现了深圳市“去房地产经济”、建设高科技城市的城市发展理念转型。目前，深圳市住房主要有以下几种：商品房（占住房供应总量的40%左右），政策性住房，人才房、安居房[①]（人才房和安居房各占20%），公租房（占20%）。从未来住房结构看，商品房比例将逐步下降，保障房和人才房则将覆盖全市大部分居民。公租房保障范围包括符合条件的外来务工人员，如城市基本公共服务提供者，也包括一部分制造业职工。除外来务工人员外，还包括拥有本地户口但无法自行解决住房的群体。

### （四）深圳市公共租赁住房管理机构

深圳于2009年设立住房和建设局。该部门作为深圳市公租房管理机构，核心职责之一为在深圳市范围内全面推广国家和市政府住房保障政策，同时负责普及住房制度改革和市辖区内包含公租房在内的保障性住房的运营管理。另外，公租房建设、修缮以及租赁的监督管理等都是该机构管理的职责范围。2016年，深圳市组建人才住房专营机构——深圳市人才安居集团，负责人才住房的建设筹集、投融资及运营管理等工作。2020年，深圳市政府与平安集团签订了《公共住房投资建设运营战略

① 参见《深圳市住房发展“十四五”规划》。

合作框架协议》，进一步探索引入社会主体参与公共住房建设供应[①]。

### （五）深圳市公共租赁住房建设经验总结

深圳市在商品房价格畸高、普通居民购房困难的情形下，未来住房政策的导向是加大保障房供应、压缩商品房市场空间。制度背后的经济逻辑为深圳市的特殊性在于科技创新企业较多，地方 GDP 对房地产依赖性不大。因此，深圳市可减少商品房销售量，加大保障性住房供应。深圳市出台的《意见》反映出特定时期的特别立法策略，即相比于之前长期单一的商品房供应机制，这次住房结构调整是对前期政策的调整和纠偏。

## 五、上海市公共租赁住房建设与筹集模式

### （一）上海市公共租赁住房房源筹集模式

上海市政府为了解决公租房房源的筹集问题，充分发挥市场主导作用，积极调动各主体建设、推广公租房工作。除推广制度本身外，还通过集体土地建设公租房等模式增加房源渠道，进一步降低建设成本。在实践中，上海市采取了以下房源筹集模式。

1. 政府配建模式

上海市对从事房地产开发的市场主体的要求是，从事开发商品房的企业，开发面积超过一定比例时，须依照大于或等于总面积 5% 的配建比例建设公租房。建设完成后，开发商需要把该比例的房屋交给政府进行公租房运营。若商品住房配建公租房未满足政府具体的公租房条件，经过严格程序批准后，可以进入市场自由流转，但交易金纳入政府专项基金。这笔由政府保存的专项基金用于本市、区的保障性住房工作。

---

① 参见《深圳市住房发展“十四五”规划》。

2. 国有企业存量土地“退二进三”模式

该模式下的存量土地开发建设，依照政府规定的商品房和保障房按照一定的比例进行开发。一般来说，通常的做法为保障房和经营性商品房各占一半。其中，保障房包括一定量的公租房。政府对开发商建设保障房的“出让金”给予适当优惠，按工业用地基准建设收取。

3. 试点利用农村集体建设用地

自 2017 年至今，党中央、国务院各部门、各地政府制定法律法规、政策性文件，为全面推广经营性土地入市的改革实践提供制度保障。2018 年中央“一号文件”提出适度放活宅基地和农民房屋使用权，自此，集体建设用地进入租赁住房市场模式启动[①]。在相关政策推动下，上海市作为试点城市，在利用集体土地扩充公租房土地供应方面取得了一定的成绩。

4.“先租后售”公共租赁住房模式

上海市以临港产业园区等特殊区域作为试点，实行“先租后售”公租房模式。在此模式下，建筑以建成后的 10 年为期限，其间作为公租房来运营。园区内的企事业单位可以购入部分房源作为员工的公租房。10 年期限届满后，全部房源可作为存量房进入商品房交易市场，原公租房承租人有优先购买权。

5. 闲置存量住房用作公共租赁住房模式

上海市政府积极推动，以部分区试点为基础，针对符合条件的社会闲置存量房明确财政补贴，推动公租房运营机构充分利用社会闲置存量房，逐步实行实物保障与货币补贴并举。

## （二）上海市公共租赁住房保障对象

上海市公租房准入条件中包括拥有上海户口以及持有“居住证”并持续缴纳社会保险金，并超过一定的年限标准的人群。可以看出，上海市对公租房保障对象的条件较为开放和包容。当然，“居住证”“社会保险”“超过年限”的规定，与重庆市“无住房”“外来务工”的条件标准还是不同的，相对来说上海市公租房保障范围仍比较窄。

---

① 黄燕芬，张超：《加快建立“多主体供给、多渠道保障、租购并举”的住房制度》，《价格理论与实践》2017 年第 11 期，第 15–20 页。

### （三）上海市公共租赁住房管理机构

上海市公租房管理工作依然由市住房保障和房屋管理局（简称“上海市住管局”）全权负责。上海市住管局的工作职责与前述几个城市管理机构的职责范围基本一致。其中稍有不同的是，上海市委托社会运营机构进行公租房具体管理，受委托的机构必须在职责范围内进行管理。政府制定政策指导社会管理机构，准入、退出须按照标准来申请[①]。

### （四）上海市公共租赁住房建设经验总结

上海市公租房总量与结构有待优化，从上海实际运行情况来看效果不佳。公租房户型结构有待优化，公租房供应以小户型为主无法满足长期租赁者家庭人口增加的需求。从公租房的租金定价上看，未充分体现公租房保障性的特点。作为保障性住房，上海市公租房的附加成本比较高。上海市公租房的定价仅略低于市场价[②]，换句话说，租金上未能体现出保障的性质。另外，存在准入门槛变相提高，缩小覆盖人群范围的情况。例如，公租房保障群体子女与同位置有产权的住户子女享受的教育服务存在明显差异。与此同时，还存在公租房管理薄弱、退出机制不灵活等问题。

## 六、广州市公共租赁住房建设与筹集模式

### （一）广州市公共租赁住房房源筹集模式

2013 年年底广州市常住人口为 1292.68 万，2019 年年末广州市常住人口数量增至 1530.59 万。其中，外来务工人员、新就业大学生、专业技术人员和引进人才以及

① 钟恺琳：《上海龙南佳苑：对公租房设计的反思》，《房地产导刊》2017 年第 8 期，第 74-77 页。
② 葛茵，王秀慧：《上海中心城区公租房现状调研和优化设计研究》，《住区》2020 年第 4 期，第 73-78 页。

当地众多中低收入住房困难居民，都难以通过购房解决居住问题。自 2013 年起广州市就试行了《广州市公共租赁住房保障制度实施办法（试行）》[①]，将廉租房并入公租房；2016 年出台《广州市公共租赁住房保障办法》（穗府办规〔2016〕9 号），扩大了公租房保障对象范围。公租房政策的出台缓解了部分居民居住难的窘况。广州市公租房房源筹集模式中比较有特色的有以下三种模式：企事业单位自建模式，国有、民营企业自行筹建，高校等单位专门为自己职工建房；政府出资企业代建模式；自建房纳入公租房体系统筹分配。为扩大住房保障范围，广州市通过用人单位筹建为主、政府提供为辅的公租房管理创新举措，解决城市“夹心层”群体的住房困境。

广州在公租房运营过程中采用实物配租、现金补贴、比例减租等形式，结合广州市实际情况和公租房保障对象的具体条件进行有效实施。然而，在现实运行过程中，广州市市区公租房的租金价格超出多数中低收入群体的消费承受能力，公租房市场建设及管理模式相对滞后，并不能有效满足一些特殊群体的租房需求。对于上述特殊群体，“城中村”及城乡接合部的租赁房屋能部分满足其住房需求，但区位不佳、交通不便使生活成本增加，从而导致这类群体的生活压力进一步增加。

最初广州市公租房建设主要依靠政府集中建设，城市规划划定专门的公租房小区用地进行建设，形成了公租房供给主体单一化的局面。这种模式导致地方财政压力大，规划选址、基本设施配套对住户需求考虑不足，成本高、效率低。2017 年开始实行的集体土地入市建设租赁住房试点模式给广州市公租房建设、房源筹集、有效分配带来新的机遇。

## （二）广州市公共租赁住房流程管理

广州市公租房全流程管理具体包含四个环节，即建前管理、建设过程管理、建后管理、社会监督。公租房的分配对象需要满足广州市公租房分配条件。一般情况下，单位自建房优先分配给本单位职工，多余房源要提供给政府进行统一分配。广州市的公租房管理机构向社会公众开通查询系统，同时在官网上设立举报邮箱，随时接受社会监督[②]。

---

① https://wenku.baidu.com/view/29b76544bb4ae45c3b3567ec102de2bd9605de9d.html.

② 何微丹：《广州市保障房住区公共服务设施供需特征研究》，华南理工大学 2014 年硕士论文。

### （三）广州市公共租赁住房准入条件

在准入条件上，广州市采用的做法比较灵活。从官方公告的享有公租房情况及准入条件可以发现，推广初期准入条件与“户籍”“社会保险”有一定的联系①。但随着公租房制度逐渐成熟，政府对推广方向和力度进行了适当的调整。

一项公共政策的制定首先要确立其政策目标，明确其功能作用。应享有公租房政策群体为外来务工人员、高校毕业生、新就业者等。一般情况下，这些群体月收入有限。他们以租赁住房为主，倾向于租金较低、面积较小的房子。满足这些要求的住房集中在“城中村”或城郊。这类群体的大多数表示对公租房存在较强的申请意愿，但是申请条件与长达几年的社会保险挂钩，使得刚工作的部分人群没有被纳入公租房的保障范围。户籍、社会保险、工作等限制导致公租房准入的“高门槛”，短期内城市部分中低收入人群还难以逾越这道“门槛”。

## 七、西安市公共租赁住房建设与筹集模式

2013 年以来，陕西省包括公租房在内的安居工程工作保持全国前列。截止到 2018 年全省累计开工建设保障性安居工程住房 174.66 万套。已基本形成以租赁型（公租房、廉租房）和购置型（经济适用房、限价房、共有产权住房）保障房为主体的多品种、多层级住房保障供应体系。

### （一）西安市公共租赁住房房源筹集模式

通过政府组织引导、社会广泛参与、市场化筹集资金建设一批公租房，是解决西安市中等偏下收入“夹心层”群体和外来务工人员（农民工）、新就业大学生等居民居住问题的有效办法。2018 年发布的《西安市商品住房项目配建公共租赁住房实施细则》中，已对配建公租房及筹集房源的方式明确化，鼓励开发商自行选择按照

① 伍雯：《广州市公租房政策调整研究》，华南理工大学 2016 年博士论文。

一定的比例配建，政府给予优惠，及单位筹建或政府改建等。

2021 年发布的《西安市租赁住房房源筹集工作实施细则（试行）》在具体实践中对公租房的房源筹集有一定的指导作用。西安市公租房房源筹集除了通常的政府出资、企业代建模式外，还通过非住宅用房改建作为租赁住房、盘活存量住房等方式筹集公租房。由于地价的因素，西安市集中新建的公租房小区呈现出布局边缘化、各区分布不均衡以及选址范围外扩趋势明显的特征[①]。开发区负责拟定区域内调整为集中配建公租房的商品住房项目，集中配建项目规划住宅建筑面积应不小于多个商品住房项目应配建面积之和。该细则规定，配建公租房以商品住房项目实物配建为主，也可以相对集中建设，由建设单位自行选择。选择实物配建公租房的按照不低于宗地住宅建筑面积 15% 的比例配建，5% 无偿移交政府，10% 政府回购的方式。新出让住宅用地，易地集中建设资金缴纳标准按宗地住宅部分出让起始价格 10% 的标准执行。宗地使用性质由非住宅调整为住宅的，易地集中建设资金缴纳标准按新规划条件下宗地住宅部分出让价格 10% 的标准执行。宗地规划指标进行调整的，如调整前已配建公租房（含调整前无须配建的），现易地集中建设资金缴纳标准按新旧规划条件下宗地住宅部分出让价格差额 10% 的标准执行；如调整前未配建公租房，现易地集中建设资金缴纳标准按新规划条件下宗地住宅部分出让价格 10% 的标准执行。已出让住宅用地且已签订《国有建设用地使用权出让合同》或《国有建设用地使用权出让合同变更协议》，但未签订《商品住房项目实物配建公共租赁住房建设协议》的商品住房项目，易地集中建设资金缴纳标准按宗地出让住宅部分出让价格 10% 的标准执行。

## （二）西安市公共租赁住房流程管理

如前所述，公租房全流程管理的四个环节，即建前管理、建设过程管理、建后管理、社会监督中，涉及"夹心层"社会成员的最直接利益的是公租房分配流程的管理。目前，国内多数城市通过摇号方式来分配公租房，西安也不例外。公租房的摇号时间并没有统一规定，一般都是由各地区自行安排摇号的适宜时间。摇号时间确定好以后，相关部门在当地的官网上或者以书面形式告知申请人。在摇号当天，

① 石芯瑜：《西安公租房小区公共服务设施配建实效性研究》，西安建筑科技大学 2020 年硕士论文。

相关部门邀请媒体、公证处、申请人代表参加，摇号结果在媒体、住房保障网、社区进行一段时间的公示。

摇号按照项目和保障家庭人数进行分组，采取计算机程序随机摇号、一次性确定每户家庭具体房号的方式进行。按照《西安市租赁型保障房建设管理实施办法（试行）》的规定，享受公租房最低租金标准的轮候家庭予以优先保障[①]。符合公租房申请标准的家庭将在剩余房源中进行摇号分配，如果分配对象数量小于或等于房源数量，则分配对象可全部通过随机摇号确定具体房号；如果分配对象数量大于房源数量，则有部分分配对象轮空，轮空家庭可参加下次公租房分配。西安市的公租房管理机构向社会公众开通查询系统，同时在官网上设立举报邮箱，随时接受社会监督。

## （三）西安市公共租赁住房准入条件

在准入条件上，西安市规定为拥有本市户籍或本市城六区的居住证的人员，西安市五区二县的居民必须在城六区工作（签订一年以上劳动合同加半年以上的社保）。除了前述要求之外，还与“收入”“人均住房面积”“名下财产”等情况有一定的关联。公租房的申请、审批程序由社区受理，街道、区住房保障中心进行审核并公示，市保障性住房管理中心组织开展资格联审工作。

① 石芯瑜：《西安公租房小区公共服务设施配建实效性研究》，西安建筑科技大学 2020 年硕士论文。

# 第六章
# 农村集体土地建设公共租赁住房的实践模式

## 一、公共租赁住房实施过程中土地供应新模式——集体土地入市

土地出让环节是公租房政策制定与实施过程中最重要也是切实稳定公租房定价，解决广大中低收入者公租房需求的重点。土地资源呈现出区位性的特点，基于土地所处地理位置、区位条件的不同，通过土地出让的方式所取得的土地具有不同价值。基于农村集体土地入市的改革机遇，公租房在实施过程中所需要的土地不仅可以通过以往授予国有建设用地使用权的方式得到满足，还可以将公租房土地需求方与集体土地入市的供给方相结合，实现土地需求与供给之间的动态平衡。

### （一）农村集体土地入市交易流程

自中国共产党第十八届中央委员会的第三次全体大会召开以来，在建设城乡统一建设用地市场的呼声中，部分地区带头允许农村集体经营性建设用地入市。入市方式主要有出让、租赁、入股等，实行的是集体土地与城市土地同等、同权、同价。在中央政府的推进下，各地逐步推行集体土地入市的试点工作。自2018年开始，各部门联合发布方案、意见函等政策性文件，进一步推进各地利用集体土地建设公租房。2018年“中央一号文件”中也明确放活农村土地上的宅基地和农房的使用权，为全国范围内全面推进农村集体土地入市改革的成功实践，加速建设城市和农村相统一的建设用地交易市场提供基础。

1. 范围和条件

我国土地从权属上可分为国有土地和集体土地两类，从土地用途上可分为农用地、建设用地、未利用地三类[①]。依据相关法律和政策性文件中关于农村土地入市的规定，符合规划、用途管制的工矿仓储、商服等经营性用途的土地，可以出让、租赁、入股。因此，并非所有的农村集体建设用地都可以入市交易，农村集体土地中的建设用地在符合当地政府规划并通过政府决策审批的情况下才能够进入土地市场流转。

新《土地管理法》第六十三条保留了对集体土地入市范围的限定，并结合试点经验作了一定的调整，由“工矿仓储、商服等经营性用途”扩大到“工业、商业等经营性用途”。集体建设用地只有满足以下条件才能进入土地市场：首先，集体建设用地的入市须在政府土地利用总体规划中体现，并且该土地必须在规划中确定为工业、商业等经营性用地的用途；其次，需要在政府部门依法登记；最后，需要入市的集体土地应纳入当地土地利用年度计划。满足上述条件的集体土地，通过土地所有权人签订书面出让合同、出租合同的方式才能被集体土地所在农村集体经济组织外的市场主体使用。

2. “入市”土地主体

从目前的试点经验来看，农村集体经营性建设用地进入土地市场交易的出让主体是作为土地所有权人的集体经济组织。从试点工作所依据的法律法规、政策确定的规范实践来看，集体土地所有权一般情况下会以镇农民集体、村农民集体、村民小组集体所有等形式来表现。但在土地交易市场中，集体土地交易确定的一方主体为集体经济组织的村民大会或者村民代表大会。具体出让主体通常为两类：一类是法人型主体，即由集体经济所有成员通过登记注册成立法人公司，公司作为新的集体经济组织，管理集体资产，并作为农村集体经营性建设用地的出让主体进行出让；另一类是村委会型主体，即按规定召开村民会议，并通过村民大会或者村民代表大会表决同意，可委托给村委会进行出让，但村委会无权代替集体经济组织进行集体经营性建设用地的出租、出让。二级市场的出让主体为集体土地的使用权人，可在法律允许的范围内转让、出租其取得的建设用地使用权。

---

① 顾书桂:《中国土地财政研究综述》,《湖北经济学院学报》2019 年第 4 期，第 40–55，128 页。

3. 集体经营性建设用地入市程序

2013 年发布的《国土资源部关于进一步加快农村地籍调查推进集体土地确权登记发证工作的通知》要求：全面推进集体土地的确权登记工作，对于拟入市的集体经营性建设用地，应尽快完成土地的登记颁证确权。入市决定必须经过村集体成员民主决策，即集体土地入市的决定是符合农村集体组织以往遵循的村规民约，同时也符合国家法律确定的决策程序。村集体成员对入市决策商议的范围应包括对方案、资金使用到授权委托行权及最后的收益在村集体成员之间的分配等。2020 年，国家发展改革委下发文件，明确指出农村集体经营性建设用地进入一级土地市场交易将全面推开，支持农村集体土地中的经营性建设用地与国有土地经营性用地同等、同权、同价入市。由于当前对农村集体经济组织成员会议的组成和召开等尚无全国统一立法，需要适用一些地方性规定以及各农村集体经济组织的章程[①]。一般来说，商业、旅游、娱乐等经营性用地，应当参照国有经营性土地出让程序，以“招拍挂”方式，通过当地公开的土地交易中心、公共资源交易中心等平台入市交易。工业、科教、仓储等前述以外用途的使用土地，同一宗地仅一个愿意用地者的，可以协议出让。

## (二) 集体土地未入市前兴建公共租赁住房的情况

2017 年以前，集体经营性建设用地入市改革试点工作还未开展，农村集体建设用地尚未入市，开发的公租房项目应严格执行事先审批制。依照2017年以前的规定，没有经过有关部门的许可，农村经济组织禁止利用集体土地兴建公租房。2017 年以后，很多对公租房需求量大、当地商品房价格过高、住房用地紧缺的对利用集体土地建设公租房有真正需要的地区，国家允许其设立试点地区。展开试点工作的地区人民政府严格把握入市土地规模的控制力度并只租不售，对选地布局进行适当优化，保证土地所有权不流转，并且集体土地入市的土地规划方案须通过省、自治区、直辖市政府的同意，并上报原国土资源部审核，并获得原国土资源部批准后才能运行。另外，要求当地土地监察部门加强监督管理工作，并对集体土地入市工作中的违法

---

① 宋志红：《集体建设用地使用权设立的难点问题探讨兼析〈民法典〉和〈土地管理法〉有关规则的理解与适用》，《中外法学》2020 年第 4 期，第 1042-1061 页。

违规行为坚决遏制并严肃查处。通过农村集体建设用地入市制度的推行，集体建设用地进入租赁市场，也更为公租房充足的土地需求提供了便利。

集体建设用地建设公租房的目的包括以下几点。其一，利用集体土地兴建公租房能够打破地方政府对经营性建设用地中住宅用地的控制，弥补公租房建设用地的短缺，逐渐改善城乡土地现状，盘活集体土地源，减轻公租房建设中政府的土地负担并提高农村土地的利用效率。其二，集体建设用地的入市，能够有效提高农村土地财产性收入，使农民幸福感增加，解决公租房供应紧张等问题。其三，经营性建设用地入市有助于公租房等保障性住房土地来源多主体供给、平稳健康发展、多渠道保障，并进一步建立公租房用地的长效机制，促进由市场引入的社会资本流向公租房供应，满足更多的“夹心层”群体的公租房需求，达到其应有的社会效能。

## （三）集体土地入市后兴建公共租赁住房的情况

北京市在入市的集体土地上兴建公租房的试点工作已结成良果。成寿寺地块是试点项目之一，用地性质也因此变为集体土地作租赁住房。

众所周知，北京是外来人口最为聚集的城市之一，其中中低收入“夹心层”群体占很大比例，对公租房的需求更为强烈。经过十几年的发展和实践，北京市已摸索出一整套公租房建设、审核、分配、管理和定价运行机制，形成了具有首都特色的公租房发展“北京模式”[①]。而这一过程中也创新出更多的土地供应模式，集体土地入市便是《土地管理法》修改后创新的新模式。集体土地直接入市一方面能够满足公租房用地需求，另一方面，也能直接满足集体组织成员渴望通过集体土地资产的增值来寻求更多财富增值渠道的需求，为村集体成员带来更多的投资渠道。集体土地入市后，在其上兴建更多的公租房，将能明显增加村集体成员的平均收入，提高百姓对当地政府的满意度。对北京试点经验的分析发现，政府可以积极开拓公租房土地供应新方式，敢于在丰富土地供应方式上作出创新并大胆试错，因地制宜地创新出符合当地特色的土地供应方式，不断在实践中总结经验，进而彻底消除公租房兴建中土地供应不足的障碍，保证公租房等保障性住房建设的土地供应。

① 邹劲松：《公共租赁住房定价机制研究：以北京市为例》，《中央财经大学学报》2017年第5期，第118-128页。

# 二、农村集体建设用地建设公共租赁住房的必要性理论

随着国家经济的发展和城乡经济的改革，农村集体土地的经济价值日益凸显，新《土地管理法》结合全国范围内33个试点地区农村土地制度改革经验，将试点经验提高到法律层面，允许集体经营性建设用地进入土地市场流转交易，并明确了入市交易的条件，为集体土地入市流转提供了政策支撑①。集体经营性建设用地入市作为新《土地管理法》的最大亮点，是重大的制度突破，明确集体经营性建设用地可以直接入市，无须征收为国有土地后再出让。旧版《土地管理法》规定，只有当集体土地变更为国有土地后，才能在市场出让交易。依照法律的修改及成功的试点工作经验，明确了集体土地的入市条件、入市程序、入市后享有的权能等，颠覆了传统的用地观念。企业、事业单位可以通过与村集体签订出让合同、出租合同方式得到集体土地中符合规划的经营性用地的使用权。以此获得的是特定集体土地使用权，是在满足一定条件下可以转让、交换抵押的集体土地使用权。此次集体土地的新改革颠覆了传统观念，改变了集体土地与国有土体无法“同权同价”入市的城市、农村二元土地交易模式的局面，而且扫清了我国土地制度上的障碍。

## （一）收益分配公平理念下的集体土地入市

### 1. 社会主义所有制理论是集体土地入市的理论依据

社会主义所有制理论的最早研究者为马克思，是其诸多经济学研究理论中最核心的一部分。我国目前没有生产资料私有制的相关规定，但在现有制度的基础上允许多样的生产资料所有制形式。阻碍或促进经济发展的生产力表现形式为所有制——这是马克思所有制理论的精髓。动产或不动产归属的确认可以对生产力发展产生一定程度的影响，甚至可能直接确定了生产关系中生产主体的经济地位。我国真正地实现改革开放，归功于邓小平同志将符合中国实际的中国国情与马克思所有制理论相结合，提出我国现阶段以公有制为主体，多种所有制共同发展。产权是马克思理论的核心，且所有制的形式对分配公平理论有决定性作用。社会主义制度下

① 杨燕玲：《集体土地建共有产权住房与市场制度的衔接研究》，《农村经济》2020年第10期，第89–96页。

的所有制理论为社会主义土地制度改革提供了重要的理论依据，更为农村集体经营性建设用地的入市提供了政策方针。

2. 集体土地入市是实现资源分配公平的方式

土地作为昂贵、稀缺的公共资源，一直以来都是各国政府通过制定健全的法律制度来保障其正常运行的公共财产。现阶段，我国农村地区存量宅基地和经营性建设用地闲置比例居高不下，“空心村”“一户多宅”以及旧厂房和旧矿山闲置废弃等现象屡见不鲜。集体建设用地入市，一方面可以盘活、利用闲置的农村集体建设用地，促进农村土地资源节约利用，提升城乡土地利用效率[①]；另一方面，租赁住房的租金收入可以成为农村居民增加收入的理想投资渠道，有利于增加农村居民的财产性收入，进一步实现土地收益公平。

通过集体建设用地入市来实现土地收益公平，可以从以下三个方面讨论。第一，不管是从法学还是经济学角度，资源分配公平都是相对而言的，属于历史的范畴。从经济学角度来看，分配关系只不过是生产要素发展过程中生产关系的一方面。这说明集体土地入市后关于土地收益分配的公平也是属于现有历史范畴中土地制度下实现的相对公平。第二，只有在我国目前的土地所有制状况下，才能持续、稳定地实现集体土地入市后的土地收益公平。第三，入市后土地收益的分配可以灵活实现地方财政、集体、村民之间的公平分配。让集体组织及成员以住房租金的形式分享工业化和城镇化的发展成果，通过集体土地入市来进一步优化城乡利益分配格局。

3. “入市”实现公平是保障农民权益的有效途径

根据理性经济人假设，每一个主体都希望达到自身利益的最大化。从入市交易的各方主体看，可能参与入市的政府、农村集体经济组织、企事业单位等均希望通过入市交易达到自身利益最大化。协调和平衡制度与政策运行中的各项利益是我国各项政策、法律制度努力实现的一项社会职能。实际上，相关法律和政策对各方主体的保护倾斜度不一样，尤其对弱势一方的集体土地成员更为倾斜保护，以进一步协调并平衡各方利益主体之间的利益分配。国家推广集体土地入市的最终目标为将土地流转的收益，尤其集体土地上产生的收益在政府（包括中央政府和地方政府）和集体土地所有者之间进行有效分配。通过集体土地入市来实现各类主体土地权益

---

① 赵志：《我国城乡一体化土地管理法律制度的改革与完善研究》，对外经济贸易大学 2020 年博士论文。

公平是保障农民、集体权益的有效途径，是农民土地保障、土地收益分配的最终落脚点。

4.“入市”有效发挥集体用地财产，推进城乡融合发展

农村集体资产总量逐年递增，与之相对，集体资产的流失也颇为惊人[①]。因此，盘活农村集体用地，促使其流入市场，让集体经济组织和农民获得相应的流转收益，发挥集体用地的财产属性。利用集体建设用地发展租赁住房，可以有效盘活村集体的土地资源，促进集体土地优化配置，拓宽集体经济。集体建设用地入市有利于发挥集体用地的资产属性，推进城乡融合发展，增加组织和农民的增收渠道，缩小城乡差距。

## （二）集体建设用地入市缓解公共租赁住房供需矛盾

改革开放带来的全国范围内的经济发展取得相当可观的成果，但也同时使诸多乡镇企业由于更新理念缓慢、管理不科学等原因出现严重的发展滞后。乡村企业发展的严重滞后导致诸多集体土地中原本高效利用的建设用地大量搁置，进一步引发土地资源浪费。各地集体土地未尝试“入市”、新修订的《土地管理法》为“入市”开绿色通道之前，农村土地不允许在市场上流转，农民无法盘活集体土地中的经营性用地进行商业、旅游业开发来增加土地收益。通过此次农村集体经营性用地改革，转变之前商用农村土地被征收为国有的传统措施，允许农村经营性用地直接进入交易市场，实现高效能的土地资源配置目标。值得注意的是，农村土地入市的前提是对农村经营性用地和公益性用地的界限进行严格区分，并在两种土地用途区分的基础上保留公益性用地的原用途。公益性用地有流转必要时，只能按照传统模式即国家征收途径来实现。共同管理建设用地市场，以同样的价格享有土地权利，使国有土地和集体土地在市场上实现经济效能平等，从而激活大量使用效率不高、被搁置的农村土地。同时，为更好地保护农村土地中的耕地并进一步确立城市和地方相统一的建设用地市场，应避免地方政府对土地享有绝对控制权，满足市场对土地的供应需求。宏观分析得出，该项农村土地改革将会缩小当地政府土地征用范围。换句

---

① 徐旭初，吴儒雅，吴彬：《农村集体产权秩序重构—— 一个新的分析框架》，《江苏农业科学》2021 年第 8 期，第 234–242 页。

话说，该项改革也是对政府的土地征用体系影响重大的改革，会将农村土地中经营性用地排除在当地政府的土地征收范围之外。

## （三）集体建设用地进入租赁住房市场的政策演进

近几年来，学术界从未停止过对农村土地入市的可行性、必要性及入市之后运营模式的相关讨论。从中央有关集体土地的各项政策来看，中央对农村集体建设用地入市流转的政策变化经历了从严格控制到逐渐放开的过程[①]。

1. 积极探索期

集体土地入市在国家管理层中积极探索阶段始于 2013 年。从这一年开始，国家通过颁布相关法律和政策文件方式对集体土地入市的农村土地改革逐步探索、明确改革方案。从传统的禁止集体土地直接进入土地一级市场进行交易，到区分入市的集体土地类型，再到符合当地土地利用规划并有效管制土地用途条件等，允许符合条件的集体土地有序入市。符合条件的集体土地的入市方式多种多样，给农村集体带来的经济效益也将会非常可观。随之，各地在党中央号召之下采取了一系列积极的土地改革措施。2019 年《土地管理法》修订中明确允许农村集体经营性建设用地入市，自此在全国范围有序推进集体经营性用地入市改革工作。

2. 创新并轨期

通过对农村经营性建设用地入市改革创新并轨期国家相关法律的修改和各地在推进改革进程中的各项政策实践可以看出，中央和各地政府在此次土地改革中积极行动和谨慎稳进的态度。此次集体土地流转中的宽松政策有助于提升集体闲置土地利用效率，带动农村各项产业的迅速兴盛，增加集体经济组织成员的收益，提升群众幸福感。当然，对政府财政收入的影响分析可知，集体土地绕过政府征收直接进入土地交易市场使地方政府土地储备金制度、土地出让扩充的财政收入都会受影响。正是因为如此，自 2017 年开始至今，党中央、国务院各部门、各地政府制定法律法规、政策性文件，来为全面推广经营性土地入市的改革实践提供制度保障。2018 年“中央一号文件”提出适度放活宅基地和农民房屋使用权，自此，集体建设用地进入租赁住房市场正式启动。

① 舒畅，王崇烈：《北京集体土地租赁住房的实践及规划优化建议》，《北京规划建设》2021 年第 3 期，第 28–31 页。

## （四）集体建设用地进入公共租赁住房市场缓解公共租赁住房供需压力

公租房在很多城市面临着供应不足的问题。尤其是各地政府在解决“城中村”问题时导致面向城市外来人口的租赁房大量减少。集体建设用地上建造的公租房恰好能够弥补原有城市专用租赁住房空间不足的缺陷，更多地满足包括外来人口的“夹心层”群体的住房需求。通过在集体土地上兴建具有空间承载功能和社会保障功能的公租房能够缓解公租房供给不足和中低收入群体对公租房需求量大之间的矛盾，为“夹心层”群体提供符合其经济能力的公租房。当然，在入市的集体土地上兴建公租房，应注意保障申请公租房的群体能够享有与其他城市居民同等的公共产品和公共服务。通过公租房保障“住有所居”在形式上解决了“夹心层”群体的居住需求，为了从实际层面解决“夹心层”群体的生存权和发展权，各地政府应在为其提供公共服务方面作出有效改进，探索出新的公共服务模式，对原先公共服务以各地户籍人口为主配置公共资源的模式进行改革[①]，在教育、交通、医疗、就业等公共产品的分布和公共服务的提供过程中，平等满足户籍人口和外来人口需求。各地在城镇化进程中做到公平和平等，不仅让户籍人口享受好政策、好时代带来的生活惬意，也让处于中低收入的“夹心层”群体平等分享改革开放的成果，增加每一个公民的幸福感。总之，在集体土地上兴建公租房，可以说是集体土地改革及多种住房供给体系的一大进步。各地政府利用集体建设用地建设公租房的政策有一定差异，但指导理念一致，可以归纳为以下几点。

1. 鼓励自主开发，政府把关模式

国内多数试点城市采取的政策为允许村集体自行建设、运营或通过与政府、开发商联营及入股等共享利益。政府鼓励农民和村集体利用建设用地建设公租房，并对集体土地用于公租房建设的集体组织给予一定的补贴和优惠。

（1）土地使用权出让模式

土地使用权出让模式，即土地所有权人将土地使用权出让给投资人，投资人支付土地出让金。在此模式下，投资人可直接获得集体经营性建设用地的土地使用权，并按照出让合同、规划条件及相关政策法规开发该集体经营性建设用地。在 2020 年

---

① 陈美球：《乡村振兴与土地使用制度创新》，南京大学出版社，2019 年。

1月1日新修订的《土地管理法》生效之前，仅有北京市大兴区、上海市松江区及广州市在实践中可以采取“出让模式”由投资人参与集体经营性建设用地投资。新修订的《土地管理法》生效之后，全国范围内均可以采取土地使用权出让模式吸引投资。

（2）股权合作模式

股权合作模式，即集体经营性建设用地使用权人将土地使用权作价入股同投资人设立合资公司进行开发建设[①]。在作价入股模式下，土地出让人并非通过收取一次性土地出让金形式获得收益，而是通过股权合作，参与合资公司经营，享有股东权益。北京市大兴区瀛海镇区级统筹租赁住房项目便是股权合作模式的典型。集体建设用地建设公租房需要耗费大量的人力、财力周期较长，社会资金回笼较难。因此，各地政府在试点工作运行过程中应严格把关，给予集体租赁房稳定的政策扶持、融资优惠和经营指导[②]。

2. 政府统一规划与审批模式

某些试点城市为了更好地统筹城乡发展和公租房产业布局，对集体土地上建设的公租房由政府统一规划，降低资源错配的可能性，阻断土地滥用。从国内比较成功的几座试点城市来看，试点选址多集中于工业园区、产业聚集区、学校等地区。这主要是考虑到前述几类区域对公租房需求较大，社会“夹心层”群体比较集中，道路、医疗、教育等公共配套设施相对齐全。另外，试点城市在城乡规划中同时确定集体土地入市原则上不能减少耕地保有量，以有效防止触碰土地“红线”。

3. 政府统一建设公租房平台管理机制

各地区在推广集体土地建设公租房实践中，应大胆尝试将该类公租房纳入当地住房租赁平台，进一步完善公租房市场。另外，明确集体土地建设公租房过程中中低收入群体和当地政府作为房屋所有权人的权利与义务。同时，改进实际运营过程中的运营模式，公租房租赁管理及公租房的物业管理、退出机制、补贴等涉及民生的环节需要进一步完善。例如，沈阳市将集体建设用地建设的公租房纳入租赁服务与监管体系统一运营管理，同时引入企业运营公租房。充分利用集体建设用地建设公租房与正在进行的农村集体经营性建设用地入市和宅基地制度改革试点工作的初

---

① 周昌发，飞传鹤：《乡村振兴战略下农村集体经济组织融资职能的路径重构》，《经济体制改革》2020年第6期，第86–93页。

② 伍中信，唐毅豪：《中国农村土地制度变迁路径与现实选择》，《湖南财政经济学院学报》2020年第4期，第31–38页。

衷相吻合，与《土地管理法》修订后主张的农村土地制度改革的政策导向相一致。一方面，可以盘活、利用闲置的农村集体建设用地；另一方面，公租房的租金收入可以增加集体组织成员的收入，成为农户增加收入来源、丰富投资类型的比较理想的途径，有利于增加农村居民的财产性收入，让农民和农村以住房租金的形式分享工业化和城镇化的发展成果，进一步优化城乡利益分配格局。同时，集体建设用地建设的公租房能够抑制租房价格的过快上涨。集体建设用地建公租房是增加住房供应、缓解城镇租赁住房供需矛盾的迫切需要。

## 三、农村集体建设用地建设公共租赁住房现实价值和困境

### （一）现实价值

集体土地建设公租房有两方面的现实价值。

其一，利用集体建设用地建设公租房是对土地制度改革的一次新的尝试、解决“夹心层”群体住房困难的新途径，也是土地改革进程带来的重大转变。当然，新的模式对当地政府来说，意味着政府对居住性房屋用地垄断地位的打破。虽然这看似直接影响政府出让土地的财政收入，但从深层意义来说，其有助于优化城市、乡村土地二元结构，也是对土地收益在政府和集体组织之间的重新分配，能够达到从源头上改革传统土地制度的最佳效能。另外，中央一方面通过建设用地指标与“耕地占补平衡”政策限定了各地区一定时期可以使用的农转用建设用地总量，另一方面通过“城乡建设用地增减挂钩”政策给地方政府除中央计划指标之外获得新增建设用地指标开了口子①。

有学者指出，各地利用集体土地建设公租房将进一步优化公租房市场，并与国有建设用地市场有效形成相互依赖、互相补充的关系②。集体经营性建设用地入市建

① 陶然：《新发展格局与城乡土地制度改革的突破》，《中央社会主义学院学报》2021 年第 3 期，第 138–148 页。
② 吕萍，于璐源，丁富军：《集体经营性建设用地入市模式及其市场定位分析》，《农村经济》2018 年第 7 期，第 22–27 页。

设公租房既需要直面其中的法律问题，更要正视其中的政策问题、政治问题。可以说，集体土地兴建公租房是国家“租购并举”重大举措进一步完善的高效并稳进的重要机制。从各国实践来看，稳步发展的公租房市场能更快地促进附近产业和商业的发展，也能为当地经济发展和财政作出贡献。从长远来看，公益事业的保障和集体利益的实现仍依赖于建立科学合理的城市土地资源配置及农村集体建设用地使用权制度[①]。另外，一系列的土地改革伴随着公租房房源的增加，地方政府对公租房建设的统一规划、运行管理有利于增加当地的财政收入，同时能够让地方政府逐步摆脱对土地出让金等财政收入的依赖。从集体土地兴建公租房的技术发展层面分析，此次土地改革属于对传统土地制度优化的改良方案，通过集体土地改革从技术层面解决存量土地的欠缺，加快土地制度创新进程。

其二，在入市的集体土地上兴建公租房有助于高效能盘活农村集体中土地资源，让农村集体的成员平等享有农村集体土地的增值收益。对集体的土地收益有两种典型处理方式：第一种是将此种收益全部在集体内部分配；第二种是将此种收益的一部分作为集体资产予以保留，其他部分分配给集体成员。从我国目前的实践情况来看，普遍应用的是第二种分配方式，这种分配方式至少不会损伤集体成员的主要权益，从而在进一步的集体经营性建设用地入市过程中发挥积极作用。

其三，集体土地入市并在该土地上兴建公租房属于改革优化各地土地供给侧模式。对各地土地供给侧模式的改革，能够拓宽发展公租房土地供应的渠道，减少公租房建设运营中的各类成本，减轻公租房房源短缺压力。这是因为集体建设用地入市后的成交价格低于国有土地的出让价格，相比较之下有价格优势，能够使公租房的租金价格保持在中低收入群体可接受的范围内。公租房用地成本的降低，能够使当地政府将更多的财力用于优化、改善公租房生活设施及周边的教育、医疗资源等民生相关的配套设施，使“夹心层”群体生活更惬意。

其四，入市的集体土地兴建公租房能够让更多的社会资本参与到公租房推广实践中，且能够解决公租房建设资本不足的问题，使公租房更加惠民。之前的公租房推广中，土地供给主要为城市土地，房源供给则依赖于开发商配建公租房的项目。这种模式存在一定的弊端，一是开发商配建公租房的数量无法满足市场需求；二是会出现房

---

① 陈小君，戴威：《对“集体土地上建公租房”政策的法律思考》，《法律科学（西北政法大学报）》2012 年第 3 期，第 154–161 页。

价上涨时开发商对公租房进行回购或抬高公租房价格、缩减公租房房源供给的情况。

## （二）实践中遇到的困境

1.“入市”面临的障碍

集体经营性建设用地入市集中在涉及集体土地的确权与土地归属，这个问题直接决定入市交易制度的前提是否真实存在。另外还有土地增量利益如何协调、平衡的问题。

集体土地入市过程中，边界清楚、归属明确的产权为该土地进入土地市场流转的前提。根据现有的法律制度考察农村土地产权归属的设计，会发现至今仍无法彻底解决影响经营性用地入市的诸多问题。由于各地土地改革进程中历史遗留问题多样、复杂，导致某些地区集体经营性用地权属混乱。要真正理清集体土地权属边界，首先需要对“集体”的概念了解清楚。2007 年实施的《物权法》中，结合我国国情确定了集体经济组织中土地的三种所有权主体，包括：一是乡（镇）农民集体；二是村农民集体；三是村内含两个以上农村集体经济组织的农民集体。这种分类的主要依据为土地的实际使用情况。若使用过程中权属存在争议，由土地所在的集体共同管理。这种基层组织土地共同管理模式，虽能方便土地所有权登记的顺利开展并能起到积极的作用，但同时也会增加集体土地“入市”交易的成本[①]，如增加通过土地一级市场获得集体土地使用权一方的识别成本。与土地一级市场中其他属于国有土地不一样的是，集体土地可能存在几个符合所有权主体。进行土地交易的一方，为确定交易对方拥有毫无争议的土地所有权，可能要耗费更多的时间、金钱、人力资源核实对方所有权的完整性。集体土地所有权主体的复合性决定了所有权下享有权益的集体成员数量庞大。换句话说，该复合集体组织的成员（农民）因不同成员身份可能拥有的成员权益也相应复杂化。

2.“入市”土地建设公租房面临的困境

（1）集体土地入市流转任重道远

从各城市具体的试点实施方案来看，多数地方政府仍持观望态度，而且入市后

① 唐健，谭荣：《农村集体建设用地入市路径——基于几个试点地区的观察》，《中国人民大学学报》2019 年第 1 期，第 13–22 页。

用于公租房建设的集体土地所占比例也有限。理论意义上，虽然利用集体土地建设公租房有助于解决公租房土地供给的短缺，但在各地实践中，在“营改增”税收改革的推动下，地方财政相应收紧，地方政府提供公共服务的能力也大幅下降，在各项公共产品中投入的政府资金也逐渐缩减。集体建设用地直接入市和流转会对地方土地出让市场和地方财政收入造成较大影响。

（2）集体建设用地上的公租房建设和运营困难重重

公租房所在的居民区需要水、电、气、电视网络、垃圾处理和其他与基本生活有关的服务设施，以及最基本的医疗保健、文教、社区服务和其他与家庭生活相关的扶持设施。根据现有的以自筹资金为主建设的项目情况看，与基本生活息息相关的设施很难只依靠村社或村民建设，医疗和教育设施等需要政府大力出资建设的公共产品的完善更是有难度①。现有公租房运行模式、管理形式存在许多问题，如公租房运行机构管理能力欠缺、公租房房源分配不当、对管理过程监督不力、退出程序不完善等问题。因此，集体建设用地建设公租房的运营、管理需要进行制度上的创新。

（3）集体建设用地建设公租房的利益协调与监管机制尚未建立

此外，通过集体土地入市建设公租房的建设用地的土地权益难以使每个利益主体都满意。试点方案中确立的开发主体通常为村委会、专门的公司或农村土地股份合作社、联合社等，说明开发主体从来都不是作为农村集体经济组织成员的农民。此种交易主体的设定引发的问题是，集体土地入市的决策是否能够表达全体农民真实意愿。

## 四、农村集体建设用地建设公共租赁住房建议

实践中，在集体建设用地上建设公租房还面临两大问题，即“地从哪里来”和“钱从哪里来”。一方面，需要通过合法合规、科学高效的方式来满足租赁住房的用

---

① 郑沃林，闵丽，肖琴，谢昊：《经济快速发展地区集体建设用地的二次开发策略研究》，《上海经济研究》2016年第10期，第116-120页。

地需求。也就是说，在供地上，既要符合节约集约利用集体建设用地的要求，又要满足城市的住宅租赁需要。另一方面，还需要通过行之有效的方式来满足租赁住房建设的融资需要，即农民“牺牲”最初的宅基地发展权（即复垦、整理一定数量的宅基地），此种做法可以满足土地利用价值上的优化，并通过特殊的机制来转移一部分增值收益给村集体用于公租房建设。

## （一）拓展集体土地的权能

我国部分试点地区利用集体土地建设公租房的成功经验是更好地建立城乡统一的土地市场的有效尝试。建议进一步拓宽集体经营性用地的权能，尝试提供公租房之外的与居住功能相匹配的公益性公共产品和服务[①]。

## （二）完善政策的配套体系

用集体土地建设公租房试点工作属于多部门联手启动的系统工程。建议尽快在全国各地推广试点经验，加快建立各部门、各级政府之间的高效沟通方式。除此之外，还应加快修改、补偿法律法规及政策性文件来完善制度设计。与社会资本筹集能力较强的开发商相比，农村集体存在人员变动较大、融资方式少、对抗突发情况能力差等问题。在集体土地上兴建公租房，政府除了规范各类主体行为外，还应做好公共产品配套服务工作，培育公租房普及、运营、申请相关问题咨询、金融、中介等服务型行业的深入发展。

## （三）保障政策的延续性

从全国各地集体土地建设公租房的工作进程来看，公租房建设周期过长。从公租房建设可用集体土地的选址、与所有权人协商、开始建设再到完工、社会宣传、投入运营均需要很长时间。建议各地政府加强公租房建设各环节把关力度，监督各地不能因考核需要“拔苗助长”。更重要的是，应通过增加政策的连续力度，为集体

① 邢伟：《“农村所有权人集体”制度研究》，中国政法大学 2020 年博士论文。

土地建设公租房的推广提供稳定、持续的政策扶持，运营模式的指导和负责企业融资上的优惠。

## （四）综合各项改革措施

公租房区位直接影响“夹心层”群体生活满意度和经营者经济收益。因此，公租房推广实践应加大各项改革力度，加强落实改革重要措施，采用激励创新手段，使更多离城市中心较远的农村得到更好的发展，丰富农村地区公共设施。另外，在公租房需求较大的城市周边农村盘活当地土地市场，激励当地农民、集体组织入股，实现多地联营方式，既能扩大公租房房源又能增加农民纯收入。

# 下篇

# 制度运行与立法完善

# 第七章 公共租赁住房的准入制度

公租房准入制度是指公租房申请的前置制度，主要包括准入对象、准入条件和准入程序。准入对象是指公租房适用的范围人群，应合理划定住房保障的范围与层次。准入条件是指公租房适用人群的限制性条件。一般从四个方面考虑，包括收入、资产、人均居住面积和户籍。准入条件的设定，既要考虑保障对象的收入水平与居住条件，同时也要根据政府长期可支付能力，以确定公租房保障的覆盖面。准入程序包括申请、审查、公开、轮候等程序环节。准入程序的设定既要体现公平，同时也要兼顾效率。

2014 年公租房与廉租房并轨之前，二者都是保障性住房制度的重要组成部分，二者在功能、保障的公民群体范围和申请条件门槛等方面具有很高的相似性。二者的区别主要在于准入条件，廉租房的申请主体相较于公租房申请主体来说，经济收入水平更低。但由于申请者经济收入的变化性以及准入条件的衔接存在交叉性，保障房与保障对象不匹配的情况时有发生。公租房和廉租房制度之间存在申请衔接错位的情况，保障的主体存在重合的现象，而公租房与廉租房两项保障性住房不能相互调配适用，造成彼此之间无法弥补存在的疏漏，在一定程度上造成了公共资源的闲置和浪费。同时，因经济水平的波动和工资收入的变化，廉租房的保障主体需要转换到公租房保障主体的，需要从廉租房的保障体制中退出，并重新提交相关材料进行审核，才能进入公租房的保障体系。公租房和廉租房两项保障性住房制度的并行运行，不仅增加了保障群体的申请负担，造成申请程序烦琐，也极大地增加了住房保障部门的工作量。诸如在申请、审核过程中，住房保障部门需要多次对同一申请主体进行审核，无疑使得住房保障部门的工作量成倍增加。2014 年，《住房城乡建设部 财政部 国家发展改革委关于公共租赁住房和廉租住房并轨运行的通知》正式明确公租房与廉租房并轨运行，将之前分别管理的公租房与廉租房进行合并管理。

公租房与廉租房制度并轨之后，公租房制度的涉及群体扩大，不仅将公租房原有的保障群体纳入管理，还需要将廉租房的保障群体纳入统一管理。各地在整合原有的管理资源，建立统一的申请受理渠道、审核准入程序的基础上，综合考虑保障对象的住房困难程度、收入水平、申请顺序、保障需求等多种因素，合理确定轮候排序的规则。公租房制度与廉租房制度的并轨运行，将廉租房统筹规划到公租房制度中，使得原本烦琐的保障性住房制度被理顺，化繁为简，合并称为"公共租赁住房"制度。

## 一、公共租赁住房制度现行准入规定的梳理

2012年5月28日经住房和城乡建设部通过的《公共租赁住房管理办法》，是目前指导我国公租房制度运行的最高位阶部门规章。尽管我国公租房制度已经运行10余年时间，但调整公租房的立法制度建设仍落后于实践。公租房制度的构建与运行依据大多是依赖政府部门的规章以及地方性法规、地方性规章与政策性文件等。

《公共租赁住房管理办法》条款中不乏对公租房程序性事项的规定。诸如公租房的申请标准需要满足第七条中的几项条件[①]，主要包括：①在公租房申请地区没有自己的住房或者虽然有住房但是住房面积低于规定标准；②经济收入以及所有财产应当低于相关规定的标准；③申请公租房的主体为外来务工人员的，应当在申请地具有稳定的就业并且稳定就业达到相关规定的年限。同时，对于上述提及的"住房面积标准"等具体性问题，需要通过地方政府或者地方住房保障部门制定具体规则的方式才能予以具体适用。在对具体申请过程的梳理中可以看到，仅仅凭借上述较为粗略的条文远远不足以支撑公租房制度的整体运行。我国公租房相关准入规定与申请门槛运行主要还依靠各地自行制定的相关政策。诸如，"住房面积标准""经济收

① 《公共租赁住房管理办法》第七条规定："申请公共租赁住房，应当符合以下条件：(一)在本地无住房或者住房面积低于规定标准；(二)收入、财产低于规定标准；(三)申请人为外来务工人员的，在本地稳定就业达到规定年限。具体条件由直辖市和市、县级人民政府住房保障主管部门根据本地区实际情况确定，报本级人民政府批准后实施并向社会公布。"

入及所有的财产低于标准如何确定”等的具体规定，需要由直辖市、市（县）级人民政府的住房保障主管部门，根据本地的具体实际情况作出不同的安排和规定。因此，上位立法的缺位无形当中赋予了直辖市、市（县）级人民政府的住房保障主管部门相当大的自由裁量权。

## （一）公共租赁住房准入对象与分类

1. 公租房适用对象确定原则

公租房保障对象的确定与公租房制度设立的动因与目的有关。在我国现行的住房体系中，由于保障性住房体系中的廉租房、经济适用房、限价房和市场化的商品房适用人群相互之间不能实现完全的对接，形成了数量庞大的“夹心层”群体，他们既无力购买商品房，甚至也无力购买经济适用房与限价房，但又不符合申请廉租房的条件，无法享受廉租房政策。“夹心层”群体主要包括城市中等偏下收入住房困难家庭和城镇新就业人员。随着我国城镇化进程的快速推进，一大批外来务工人员的住房困难问题也日益突显，他们属于“两不管”的群体，即原居住地（社区）无法管，而务工地（非户籍地）又不管的人群，他们无力通过市场购、租房，也成为“夹心层”群体的组成部分。为弥补住房市场配置和政府住房保障之间的空缺，公租房制度应运而生。公租房实质是政府保障与市场运作相结合的产物，它的设立主要就是为了解决这些“夹心层”群体以及无法进入市场又无法进入保障体系的家庭与人群的住房困难问题，从而实现住房市场与住房保障的无缝对接。因此，公租房的保障对象应界定为那些无力进入住房商品市场（包括住房的市场购置与市场租赁），又未享受国家住房保障优惠的对象，包括城市中等偏下收入住房困难家庭、城镇新就业人员、引进人才、外来务工人员以及其他需要保障的人员。随着廉租房与公租房的并轨，原廉租房保障对象合并入公租房的保障范围。

2. 公租房保障对象的分层

收入和住房条件是确定住房保障对象的两个最重要的指标。由于住房保障需要以政府财力的支出作为支撑，因此，在确定住房保障对象时，还必须考虑住房保障的覆盖范围与政府长期可持续支付能力相适应。《公共租赁住房管理办法》第三条规定：“本办法所称公共租赁住房，是指限定建设标准和租金水平，面向符合规定条件的城镇中等偏下收入住房困难家庭、新就业无房职工和在城镇稳定就业的外来务工人员出租的保障性住房。”其中将公租房保障对象界定为一类家庭、二类人员：“一类家庭”即城镇中等偏下收入住房困难家庭，“二类人员”即新就业无房职工和在城镇稳定就业的外来务工人员。

一类家庭“住房贫困”。公租房具有社会保障性质。对于居住条件达不到基本住房标准而又无力自助的人群，国家通过国民收入再分配保障这部分人享有基本居住权利，以体现社会的实质公平。因此，公租房的保障对象首先应优先是城镇住房困难且支付能力低的家庭。这些家庭因收入低下致贫或因病致贫，他们是社会救助与保障的主要对象。他们的住房困难属于“住房贫困”，他们的经济状况与住房难问题在短期内很难获得改善。因此，政府对这类家庭的住房保障应该是中长期的。

二类人员“住房急”。城镇新就业人员（包括引进人才）与外来务工人员虽然可归入“夹心层”群体范围，但是从严格意义上来说，他们并非属于社会救助与保障的对象，对他们的住房保障是出于社会稳定与经济发展需要的考虑。他们的住房困难并非因贫困而无房居住，而是由于工作时间短，或刚进入新城市、新环境，生活尚未稳定下来或尚未确定是否在此城市定居，加上房地产市场的高房价与相应的市场高租金，尚无能力购房或租房而引起的住房困难。他们的住房困难属于“一时急”，他们的经济状况在一定的时间内可获得较大改善。对政府而言，对这“二类人员”应当提供一段时间的帮助与扶持。作为新就业人员与外来务工人员有责任与义务自己解决住房问题，且经过一段时间的努力也有可能解决住房问题。因此，政府对这“二类人员”的住房帮助应该是中短期的。

“先贫后急”原则。根据不同对象，在保障措施上应遵循差别化的“先贫后急”原则，优先考虑城市中低收入家庭这一贫困群体的住房保障，其次才是应急性的保障人群。公租房是住房保障制度的一种创新，能够为不同层次、不同类型与不同需求的城市居民与外来人员提供与其消费能力相当的住房条件。正是公租房的这一特点为解决城市“夹心层”这一数量庞大人群的住房问题提供了可能性。

3. 农民工的住房保障问题

我国住房保障目前仅仅在城镇地区做到了全覆盖，却尚未深度触及广大的农村腹地，农村地区的住房保障问题一直以来都是通过集体经济组织向集体经济组织成员分配宅基地使用权的方式满足的。随着经济的发展，农村地区到城镇务工的农民工群体越来越大。然而，这一群体在城镇地区的住房保障问题一直未能引起过多的关注。农民工住房保障的供给与需求极度失衡。一般情况而言，公共资源投放越来越趋于向具有高学历、高技能的群体倾斜，如多座城市的人才政策都提及“实施人才安居工程，集中建设或储备一批人才安居房”，政府建设公共住房的注意力从对农民工群体开放的公租房转向“人才公寓”，农民工群体所能享受到的公共资源进一步缩减[①]。为了缓解这一现象带来的农民工住房难压力，我国已将农民工住房保障作为重点工作开展。截止到 2019 年 5 月，全国已经有 9000 多万农业转移人口落户城镇，为此，中央财政下达 300 亿元支持农业转移人口市民化，然而相较于 9000 多万的农业转移人口来说，城镇的住宅仍然存在巨大缺口。要解决这一问题，各地政府尤其是二、三、四线城市应积极调整公租房制度的相关政策，在农村人口进城落户的过程中，可以试点采用用宅基地资格权换取农村社区保障的方式，确保农民市民化住房保障问题得到切实可行的解决，并将未来公租房的重点保障对象转为农民工群体。

目前，我国为农民工提供保障性住房的模式主要有廉租房、公租房、经济适用房、限价商品房、共有产权房等。但是，由于传统二元户籍制度的存在，农民工被排除在城市住房保障体系之外，目前政策虽然正逐步趋于完善，但有支付能力自己在城市购买房屋的农民工仍是少数，大多数农民工主要还是通过自己租赁房屋的方式解决住房问题。由于农民工进入城市的时间长短、行业、收入水平等差异，在选择廉租房、公租房、经济适用房等模式时会出现差异以及“断层”，许多农民工的住房需求无法得到较好满足。因此，应加速完善城市住房保障政策，以确保农民工平等享有公租房保障的权利。

面对日益突出的农民工住房保障问题，需要从以下几个方面入手解决。第一个方面，也是最为重要的一点就是需要转变以前陈旧的住房保障观念。过去的住房保障发展规划与立法过程中，仅仅着眼于对城镇户籍家庭的住房保障，从而忽视了进城务工的农民工群体对住房有更为迫切的需求。第二个方面，公租房广泛存在即使向农民工开放也没有较多农民工申请和响应的情况。这其实与公租房的选址、建筑面积、租金水平与农民工的住房需求不匹配有关。因而公租房建设一定要考虑到农民工的交通需求，公租房建设项目应和普通商品房混建。依照此种制度设计思路，解决农民工群体住房困难问题的代表性政策主要包括农民工经济公寓、公租房、农村宅基地置换政策等不同的农民工住房保障策略。第三个方面，在制定公租房制度

---

① 吴宾，杨彩宁，唐薇：《“人才新政”的政策创新扩散及风险识别》，《兰州学刊》2020 年第 6 期，第 131–141 页。

的过程中，需要对农民工群体的保障尽量做到全覆盖。为了达到这一目的，中央政府应该在住房保障制度中统筹考虑农民工的住房问题，通过建设适合农民工特点的公租房和提供公租房现金补贴等多种方式改善农民工的居住条件，鼓励地方政府在农民工集中居住区域建设农民工公寓[①]。第四个方面，着手改善农民工相对集中聚居区的基础设施、居住环境、公共服务环境等。第五个方面，在公租房立法过程中要赋予企业更多承担社会保障的责任，强化企业对员工负有住房保障责任的意识。用工量大且比较集中的企业，应当积极配合政府及住房保障部门做好住房保障的服务工作，为对住房有需求的农民工提供满足最低住房保障标准、安全卫生的住房和相关基础服务设施。针对农民工相对集中的大型企业，有条件的可以建立集中的农民工宿舍，在工业园区、企业内部等还可以在自用的工业企业用地上建设不低于一定比例的公租房等[②]，以缓解政府的住房保障压力。

## （二）全国主要城市公共租赁住房准入对象与条件规定

随着公租房制度的推进，全国各城市结合地方实际情况，对公租房的保障对象与条件作了相应的规定（表 7–1）。公租房保障对象的界定与住房和城乡建设部的规定大致相同，界定的条件标准也主要是收入、资产等家庭财产状况以及住房、户籍等几个方面，但在具体规定上仍呈现出差异。

部分城市公租房准入对象的界定　　表7–1

| 城市 | 保障对象 | 收入与资产情况 | 居住面积 | 户籍限制 |
|---|---|---|---|---|
| 北京 | ①三房轮候家庭（廉租房、经济适用房、限价房）；<br>②其他具有本市户籍，家庭人均住房使用面积低于 $15m^2$；<br>③外省、市来京连续稳定工作一定年限，能提供相应证明，且在本市无住房人员 | 对本市户籍人口要求：3 口及以下家庭年收入 10 万元以下，4 口及以上家庭年收入 13 万元以下 | 人均使用面积低于 $15m^2$ | 不限制 |

① 娄文龙：《我国农民工住房的制度化困境研究——基于多重制度逻辑的视角》，《经济体制改革》2020 年第 1 期，第 88–94 页。

② 黄庆玲：《新生代农民工城市定居意愿研究》，沈阳农业大学 2014 年博士论文。

续表

| 城市 | 保障对象 | 收入与资产情况 | 居住面积 | 户籍限制 |
|---|---|---|---|---|
| 重庆 | ①凡年满18周岁，在本市有稳定工作和收入来源，无住房或家庭人均住房建筑面积低于13m²的住房困难家庭；<br>②新就业大学毕业生；<br>③进城务工及外地来本市务工人员 | 单身人士月收入2000元以下，家庭月收入3000元以下 | 人均建筑面积低于13m² | 不限制 |
| 上海 | ①有本市城镇常住户口或居住证，连续缴纳社会保险金达到规定年限；<br>②已与本市就业单位签订一定年限的劳动或工作合同；<br>③在本市无自有住房或人均住房建筑面积低于15m²；<br>④申请时未享受本市其他住房保障政策 | 有稳定的工资收入，具备租金支付能力，不设收入限制线 | 人均建筑面积低于15m² | 适当限制 |
| 厦门 | ①具有本市户籍，收入水平符合本市低收入家庭收入标准的家庭；<br>②家庭资产在本市低收入家庭年收入档准上限的4倍以下；<br>③在本市无住房或住房困难家庭，人均住房建筑面积不高于12m² | 家庭年收入标准：3人及以下不高于5万元，4~5人户不高于6万元，5人以上不高于7万元；<br>家庭资产标准：3人及以下户在20万元以下，4~5人户在24万元以下，5人以上在28万元以下 | 人均建筑面积低于12m² | 限制，暂不向非户籍人口提供 |
| 杭州 | ①城市中等偏下收入住房困难家庭且申请人具有市区常住城镇居民户籍5年（含）以上，申请家庭在市区无房；<br>②新就业大学毕业生、创业人员 | 申请家庭上年度人均可支配收入低于47691元 | 无房 | 不限制 |
| 昆明 | ①有当地城镇户籍的本市工作或者创业、居住的无住房或者人均住房建筑面积低于18m²的城市中等偏下收入家庭或者单身人士；<br>②外来务工人员、大中专院校毕业生 | 家庭月收入不高于家庭实际人数乘以国家规定的“个人所得税工资、薪金所得减除费用标准”的85%，单身人士月收入不高于国家规定的“个人所得税工资、薪金所得减除费用标准”的85% | 人均建筑面积低于18m² | 不限制 |

资料来源：根据2014年部分城市公租房管理办法整理。

根据表7-1可以看到，各城市对公租房保障对象的划分主要可以分为两种类型。一种是以北京、重庆为代表的“全面覆盖型”。北京市标准为三房轮候家庭（廉租房、经济适用房、限价房）以及具有本市户籍，家庭人均住房使用面积低于15m²；外省、市来京连续稳定工作一定年限且在本市无住房人员均可申请公租房。重庆凡年满18周岁，在主城区工作的本市无住房或家庭人均住房建筑面积低

于 $13m^2$ 的住房困难家庭，大中专院校及职校毕业后就业人员及进城务工、外地来主城区工作的无住房人员，均可申请公租房。其公租房保障对象打破了户籍限制，打破城、乡与本地、外地的差别，仅对保障对象工资收入加以限定，将更多的城市居民与外地务工人员纳入公租房保障范围。北京市公租房全覆盖与常住外来人口多有很大关系。常住外来人口的住房问题已成为北京市住房保障的突出问题。根据国家统计局北京调查总队的统计，截至 2013 年年底，北京市常住人口为 2114.8 万，其中常住外来人口为 802.7 万，占 38%，常住外来人口的增速是常住人口增速的 3 倍，务工、经商成为北京市人口流动的主要原因。重庆市的外来流动人口增多是公租房保障对象扩大的原因。根据重庆市统计局 2013 年人口抽样调查数据统计显示，全市常住人口达到 2970 万，户籍人口 3290 万，但重庆市内流动人口达 511 万，主要为农民工。其中，区、县、农村到城里流动人口比例达到 70%，他们中有 81.3% 进入主城区。此外，根据重庆市统计局、重庆市人口调查办公室公布的数据，2011 年，重庆市共有外来人口 121 万。而到 2013 年，共有 211 万外地人来到重庆市工作、生活，平均每年增加近 30 万人。另一种类型是以厦门为代表的“半覆盖型”，此类城市公租房的保障重点在于解决本市居民的住房困难，公租房配租的对象限于本市户籍人口，并设定收入与资产标准上限以确定保障的对象。厦门市规定公租房申请者须具有本市户籍，包括收入水平符合本市低收入家庭收入标准的家庭、家庭资产在本市低收入家庭年收入档准上限的 4 倍以下以及在本市无住房或住房困难家庭，且人均住房建筑面积不高于 $12m^2$。尽管这类城市公租房保障对象范围略窄，但公租房的覆盖范围还要考虑与政府长期可持续支付能力相适应。随着公租房制度的进一步推进，以及中央对未来公租房供应对象的设计和规划，未来公租房的重点供应对象之一就是进城务工人员。要解决这一问题，各地政府应积极调整公租房制度的相关政策。

## （三）江苏省公共租赁住房准入对象与条件

《江苏省公共租赁住房管理办法》第二条明确规定：公租房是供给城市中等偏下收入住房困难家庭、新就业人员和外来务工人员租住的保障性住房。城市中等偏下收入住房困难家庭是指城市和县人民政府所在地的镇范围内，家庭收入、住房状况等符合市、县人民政府规定条件的家庭。新就业人员是指自大中专院校毕业不满5年，在就业城市有稳定职业，并具有就业地户籍的从业人员。外来务工人员是指在就业城市有稳定职业，但不具有就业地户籍的从业人员。由此可见，江苏省公租房保障对象属于“基本覆盖型”。除外来务工人员没有户籍要求外，对中低收入家庭以及新就业人员要求具有就业地户籍。省内各市、县根据自身情况纷纷制定公租房管理办法，对公租房适用对象进行界定（表7–2）。

**江苏省部分城市公租房保障对象的界定**　　表7–2

| 城市 | 保障对象 | 收入与资产情况 | 居住面积 | 户籍限制 |
|---|---|---|---|---|
| 南京 | ①城市中等偏下收入住房困难家庭，具有本市区常住户口满5年；家庭人均年收入低于上年度市区人均可支配收入的80%；<br>②新就业人员，大中专学校毕业未满5年且有稳定收入；<br>③外来务工人员在本市连续缴纳5年社会保险金，有稳定收入；<br>④引进人才 | 家庭人均月收入1700元以下（实行合同终期审）；<br>新就业与外来务工人员、引进人才无收入资产限制 | 无房或人均住房建筑面积均低于15m$^2$；<br>新就业与外来务工人员需要无房或未租公房 | 不限制 |
| 常州 | ①城市中等偏下收入住房困难家庭，具有本市市区户籍3年以上，实际居住3年以上；家庭人均收入低于上年度市区人均可支配收入；家庭财产低于规定标准；无房；<br>②新就业人员，大中专学校毕业未满5年且有工作的职工；<br>③外来务工人员，在本市有稳定工作 | 家庭人均月收入低于3080元，家庭财产限制，年审制；<br>新就业与外来务工人员无收入资产限制 | 本人无房且父母配偶在本市区内无房或无租房 | 不限制 |
| 无锡 | ①城市中等偏下收入住房困难家庭，申请人具有市区城镇户籍；收入低于城市中等偏下收入家庭标准；申请人及其配偶、子女无住房，且未租住公有住房；<br>②新就业人员，申请人须具有本市户籍；<br>大专院校毕业当月计算起未满60个月；在本市有稳定劳动关系，按规定缴纳社会保险金；申请人及其配偶、子女在本市市区范围内无住房，且未租住公有住房；<br>③外来务工人员，申请人须持有本市居住证，并在本市市区实际居住满2年；申请人在本市有稳定劳动关系，合同1年以上且合同履行1年以上，按规定缴纳社会保险金；申请人或配偶、子女在本市市区范围内无住房，未租住公有住房，且用人单位未安排住房 | 家庭收入低于城市中等偏下收入家庭标准；<br>新就业与外来务工人员无收入资产限制 | 无房；<br>新就业人员与外来务工人员须本人及其配偶、子女在本市市区范围内无住房 | 限制 |

续表

| 城市 | 保障对象 | 收入与资产情况 | 居住面积 | 户籍限制 |
|---|---|---|---|---|
| 苏州 | ①中等偏下收入住房困难家庭，具有本地户籍5年以上，已取得住房保障资格；<br>②新就业人员，须持有大中专院校毕业证，从毕业当月计算起未满60个月；有手续完备的劳动合同或聘用合同，并交纳社会保险金；申请人及配偶在本地无私有住房，未租住公有住房；<br>③外来务工人员须有手续完备的劳动合同并缴纳社会保险金；本人及配偶在本地无私有住房，未租住公有住房；申请家庭型成套住房应当在本地居住、就业并已有一定的年限 | 家庭人均月收入在1700元（不含本数）以下且家庭年收入在5万元以下（年审复审制） | 人均低于18m²，新就业人员与外来务工人员须本人及其配偶、子女在本市市区范围内无住房 | 不限制 |
| 南通 | ①市区中等偏下收入住房困难家庭；<br>②新就业职工，自大中专院校毕业不满5年、在市区与用人单位签订劳动合同并缴纳社会保险金、具有市区户籍的从业人员；<br>③稳定就业的外来务工人员和引进的紧缺类专业人才 | 家庭人均年收入低于上年度市区人均可支配收入的80%，家庭人均资产不超过当地上年度人均可支配收入的3倍 | 无房户或家庭人均房产建筑面积低于20m² | 不限制 |

资料来源：根据2014年江苏省部分城市公布的公租房管理办法整理。

尽管江苏省各地公租房办法中对保障对象的范围大多界定为一类家庭、二类人员，但实际操作中仍实行的是有限覆盖，对新就业人员与外来务工人员并未完全放开。

一类家庭应保尽保。对中等偏下收入家庭，尽管各市规定中等偏下收入的标准不同，如2014年南京市为家庭人均月收入1700元以下，而常州市为3080元以下，苏州市为1700元以下。江苏各市对中低收入家庭的住房大多实行优先政策，基本实现了应保尽保。

二类人员未全覆盖。各市对新就业人员与外来务工人员一般不直接接受申请，大多需要由单位向政府申请公租房，同时也并非所有单位都符合申请条件。也就是说，如果单位不申请或申请的单位不符合申请条件，则新就业人员与外来务工人员仍无法享受公租房保障。通过单位申请公租房的，申请单位须符合一定的条件。以南京市为例，单位申请条件包括单位不具备筹集建设公租房条件，在本市江南八区已办理工商注册和税务登记，按时足额为职工缴存社会保险及住房公积金，劳动合同制员工人数在200人以上（含200人）或市级一般预算收入的纳税额在2000万元以上（含2000万元）。同时，新就业人员向单位申请公租房须符合以下条件：①大中专院校毕业当月起计算未满 5 年；②劳动合同或聘用合同规范、完备，并有稳定收入；③在本市正常缴存社会保险和住房公积金；④本人（含配偶）在本市无私有房产，未租住公有住房。外来务工人员向单位申请公租房须符合以下条件：①已签订劳动合同或聘用合同；②有固定收入并有支付能力证明；③在本市连续 5 年缴纳社会保险金；④本人及配偶在本市无私有产权房，未租住公有住房。此外，在南京务工期间获得市级以上劳动模范称号、市级以上共青团组织授予的“新长征突击手”或“杰出青年”称号、职工职业技能竞赛活动市级以上“技术能手”称号或竞赛综合成绩前三名、取得技师以上职业资格证书或高级工资格证书且在本市连续缴纳社会保险满 2 年、在本市工作并连续缴纳社会保险达 10 年以上的外来务工人员，经市政府认定后，可承租公租房。对外来务工人员须连续 5 年缴纳社会保险金的要求条件限制了一大批外来务工人员申请公租房。

公租房保障对象的确定既要满足各地的具体情况，同时也要与国家的住房保障政策同步。国家已将农民工住房保障作为重点工作开展。为此，一是要转变观念，在制定住房保障发展规划时，要充分考虑外来务工人员的因素。二是对于进城落户的农民工，在住房保障制度上做到全覆盖。三是改善农民工居住相对比较集中的居住区的基础环境，既包括基础设施条件也包括公共服务环境。四是要强化用工企业的责任。用工量比较大的、用工比较集中的企业，应该为农民工提供安全、卫生的生活和居住设施。农民工比较集中的工业园区可以集中建设农民工公寓或农民工宿舍，一部分企业也可以在自用土地上建设一定比例的公租房。

为防止高收入者挤占公共资源，各地公租房管理办法均规定了对申请者收入与资产方面的限制。高收入者以欺骗方式获取公租房的现象虽时有发生，但是所占比例并不高。事实上，对于收入高、资产丰厚的家庭没有住房或住房面积低于国家或地方政府规定的保障线（如人均 $10m^2$ 或 $15m^2$）的可能性很小。由于公租房准入门槛高、申请条件和程序限制严格，农民工可获得的公租房数量少[①]。因此，对公租房申请的前置条件，即对中低收入家庭收入与资产审核是否具有必要的讨论就被提上议事日程。绝大多数地方对于新就业人员以及外来务工人员已不再进行收入与资产的审核。例如，上海是全国最早不设公租房收入准入线的城市之一。取消公租房收入

---

① 吴宾，滕蕾：《社会科学研究如何间接影响政策变迁？——基于政策文献量化与知识图谱的分析》，《吉首大学学报（社会科学版）》2021 年第 2 期，第 35–46 页。

标准的原因在于收入准入线的划分不仅难度大，而且其公平性、合理性常遭到质疑。一是准入线难定；二是准确核查收入与资产困难；三是收入是动态变化的，很难固化。以收入、资产作为准入必要条件弊大于利。但是，对收入、资产不审查又无法区分不同保障对象的分层保障需求。

因此，在制定公租房准入门槛和准入条件时就需要转变思路，以收入、资产标准作为划分公租房申请者分层补贴的依据，而非公租房准入的条件限制。并且，在对公租房申请条件进行审查的过程中，审查的仅是其中的一小部分申请者（如对公租房申请人的条件进行抽查），且可通过事后抽查方式进行补查，在补查过程中发现公租房申请主体的条件不符合补贴标准时，令其退出租金补贴是较容易的。以住房条件（无房及人均住房面积低于规定标准）作为公租房申请的补贴依据，省时省力，且公租房退出也相对比较容易，只需要停止发放公租房租金补贴即可，公租房保障部门易于掌控。更为重要的是，对于公租房的实物配租来说，住房面积标准一般控制在40~60m$^2$，且装修简单，区位相对偏远，基础设施和物业服务相较于普通的商品房来说水平较低，仅仅能够保障主体的基本生活所需。只要坚持只租不售，申请人便无法变现、无利可图，就可杜绝有钱有房之人的觊觎之心，无须通过审核保障性住房申请人经济水平的方式实现监管和控制。

## （四）保障房申请与审核程序

1. 建立申请诚信档案制度，确立失信惩戒制度

申请人申请公租房，应当按照规定提交申请材料，并对申请材料的真实性负责。申请人在申请过程中若出现个人资产状况、住房情况或工作情况的变化，有义务向主管部门进行说明。不符合条件者，应当退出公租房的申请。若申请人隐瞒有关情况或提供虚假材料申请公租房，市、县级人民政府住房保障部门不予受理、给予警告，并记入公租房管理档案。个人征信系统近几年有不良记录的申请人，住房保障部门可以不予受理其申请。《苏州市区城市居民公共租赁住房实施细则》第三十一条规定："申请人隐瞒身份、住房和收入状况，以虚假证件或证明材料申请配租城市居民公共租赁住房的，住房保障机构对其 2 年内不予配租。"第三十二条规定："申请人以欺骗等不正当手段承租城市居民公共租赁住房的，住房保障机构责令其退房，5 年

内不予配租。"《南通市市区公共租赁住房管理暂行办法》第二十二条规定："公共租赁住房申请坚持诚信原则，实行失信惩戒制度。个人征信系统近五年有不良记录的申请人，住房保障部门可以不予受理其申请。"第五十七条规定："申请人、用人单位隐瞒有关情况或者提供虚假材料申请公共租赁住房的，住房保障部门不予受理，给予警告，并记入征信系统。"

2. 分类申请分别审核

对不同的保障对象采取不同的申请途径与审核方式将有利于审查，提高效率。准入程序包括申请与审核、轮候与配租等程序环节。公租房的申请程序是指由申请人向行政机关提出公租房的租住意向，并提供有关证明材料的过程。《公共租赁住房管理办法》第八条规定：申请人应当根据市、县级人民政府住房保障主管部门的规定，提交申请材料，并对申请材料的真实性负责。申请人应当书面同意市、县级人民政府住房保障主管部门核实其申报信息。第九条规定：市、县级人民政府住房保障主管部门应当会同有关部门，对申请人提交的申请材料进行审核。经审核，对符合申请条件的申请人，应当予以公示，经公示无异议或者异议不成立的，登记为公租房轮候对象，并向社会公开；对不符合申请条件的申请人，应当书面通知并说明理由。第十条规定：对登记为轮候对象的申请人，应当在轮候期内安排公租房。以江苏省为例，江苏省各地对公租房的申请在审核程序上基本上都根据申请人种类的不同设置了不同的申请途径与审核程序（表 7-3）。社会中低收入家庭的申请途径主要是向基层住房保障部门或街道办事处申请。例如，南京市规定中低收入家庭户主或配偶向户籍所在地街道办事处提出书面申请，无锡规定申请人向其户籍所在地区住房保障行政主管部门申请，常州则向区住房保障受理中心提出申请。新就业人员（包括引进人才）与外来务工人员的申请途径是申请人向所在的工作单位提出申请，由其工作单位向公租房管理部门提出申请。住房保障部门直接与用人单位签订协议，由用人单位负责对外来务工人员或新就业人员的资格进行审查，甚至负责后续的配租、管理、退出等程序，如南京、常州、无锡、南通均作此规定。然而实践中存在用人单位不具备申请条件或因需要承担相应的责任而不愿意申请的情况，新就业人员与外来务工人员的公租房申请仍面临较大障碍。应明确单位职责，奖罚分明，以提高单位为职工申请公租房的积极性。

江苏省部分城市公租房申请与审核程序　　表7–3

| 城市 | 中低收入家庭 | 新就业人员与外来务工人员 | 公示 |
| --- | --- | --- | --- |
| 南京 | ①户主或配偶向户籍所在地街道办事处提出书面申请，街道办事处审核并公示，材料送区保障办公室；<br>②区保障办公室对申请人住房审核，通知民政部门对申请人家庭收入进行审核；<br>③区保障办公室将材料送市保障办公室复核并公示，申请人与公租房管理部门签订合同 | ①申请人向用人单位提交申请书及证明材料；<br>②用人单位对申请人提供材料的真实性进行初审并公示，分配方案等报保障部门备案；<br>③用人单位安排公租房办理相关手续，用人单位与市保障主管部门签订合同 | 三审二公示 |
| 常州 | ①申请人向户籍所在地的区住房保障受理窗口提交申请材料，区保障中心初审并公示；<br>②市服务中心复审并公示；<br>③服务中心领导终审 | ①用人单位递交公租房申请材料；<br>②由实施单位对用人单位递交的申请材料进行审核；<br>③审核通过，由用人单位对申请人员在单位进行公示；<br>④公示通过后，用人单位与市住房保障中心签订合同 | 三审二公示 |
| 无锡 | ①申请人向其户籍所在地区住房保障行政主管部门提出申请；<br>②区住房保障行政主管部门在20日内审核并公示；<br>③市住房办公室审核通过并公示 | 直接向用人单位提出申请，由用人单位负责向所在地区住房保障行政主管部门集中申请，并承担担保责任 | 二审二公示 |
| 苏州 | ①向户籍地街道“住房保障窗口”申请，街道、区、市相关部门逐级进行审查，并进行社区公示，市住房保障管理中心向审查合格的申请人发放“住房保障资格核准单”；<br>②取得住房保障资格的家庭，符合申请配租城市居民公租房现行条件的，到各区住房保障办公室办理申请配租城市居民公租房的确认登记手续；区住房保障办公室和市住房保障管理中心对申请家庭的住房情况进行审核确认，符合条件的予以登记，并适时配租 | 新就业人员、外来务工人员申请人直接向用人单位提交申请，由其用人单位向所在地住房保障实施机构提出申请。住房保障实施机构不受理新就业人员、外来务工人员的个人申请。新就业人员、外来务工人员承租政府提供的公租房的，用人单位应当承担担保责任 | 资格证二审一公示 |
| 南通 | ①由申请人向户籍所在地的街道办事处提出书面申请，街道办事处核查，提出初审意见在社区内公示，并将申请材料报送区民政部门；<br>②区民政部门对申请人家庭收入进行审核，将意见提交市住房保障和房产管理局；<br>③市住房保障和房产管理局完成对申请人家庭住房状况审核并公示 | 引进人才、新就业职工和稳定就业的外来务工人员申请公租房的，由所在用人单位代表本单位职工统一申请 | 三审二公示 |

资料来源：根据2014年江苏省部分城市公布的公租房管理办法整理。

### 3. 以住房条件为审核重点

目前各地对公租房申请人主要是从两个方面审核：一是对申请人的收入与资产进行审核，二是对申请人的原有住房情况进行审核。但目前我国还缺乏一套科学规范的标准来衡量申请人的家庭收入与资产状况，只能通过最原始的简单、直观的调查对申请人家庭的经济收入与资产进行核定，缺乏准确性、科学性和监督性。公租房的准入资格审查工作基本上是由街道、社区居委会完成的，街道、社区居委会对申请人资格审查主要进行以下工作。一是入户调查与材料公示。街道、社区居委会入户调查主要核实申请者出示的收入证明和申请者申报的居住面积。由于相关制度的缺失，我国工资收入证明的真实性与全面性难以查验，同时由于住房保障申请家庭成员大多从事临时性工作，收入来源无法统计，而家庭的财产性收入更未纳入政府部门的统计范围之内，因此，入户调查可能会片面地判定申请家庭的经济状况。因此，我国应建立一套科学、规范的审核标准，建议以审核申请人住房情况为主，因为房产登记部门提供的住房信息较为准确。

### 4. 审核过程中实现二审二公示，缩短申请时间和审核流程

各地对保障性住房的审核大多采取三审二公示的方式，需要经由乡（镇）政府或街道办事处、区（县）一级的住房办事处或者住房和建设局以及市一级别的住房保障局三级部门的审核，各级住房保障部门的审核结果经由辖区进行公示或者通过报纸、政府网站等方式进行公示。从流程上看，从基层社区居委会调查开始，到街道、区（县）住房局、区民政部门审核再到市住房办公室的最终复核，各级、各部门各司其职，逐级上报。然而，虽然三审二公示的方式能够在一定程度上防止滥用职权及渎职问题的发生，却同样存在审核程序过于烦冗、复杂的问题。三级部门的审核针对的都是同一批住房保障申请人与住房保障申请事由，即住房保障部门对申请人提交的住房保障申请材料的完整性作出书面审核，同时对他人对住房申请人的举报情况作出核实等，而类似的工作已经由社区居委会、街道办事处等自治性组织基本完成。

以南京市为例，南京市城市中等偏下收入住房困难家庭公租房申请流程基本如下：①由户主或其配偶向户籍所在地的街道办事处提出书面申请，并按要求提交材料。②街道办事处收到申请材料之日起 15 个工作日内，完成对申请人的家庭住房、收入、人口等情况的核查，提出初审意见，由社区居委会组织评议，并在社区内公示 10 日。经公示无异议或异议不成立的，由街道办事处将申请材料、初审意见和公

示情况一并报送区住房保障办公室。③区住房保障办公室自收到材料之日起的 10 个工作日内完成对申请人家庭住房状况的审核，并通知区民政部门对其中住房状况符合保障条件的申请人家庭收入进行审核。④区民政部门自收到移交的材料之日起的 10 个工作日内就申请人的家庭收入是否符合规定条件提出审核意见并反馈区住房保障办公室，特殊情况可适当延期。区住房保障办公室接到反馈意见后将全部材料及时报送市住房保障办公室。⑤市住房保障办公室对区住房保障办公室报送的审核材料进行复核，对其中符合规定条件的登报公示 10 日。公示期满无异议或异议不成立的，批准其申请。经批准的申请人与公租房管理单位签订公租房租赁合同。经审核不符合规定条件的，按照审核程序由审核部门书面通知申请人，并说明理由。如此从审核到公示，各部门的工作衔接即便无缝对接也需要两个多月时间。中低收入住房困难家庭申请者普遍反映申请手续繁杂、用时较长。

公租房准入资格审核制度的设计，在流程上从基层社区居委会调查开始，到街道办事处、区（县）住房局、区民政部门审核再到市住房办公室的最终复核，各级、各部门各司其职，层层严格把关。但事实上，审核制度设计重形式，存在重复审核的情况。三级审核基本上做的是同样的事情，如检查申请人提交申请材料的完整性以及审查他人的举报情况等，而社区居委会基本上已经完成这项工作，乡（镇）政府或街道办事处实际上只是对社区居委会的工作进行检查，市住房局也做着同样的检查工作，人员的缺乏也是重要原因。除了基层居委会的调查以及区住房办公室与民政部门的住房和收入审核外，其他审核形同虚设，其结果是延长了审核时间。简化程序、提高审核效率是当务之急。昆明市曾经施行三审三公示制度，审核需要 3 个月的漫长等待。自 2014 年起，昆明市住房保障局对保障性住房申请登记和调查审核、分配工作流程等进行调整，简化申请流程，通过设立市级受理点加快申请、审核速度，提高效率，将原先的三审三公示优化为一审三公示，审核时间从 3 个月缩短至 25 天。重庆市实行二审二公示制度，申请人在公租房信息网或申请点现场提交相关材料，由各区设置的申请点初审后提交公租房管理局复审，复审合格的通过公租房信息网对外公示 7 个工作日。摇号配租后再通过公租房信息网和指定的媒体对外公示 15 日，接受社会监督。

笔者建议建立二级审核二级公示或一级公示的审核制度，由乡（镇）政府或街道办事处进行初审，符合初审标准的进行公示，由区级住建部门与民政部门进行联网审查。市级住房保障部门只进行登记备案，不再复核，以节省申请审核时间、缩短审核流程。

5. 建立专门性的公共租赁住房审核及管理机构

目前住房保障建设、申请、审核、退出均由住房保障部门进行具体运作，在政府全能型管理模式与理念下运营管理。全能型政府的角色定位往往使行政机关工作人员的负担较重。不少地方政府开始尝试由独立的法人协助政府完成保障性住房建设及后续管理、退出、追责等工作。上海市于 2011 年 4 月就成立了公租房运营机构，主要负责公租房投资、建设筹措、供应和租赁管理，并引导各类投资主体积极参与。运营机构按《公司法》有关规定组建，具有法人资格，采取市场机制进行运作，以保本微利为营运目标，着重体现公共服务的功能。上海市公租房申请人将申请提交到由区政府指定的区公租房运营机构，区运营机构受理后，根据申请房源项目的准入条件开展核查工作。居住证年限、社会保险缴纳年限、劳动合同期限和婚姻状况核查主要以申请人提交的材料和单位初审意见为依据。住房状况核查由区运营机构委托区住房保障机构开展。区运营机构经核查认定单身申请人（申请家庭）符合申请条件的，出具准入资格确认书；认定单身申请人（申请家庭）不符合申请条件的，出具审核未通过的书面意见。区住房保障机构对取得准入资格确认书的单身申请人（申请家庭）进行一定比例的抽查。抽查认定不符合准入条件的，区住房保障机构应向区运营机构下发整改意见，区运营机构接到整改意见后对不符合准入条件的对象，撤销其准入资格确认书，并书面通知单身申请人（申请家庭主申请人）。公租房从建设、运营到管理都需要专业机构与人员，公租房的审核同样也需要专业机构与人员。目前江苏省公租房的审核程序虽然为三级，但实际上审核的主要任务落在了社区居委会一级，而居委会又承担了繁重的日常工作，一般由两三人兼职，导致审核工作的低效率和不专业。应建立专门的审核管理机构与人员，以保证公租房审核的权威性与分配的公正、公平性。

6. 建立收入审核联动机制

公租房准入条件的审核主要是对住房条件的核查，即申请者是否符合规定的无房或住房困难标准，是否已接受过保障性住房优惠。对一般公租房申请家庭与新就业人员、外来务工人员可不审核收入资产。但对于申请实物配租租金补贴以及货币租金补贴的中低收入家庭，则实行收入资产审核。也就是说，收入与资产的审核仅为最低生活保障家庭与低收入家庭公租房租金分层补贴的依据。对此，可建立收入审核联动机制，民政部门会同公安（车辆管理）、社会保障（养老）、工商、税务、住房公积金、银行、证券等部门进行联审。一是通过与社会保障（养老）、税务、住房公积金等部门联动或联网，根据家庭成员每月缴纳养老保险的数额、缴税数额、缴纳住房公积金数额，比对测算家庭人均月收入。二是通过与公安（车辆管理）、工商、房产、银行、证券等部门联动或联网，核实申请家庭财产性收入。与公安（车辆管理）部门联动或联网，核实申请家庭有无机动车辆；与工商部门联动或联网，核实申请家庭开办工商企业情况；与银行、证券等部门实行联动或联网，审核申请家庭的金融资产。实现民政、房产、社会保障（养老）、住房公积金、公安（车辆管理）等部门的数据对接。

## （五）公共租赁住房的轮候与配租

保障性住房的轮候与配租是公租房分配的重要环节，关系着保障房分配的公平与效率。轮候制度仅存在于实物配租的公租房分配过程中。各地对保障性住房的申请者一般采用抽签、摇号或按申请时间轮候等方式进行实物配租。从表面上看，申请者能否通过抽签或摇号方式获得保障性住房完全依靠自己的运气，是非常公平的；但是这种方式未考虑申请者的住房困难程度，可能产生最困难的家庭没有及时得到配租的实质不公平现象。而按申请时间进行轮候，同样存在未考虑申请者困难程度等具体情况而产生的不公平现象。可以看出，各地轮候优先权设置较为混乱。因此，如何解决公租房实物配租过程中的公平问题成为摆在各级政府面前的一大难题。在公租房供给有限的情况下，面对众多的申请者，管理机构必须作出排序决策。

1. 分类、分级优先与申请时间轮候相结合的配置原则

分类优先即中低收入家庭优先于新就业人员与外来务工人员，确立低收入住房困难家庭的优先保障原则，无房家庭优先于住房困难家庭的原则。在分类优先基础上分级优先，即在同等条件下，对于享受国家定期抚恤补助的优抚对象、孤老病残人员等，可以优先安排公租房。此外，对于获得市级以上劳动模范称号（含相当于市级及以上劳动模范待遇）的人员、见义勇为人员或遗属、烈士遗属、因公牺牲军人遗属、退出现役的伤残军人及其他符合政府规定的住房保障优先保障对象，在配租时也可考虑予以优先安排。新就业人员、外来务工人员（包括引进人才）中属于引进高层次紧缺类专业人才条件且没有享受住房保障者才可优先安排。无上述情况者则依申请时间的先后确定配租的先后。以申请时间为轮候的标准，在房等人的情

况下不存在冲突，但随着申请者数量增加，公租房供不应求时，轮候优先规则的确定便显得十分重要。采取抽签方法虽然也是一种相对公平的方式，但申请者自由选择空间非常小。例如，苏州等地规定不接受配租房源者作弃权处理，两年内不能再次申请等。申请者如抽签抽到公租房区位不满意或不理想的，只能在接受与不接受之间选择。因此，建立一套科学、有序、公平、合理的轮候制度是保障我国公租房推广至关重要的一个环节。

2. 公开、公正、合理的轮候规则的建立

"轮候"制度与规则，必须坚持公开、公正、合理原则。公开，即一以贯之地实行全过程公开。常言道："明生公，暗生弊"，只有实行"轮候"制度的全过程公开，方能取信于民，将惠民政策切实落到实处。公正，即公正办事。若贫困者借以解住房之忧，而权势者借以从中渔利，其中的利益博弈是不言而喻的。要让人不争，莫如让人不想争、不愿争、不敢争，于是明申法纪，将公租房分配作为反腐工作的一项重点，严加防范之下为"公正"筑起一道不可逾越的铜墙铁壁。合理，即合理运作。

3. 实物配租与租金补贴相结合

发达国家在建设和完善公租房制度的过程中，形成了实物配租和租金补贴两种主要保障方式。实物配租是指政府出资集中建设限定面积和限定标准的住房，通过相应的机构以低廉的租金配租给符合条件的低收入群体或住房困难者；租金补贴则是政府向符合要求的低收入群体和住房困难者提供租金补贴，由其自行到市场上租赁住房。国内有人形象地将前者称为"补砖头"，将后者称为"补人头"。在住房短缺时代，实物配租是目前我国公租房主要的保障形式，其优点不言而喻。一是房源稳定，较市场租房而言更加稳定，初次承租期在3~5年，还可续租；二是租金较低，人们能够以低于市场租金30%的价格租到较高质量、具有较好配套设施与装修的住房；三是新建房屋适居性较高，新建的公租房房屋质量、配套设施、室内装修情况较好，基本实现承租人拎包入住。对政府而言，实物配租存在投入资本过高、后续维护成本高、退出较难、缺少制约手段等问题。一般来说，如城市贫困群体人员数量较多，收入水平难以维持基本生活需要且无明显增长潜力，居住条件极差，而市场上低档次、低租金的房源短缺，房价收入比过高，中低收入群体便很难从市场上搜寻到租赁价格合适的房源。为尽快提高全民生活水平，政府应以供给实物公租房的方式满足贫困家庭的需要。从我国各城市发展公租房的情况来看，基本上实行的都是实物配租，即对符合条件的申请人配租一处公租房。但由于公租房的建设周期较长，这种单一的保障方式必将延长“夹心层”群体解决住房问题的轮候期，也难以适应市场的变化，无法发挥保障性住房协调和稳定市场的作用。此外，相对于租金补贴完善的退出机制而言，单一形式的实物配租的退出机制可操作性则差得多。当然，公租房的实物配租并不排除对保障对象提供租金补贴。对于不同收入水平的保障对象，住房保障部门可发放差别化的住房租赁补贴。各地根据经济发展的水平、保障对象的收入情况以及市场租金水平等因素进行调整。

租金补贴与实物配租相比有“短平快”的优点。租金补贴申请人无须经过轮候、配租等环节，效率高，且无公租房后续管理、维护之忧。一旦发现保障对象不符合发放条件，直接停止补贴发放，退出较容易。在各地实践调研中发现，租金补贴成本低，就当前公租房存在的后续管理成本过高的情况，实践部门更倾向于以租金补贴的方式实现公租房的保障政策。然而，租金补贴也存在一定的缺陷：一是大规模地发放租金补贴易抬高租赁市场价格；二是由于准入机制不健全，实践中骗取补贴的现象屡见不鲜；三是租金补贴易被转移为“生活补贴”，低收入群体仍存在租不起房的现象。租金补贴应建立在实物补贴发展到一定阶段的基础上，一般来说，当市场低标准住房存量（包括政府构建的公共住房和市场中的旧房等）达到一定量时，政府可以实行以租金补贴为主的政策，引导中低收入家庭到市场上自主租房。这部分群体有一定的经济实力，可以承受市场租金，向他们提供租金补贴将有助于他们根据自己的家庭状况租住符合条件的住房。也有利于减轻政府财政负担，提高资金的利用效率，在短时间内建立起完善的公共住房体系。各地可根据各自的实际情况，确定以实物配租为主或租金补贴为主的方式。苏州市与镇江市已开始尝试，其中苏州市租金补贴限于中等偏下水平收入家庭，镇江市租金补贴适用对象为新就业大学生。而房地产租赁市场价格较高或缺乏合适的租赁房源的地区，如南京市，仍需要两种方式并行。租金补贴方式应成为今后公租房运行的重要方式。

4. 只租不售原则

公共租赁就本质而言是一种仅适用于无力通过市场机制购房的少数人的补充性的住房形式。公租房过度发展将损害住房市场。如果一直享受更低的租金去租房，那些租房者永远也不会想去买房。同时，一旦公租房可以转租为售，就将吸引一批试图通过公租房获利的人去争取公租房，经济适用房的各种弊端将重演。公租房退出困难，如果将租转售视为退出，则政府将不断地为建造与筹集公租房奔波。公租房租转售，并不会消除贫困，中低收入家庭仍将不断产生，政府只有通过不断新建和收购等方式来增加公租房的房源，政府财政将不堪重负。公租房只租不售，抑制了人们对公租房可能产生的财产价值的企盼，公租房的退出机制保证真正需要的人群得以准入，从而从源头上确保了公租房的准入与退出运行机制的长久有效。

## 二、典型地区的公共租赁住房准入条件梳理

因为《公共租赁住房管理办法》的规定较为粗略，各地区在具体执行公租房准入条件的过程中，均根据本地实际情况制定了适宜本地的公租房准入条件，依据主要是经济发展水平、政府的财政能力、本地人均住房面积、本地人均收入水平等因素。因此，公租房制度在各地的表现形式各不相同。以下选取较为典型的几个地区，对我国公租房制度的准入规定进行整理与解读。

### （一）江苏省南京市公共租赁住房准入条件

南京市属于经济发展水平比较高的城市，公租房制度发展相对而言较为完善。江苏省在全国率先推动公租房和廉租住房并轨运行，“十二五”期间共开工建设保障性安居工程住房 154.77 万套（其中棚户区、危旧房改造 87.97 万套），约 500 万城镇居民的居住条件得到明显改善[①]。在公租房的保障对象方面，江苏省对于公租房的分配对象分为“城市中等偏下收入住房困难家庭”和“新就业人员、外来务工人员”，并建立起较为统一的公租房标准。南京市因地制宜地建立了符合本市经济发展水平的公租房具体规定。根据《江苏省公共租赁住房管理办法》第二十一条的规定，在江苏省内申请公租房的城市中等偏下收入住房困难家庭，必须提供下列几项证明材料方可申请承租江苏省公租房。证明材料主要包括：①承租公租房申请书；②家庭收入情况的证明材料；③家庭住房状况的证明材料；④家庭成员身份证和户口簿；

① 《省政府办公厅关于印发江苏省“十三五”美丽宜居城乡建设规划的通知》，《江苏省人民政府公报》2017 年第 2 期，第 120–139 页。

⑤市、县人民政府规定的其他材料。

对于公租房申请人的具体申请条件，江苏省作出统一规定的同时，下属各市也都根据自身经济水平制定了相应的公租房申请条件。南京市住房保障和房产局对“城市中等偏下收入住房困难家庭”的具体申请条件作出了较为详细的规定。根据这一规定，申请人可以较为直观地与自身的实际情况作出对照，对本人是否符合本市区公租房申请条件进行判断。其中，具体的申请受理条件主要包括以下几个方面：①户籍满 5 年以上并且必须具有城镇户籍；②保障家庭的人均月收入符合相应标准，中等偏下收入家庭的人均月收入在 3953 元以下，低收入家庭的人均月收入在 2471 元以下；③申请个人或者申请家庭的人均居住面积低于 15m$^2$；④申请个人或者申请家庭的人均所有资产低于规定的标准；[①] ⑤中低收入的申请人或申请家庭车辆金额或者数量不超过相关规定[②]。

江苏省不仅为中等偏下收入住房困难家庭提供保障性住房，同时还为新就业人员以及外来务工人员提供相应的住房保障。二者在申请条件和申请标准上有所区别。相较于城市中等偏下收入住房困难家庭来说，新就业人员以及外来务工人员申请公租房，除了需要依据《江苏省公共租赁住房管理办法》第二十一条的相关规定提交申请材料之外，还要求提供劳动合同或者聘用合同，目的是证明该申请人在本市的工作期限及工作的稳定程度。二者申请中最为重要的区别在于，作为城市中等偏下收入家庭申请住房保障的，需要具有本地区的户籍，因此只有江苏省省内且具有城市户口的公民才能享受公租房的保障；而对于新就业人员来说，其只要是在本省内参加就业并且缴纳社会保险金满足一定的年限（一般而言，各地区大多要求连续缴纳社会保险金 3 年以上），就可以以“新就业无房职工”的名义申请公租房，而没有户籍的限制性要求，也非硬性对农村户籍抑或城市户籍作出强制性规定。新就业无房职工公租房的申请条件包括：①具有稳定的就业以及稳定的收入来源；②持有本市居住证，在本市缴纳社会保险金 3 年及 3 年以上，或者符合积分落户的相应条件；③经济收入中等偏下，并且符合住房困难家庭的认定标准；④本人、配偶及未成年子女在本市无住房。即此两类当事人需要提供的材料主要包括《江苏省公共租赁住

---

① 其中，中等偏下收入家庭认定标准为：3 人户年收入低于 20 万元，2 人及以下户低于 23 万元，4 人及以上户低于 17 万元；低收入家庭认定标准为：3 人户年收入低于 15 万元，2 人及以下户低于 17 万元，4 人及以上户低于 13 万元。

② 拥有 2 辆以上机动车或 1 辆价格超过 12 万元机动车辆的家庭不认定为城市中等偏下收入住房困难家庭；拥有 2 辆以上机动车或 1 辆价格超过 8 万元机动车辆的家庭不认定为城市低收入住房困难家庭。

房管理办法》第二十二条规定的申请书、身份证、户口簿、劳动合同等材料[①]。新就业人员申请时还应当提供大中专院校毕业证书，因此相对于本地区中等偏下收入家庭来说，新就业人员的申请条件不仅在经济收入上有所限制，对于学历也有所要求。

除上述一系列保障措施之外，南京市还为新就业大学生提供了申请公租房的渠道。新就业大学生申请并获得公租房，需要满足具有南京市的户籍、获得一定教育水平的学位证书和毕业证书（并且要求毕业不超过 5 年）、具有稳定的经济收入、缴纳住房公积金满一定的期限（1 年及以上）、本人及近亲属在本市没有住房（近亲属主要包括配偶及未成年子女）。或者为其发放一定的租房补贴，如硕士研究生在毕业不超过 5 年的时间内可以申请租房补贴，补贴标准为每个月 600 元。这种住房保障的措施不仅能够解决新就业职工的住房问题，同时还具有吸纳先进人才的作用。

江苏省除了对申请公租房的正向条件作出规定以外，还通过反向列举的方式，对申请公租房的申请人不能获得公租房租赁资格的“反向条件”作出一系列的规定，这主要体现在《江苏省公共租赁住房管理办法》第二十六条的相关规定之中[②]。申请若符合相关条文规定的情况，则意味着其失去了申请公租房的条件，无法获得公租房的承租资格。

## （二）上海市公共租赁住房准入条件

上海市属于我国经济发达的城市，保障性住房的建设也较其他很多城市和地区更为完善。在保障部门方面，上海市不仅依托政府的住房保障部门提供住房保障服务，还成立了专门性机构负责公租房的申请审核事宜。同时，上海市的公租房规定也更为细化。

上海市住房和城乡建设管理委员会是负责上海市公租房申请和分配工作的主要机关。在《公共租赁住房管理办法》对公租房的宏观问题进行确定之后，上海市对

① 《江苏省公共租赁住房管理办法》第二十二条规定，“新就业人员、外来务工人员申请承租公共租赁住房，应当提供下列材料：（一）承租公共租赁住房申请书；（二）申请人和共同承租家庭成员的身份证；（三）户口簿或者其他居住证明；（四）劳动合同或者聘用合同；（五）婚姻状况证明；（六）市、县人民政府规定的其他材料。新就业人员除提供上述材料外，还应当提供大中专院校毕业证书。”

② 《江苏省公共租赁住房管理办法》第二十六条规定，“有下列情形之一的，不得申请承租公共租赁住房：（一）申请之日起前 5 年内在就业地有房产转让行为的；（二）通过购买商品住房取得就业地户籍的；（三）本人或者配偶、未成年子女在就业地有私有产权房屋的；（四）本人或者配偶已经租住公有住房的；（五）在就业地已经领取拆迁安置补偿金的；（六）正在享受住房保障政策的；（七）市、县人民政府规定的其他情形。”

公租房制度的申请等一系列程序也作出了相应的细化。上海市将公租房项目根据筹划主体的不同进行区分，以市筹项目和区筹项目两种项目进行分别管理，同时对两种项目下的公租房申请标准也作出了相应规定，从而使得更大范围的主体可获得住房保障，满足和实现公民的居住权①。

申请上海市市筹公租房的，需要满足如下两方面条件：其一，在上海市的住房人均建筑面积小于 $15m^2$；其二，没有获得上海市除公租房外的其他保障性住房，如廉租房、共有产权房等。从上述条件可以看出，上海市公租房项目的保障群体范围更加宽泛，相较于其他省、市规定新就业职工申请公租房需要连续缴纳社会保险金满 3 年以上，而上海市则规定仅连续缴纳社保满 1 年以上就可以申请公租房。甚至公务员、事业单位和国企等单位的新就业职工入职之后就可以直接申请公租房，而没有缴纳社会保险金的期限限制。

通过市筹项目和区筹项目不同的申请条件可以看出，市筹项目主要是为了满足在上海稳定就业并且缴纳社会保险金的就业职工的住房需求而筹集建设的，故而要求申请人满足“具有上海户籍或者持有上海居住证”的条件。而区筹项目建设的目的在于保障公民在上海市居住权的最低底线，没有户籍的限制性要求，无论该申请主体是否具有上海户籍，都可以申请区筹公租房。

一般情况下，在我国公租房的申请往往需要符合一系列的条件，这导致一些公民即便是无栖身之所，也因不符合公租房或者其他社会保障性住房的申请条件而被拒于社会保障之外。例如，绍兴市《关于进一步加强和规范绍兴市区城镇住房保障家庭租赁补贴的实施意见》中有如下规定。城镇中等偏下收入住房困难家庭申请公租房补贴须同时符合下列条件：①申请人具有相应辖区常住户籍 3 年及以上；②申请家庭上年度人均可支配收入低于规定标准（低于上年度城镇人均可支配收入的 100%~120%）；③申请家庭在所辖区无住房或住房面积低于住房保障标准（越城区人均小于 $18m^2$，户均不超过 $60m^2$；柯桥区人均小于 $20m^2$，户均 $40~60m^2$；上虞区人均小于 $18m^2$，户均 $40~60m^2$）；④申请家庭未享受过其他住房保障政策。新就业无房职工和稳定就业的外来务工人员，申请公租房补贴须同时符合下列条件：①申请人具有相应辖区常住户籍，或持有公安机关签发的有效期内的浙江省居住证；②申请人具有助理以上专业技术职称，或大专以上学历，新就业无房职工需毕业未满 5 年；

① 顾建发:《我国住房保障改革的局限与多元突破对策》,《上海城市管理》2013 年第 2 期，第 77-79 页。

③申请人在相应辖区用人单位工作，并签订 1 年（含）以上劳动合同，且连续缴纳住房公积金或者社会保险金 6 个月（含）以上；④申请家庭上年度人均可支配收入低于规定标准（低于上年度城镇人均可支配收入的 100%~120%）；⑤申请家庭在相应辖区无住房及工作单位无住房安置，申请人具有副高级（含）以上职称或硕士以上学历的，其申报的经济收入不作为审核条件。而上海市通过区筹项目，实现不以户籍、就业等为门槛，对公民居住权实行无差别保障[①]。上海市公租房的运行模式值得借鉴和推广。

## （三）北京市公共租赁住房准入条件

北京市房价较高、人口较为密集，在公租房制度的运行过程中需要考虑本地的特殊情形。根据《北京市公共租赁住房申请、审核及配租管理办法》第四条规定，申请北京市公租房的主体应属于城市中低收入住房困难家庭。北京市政府作为公租房的核心建设主体，与其他组织机构联合进行公租房的建设和运营，并积极引导社会资金投入城市公租房的建设。北京市公租房的保障对象主要包括保障性住房的轮候家庭，以及具有北京市城镇户籍且人均住房面积低于 15$m^2$、其他省份在北京连续工作达到一定年限的居民等几类公租房申请主体。目的在于保障本市区内公民能够获得较为体面的居住环境，保障公民最低限度的住宅权的实现。

除此之外，因为北京市的人口较为密集，就业岗位较多，流动人口也较多。因此北京市面向高层次人才配租公租房、配售共有产权住房、发放人才租房补贴[②]，还在产业园区以及引进人才较为聚集的地区建设了公租房，主要用于解决引进人才和园区就业人员住房困难问题。北京市将引进人才的住房保障纳入公租房的保障范围，在一定程度上解决了北京市住房紧张的局面[③]。同时，公租房具有较为低廉的租赁价格，为新入职的职工缓解经济压力，提供了一个较为稳妥的住房过渡机制。故而，在产业园区等地建设公租房这一措施对北京市这类房价较高的城市来说，不失为一个吸纳先进人才和技术的优势之策。除此之外，2018 年以后，符合条件的在京台胞也可申请公租房，为我国台湾同胞在京的住房问题提供了一条极为便捷的解决通道。

---

① 张永岳，崔裴:《将廉租房与公租房并轨，创新租赁型保障房管理模式》,《科学发展》2013 年第 11 期，第 101–103 页。

② 《人才公寓真的可以抢到人才吗？》,《城市开发》2019 年第 10 期，第 76–77 页。

③ 张建，靳松:《北京市利用集体土地建设租赁住房探析》,《城市住宅》2021 年第 2 期，第 110–114 页。

## （四）广东省广州市公共租赁住房准入条件

广东省也属于人口较为密集的省份，经济发展水平相对较高，公租房制度的发展也相对比较完善。广州市优先落实公租房、共有产权房、复建安置房等住房土地供应，继续通过限地价竞配建、竞自持、公开出让全自持用地等方式，培育租赁住房供应市场主体，持续推进企事业单位自有闲置用地建设租赁住房的试点项目，多渠道拓宽租赁住房来源①。2020 年 2 月 29 日，广州市住房和城乡建设局、广州市民政局联合发布了《广州市公共租赁住房保障申请审查实施细则》，对申请过程中的申请准入审核程序、资格审核动态管理、异议申诉处理及监督管理等几项事务作出了具体的规定。该细则对不同申请主体制定了不同的公租房准入标准，主要分为“来广州市满一定的年限，并且在广州市具有稳定就业的务工人员”“新就业且没有住房的单位职工”以及“具有高技能或者获得一定荣誉称号的务工人员”。也就是说，广州市的公租房一部分是为了满足无房者最为基本的住房需求而设，另一部分则是为了吸引接受过高等教育并且具有高等技能的人才来本市就业等设置的优惠政策。

对于外地务工人员及新就业无房职工来说，首先需要具备的条件是 18 周岁以上、35 周岁以下，并且要求具备完全的民事行为能力，不具备完全民事行为能力的主体无法以自己的劳动作为生活的主要开支，自然也就无须单独为其提供公租房的申请资格。除此之外，要求申请人及相关的近亲属在广州市内没有住房并且没有获得其他住房保障。这是申请公租房的前提条件，不符合这一条件的，说明当事人可以通过自己的能力获得住房或者能够满足自己居住的条件，从而不需要由政府提供社会保障满足其基本生活需要。其次，申请者还需要在本市内缴纳一定期限的社会保险金，这意味着其在广州市的工作相当稳定，不会随意更改和变换居住地。另外，以个人或者家庭为单位申请公租房者，在学历方面也需要达到相应的要求。

而对于“在广州市具有稳定就业的外地务工人员”来说，申请公租房需要同时符合以下几项条件，主要包括：①持有居住证 3 年以上；②缴纳社会保险金达到一定的年限；③有稳定就业；④在广州市没有自己的住房；⑤未违反计划生育政策；⑥无犯罪记录。相较于“在广州市具有稳定就业的外地务工人员”来说，“具有高技

① 王建业：《聚焦新市民安居 从供地计划看租赁住房“蓝图”》，《中国建设报》2021 年 4 月 15 日，第 5 版。

能或者获得一定荣誉称号的务工人员"的申请门槛相对而言要低得多，只要取得一定的技能资格证书、获得相应荣誉称号或评定为见义勇为者都可以据此申请广州市的公租房。

## （五）总结

从经济学上来说，公租房是政府提供给低收入者的一种实物社会转移[①]。从南京市、上海市、北京市、广州市的公租房运行状况来看，我国经济发达地区的公租房制度的规设相对完善，并且公租房的设置不仅满足本地户籍人口的住房保障需求，同样为本地非户籍但在本地具有稳定就业的新就业职工提供了相应的住房保障渠道，以解决新就业人员的住房之忧。可以看出，当公租房政策作为一种过渡性政策面向新就业职工和引进人才时，收入限制便不再是必要指标。

然而，即便是经济发展水平较高、公租房制度较为完善的城市，也仅仅是为城镇地区的住房困难家庭、新就业无房职工提供住房保障，并未关注到日益庞大的农民工群体的住房问题。虽然各地都为新就业无房职工提供了申请公租房的机会，但其申请时还是需要满足"稳定就业"和"缴纳社保"的要求。而现实情况是我国绝大多数农民工在从事建筑行业、保洁、家政等劳动密集型产业时，一般是不属于稳定就业，且用人单位很有可能不会为其缴纳社会保险金。这种情况就导致农民工群体因为属于弱势群体不具有话语权，因而在城市地区不仅只能从事低端行业工作，住房保障问题也难以得到有效解决。

我国各地方的经济发展水平差异较大[②]，因此将公租房的笼统规定精准实施到各地情况各异的公租房制度实际运行过程中，需要各地根据具体情况设置不同条件的准入门槛，加速完善城市住房保障政策，确保农民工平等享有获得公租房的权利。例如"在本地无住房或者住房面积低于规定标准"的规定，因为各地经济发展水平及房价的差异，人均住房面积会有所不同。上海市住房管理局将公租房申请条件限定为"在本市人均住房建筑面积低于 $15m^2$"[③]。而昆明市对申请公租房的标准更高，

① 贾帅帅，徐滇庆：《多维视角下的公共租赁住房建设与保障》，《财政研究》2017 年第 3 期，第 87–96 页。

② 宋庆阁：《我国农村社会养老保险法律问题研究》，《农业经济》2013 年第 6 期，第 42–44 页。

③ 上海市房屋管理局：《上海市公共租赁住房申请须知》。

为住房面积低于 $25m^2$[①]。浙江省台州市公布的 2019 年公租房准入标准中规定住房的最低面积为 $18m^2$ 及以下[②]。

除却对申请主体住房面积的限制性要求，台州市根据自身城市发展的需求，作出了一些更为具体的要求和限制性规定。对于无房的新就业职工来说，申请台州市公租房者不仅在收入和住房标准方面应符合相应条件，同时还需要满足缴纳社会保险金等申请条件[③]。如此说来，上述的公租房政策虽然略微不同，但都在户籍、经济收入以及就业状况等方面对公租房的申请条件作出了详细的规定，提高公租房的申请门槛。

另外，目前我国公租房制度的保障范围仅涉及市、县级具有城镇户口的居民，也就是说，农村居民尚未纳入公租房的保障范围。然而实际上，恰恰是来自农村地区的农民工流入城市后形成的城市劳动力主力才是对福利制度需求更为迫切的主体。因为在城市地区生活或者长期居住的公民，往往形成了较为稳定的社会关系网，成为弱势群体之后可以通过其他非官方途径获得保障。而对于进住城市的农民工群体来说，目前我国农村地区尚未建立起完善的社会保障制度，而城市地区的社会保障制度也没有因为农村地区社会保障制度的缺失而赋予其在易地获得公租房的申请资格[④]。群体保障需求与供给之间的错位，导致农民及农民工群体被排除在社会保障准入门槛之外。

## 三、其他国家保障房准入制度的借鉴

住房保障是政府应尽的责任和义务。通过比较法的视角进行考察，对其他国家保障性住房准入制度的研究和梳理可以为我国保障性住房制度的发展和完善提供一定的借鉴。外国公租房实践最早可追溯到德国 1516 年创立的福格社区，该社区位于

---

① 昆明市住房和城乡建设局：《关于调整公共租赁住房准入标准的通知》。

② 《台州市人民政府办公室关于公布 2019 年度台州市区公共租赁住房准入标准的通知》，《台州市人民政府公报》，2019 年第 5 期，第 40-41 页。

③ 同上。

④ 刘斌：《农民工市民化的住房成本测算及区域比较——研究述评和一个简明的测算框架》，《西部论坛》2020 年第 6 期，第 48-61 页。

德国巴伐利亚州奥格斯堡市，拥有世界上在用的最古老的住房保障综合设施，由福格家族基金会运营，接收主要来自贫困家庭的住房困难主体。福格社区的租金十分低廉，一直保持每年大约 0.88 欧元（约合 6.9 元人民币）的租金水平，为缓解德国贫困人口的住房压力提供了有效途径。随着各国经济的迅速发展，对人权的保障已被提升到了前所未有的高度，与此同时，各国对中低收入者住房保障问题的关注也日益增多。美国、加拿大、荷兰等国家的公租房制度发展历史较为悠久，能为我国公租房制度的发展提供有益借鉴。

## （一）其他国家公共租赁住房的准入条件梳理

1901 年，荷兰颁布的《住房法》确立了面向中低收入家庭的低租金社会住房制度。随着这一制度的发展，荷兰形成了以政府制定宏观架构、行使监督职能，政府授权的非营利性机构负责具体运营与管理的公租房的发展模式[①]。荷兰公租房运行初期，主要是以出租公租房为主要模式。随着住房私有化的发展，荷兰的住房消费结构逐渐从“金字塔形”转向“橄榄形”，这意味着低收入群体在总人口中的比例下降，公租房的供给量随之减少。在此情况下，荷兰政府适时调整政策，将公租房转向社会住房供给，从而形成了以阿姆斯特丹为代表的“租转售”模式。2013 年，荷兰再次调整公租房政策，颁布《关于出售社会住房的公告》，并实施新的出售社会住房的规定，明确社会住房可以出售给个人、其他社会主体以及除上述两类主体以外的第三方。

根据英国租赁住房制度，在承担社会住房保障责任方面，私人家庭和政府之间是有区别的，因此承租人租赁政府提供的住房和私人提供的住房两种情况在法律上可划分为“公共租赁住房”和“私人租赁住房”两类，二者在承租人的权利和义务方面有所差异。1930 年，英国颁布《格林伍德法》，规定保障性住房首先要分配给具有“优先需求”或者无家可归的公民。具有“优先需求”的公民主要指的是需要抚养未成年子女的家庭、处于孕期的妇女及由于年龄、身体、精神状况等原因而容易遭受伤害的人等。[②]1938 年颁布的《住宅法》对住房申请人的资格作出确认，并

---

① 焦怡雪：《荷兰社会住房“租转售”机制探索的借鉴与启示》，《国际城市规划》2020 年 8 月。

② 毛锐，王林娓：《试论撒切尔政府的公共住房私有化改革》，《山东师范大学学报（人文社会科学版）》2006 年第 4 期，第 118–121 页。

且对申请审核的分配程序以及分配房屋的类型作出了限定，相关部门在一到两个工作日给予申请者是否通过的答复。建立起保障性住房的申请制度，通过立法限定保障性住房申请者的资格，并于 1946 年进一步明确申请人经济收入必须属中低水平。《住宅法》在多次修订中都提到了对建设住房者的补贴问题。1946 年的修订中对租房的租金补贴加以规定，依据住房申请家庭的人数来计算补贴。政府可根据承租人的经济收入状态调整补贴金额以及补贴对象，同时也可避免贫困家庭集中于特定地区。1979 年撒切尔政府为应对后住房保障时代政府财政负担严重、住房市场不景气和社会福利依赖等一系列问题，开始实行“购屋权”政策。1980 年《住宅法》修订中规定凡是租住满 2 年的承租人都有权优先购买所租住的社会住房，并且居住时间越长优惠越大，以鼓励私人购买社会住房[①]。英国住房保障政策强调政府主导，由社会住房基金（SHG）和各地方政府负责实施，社会住房基金的资金来源主要为各类房地产开发运营企业，资金应用于保障性住房建设、运营及配套基础设施建设[②]。

法国在 20 世纪 50 年代迅速建立了以社会住房为核心的住房保障体系，之后 20 年间快速缓解了住房紧缺的局面。法国政府通过储蓄账户筹集基金，将筹集的基金用于城市改造计划的实施，为法国的低收入者提供住房保障。其中，住房保障综合运用了补贴、税收、金融、保险等多种手段，覆盖了广泛的人群[③]。法国政府不仅在提供住房方面付出努力，同时也赋予租住公租房的公民以“可抗辩居住权”。2007 年通过的《可抗辩居住权法》规定，没有房屋或面临无房屋居住情况的人群及仅拥有临时住房或居住在恶劣及危险环境中的人群，在向政府部门提出住房申请未获满意答复时，可向行政法院提起诉讼。2000 年，法国政府出台了《社会团结和城市革新法》，其中对公租房在全部住房中的比例作出了限制性规定，一般不得低于 20%，违反相关规定的处以相应的惩罚。2006 年通过的《国家住房承诺法》使公租房的供给率获得了大幅度提升。《可抗辩居住权法》的颁布意味着居民可通过法律手段维护自身的住宅权。该法规定，政府应满足低收入者、无家可归者等人士对由政府补贴

---

① 李克武，聂圣：《论我国公租房使用退出激励机制的立法构建》，《华中师范大学学报（人文社会科学版）》2021 年第 2 期，第 71–81 页。

② 陈宇峰，杨雨濛：《PPP 模式在保障性住房领域的适用性研究及发展建议》，《科学经济社会》2020 年第 2 期，第 57–61 页。

③ 陈余芳，黄燕芬：《欧洲典型国家住房保障政策比较研究及启示——基于福利体制理论的视角》，《现代管理科学》2016 年第 11 期，第 93–95 页。

的社会住房的需要。无房户、将被逐出现住房且无法重新安顿者、仅拥有临时住房者、居住在恶劣或危险环境中者、与未成年子女同住且住房面积不达标者等几类住房困难群体，可以在住房申请没有得到圆满解答、住房问题未能及时得以解决的情况下[①]，依据相关法律的规定向法院提出诉讼请求。

新加坡政府的保障性住房是以政府为主导建立起来的。新加坡住房政策的重点是建造公共住宅，解决中低收入者家庭的住房困难。1960 年新加坡制定了《新加坡建屋与发展法》，政府依法设立建屋发展局，明确了政府发展公共住房的方针、目标，1964 年正式提出“居者有其屋”计划。新加坡政府通过划拨国家所有的土地或征用私人所有的土地等方式取得一定面积的土地供建房之需，并依靠国家银行和政府的公积金提供房屋建设所需要的资金。新加坡政府将建设完工的公共住房出售给经济收入在中、低收入水平的家庭。凡是年龄满 21 周岁并且经济收入在一定标准以下的公民都有资格购买该类房屋。1955 年新加坡通过了《中央公积金法》，以对住房问题作出更为规范化的规制和引导，并依据该法成立了中央公积金局，专门对住房建设过程中的资金筹集问题进行管理。中央公积金局最为重要的职责是保管公积金会员在中央公积金局储存的公积金，以确保房屋建设过程中资金的足额供应。1968 年，新加坡政府通过了《中央公积金法修正案》，使新加坡的公积金制度得到了进一步完善。此外，新加坡政府还颁布了《建屋局法》和《特别物产法》等法律，逐步完善了住房法律体系。新加坡国土面积较小，人口众多，因此住房问题尤为突出。新加坡政府为此制定了很多相应的政策以解决公民的住房问题。目前，新加坡人口中约 80% 的居民都是政府建设的组屋的购买者，有 3% 的人购买的是私人别墅等的富人住宅，剩余的 17% 的居民则属于经济收入极为低下、经济极度贫困的人口，该部分人口被分别认定为困难户和特困户两种类型[②]。新加坡政府主要针对这两种类型的人给予特别帮扶。其中，新加坡政府对困难户家庭提供财政上相应额度的补贴，以确保每一户住房困难家庭都能够买得起一套住房，以保障公民最低限度的住宅权的实现；而对特困户来说，新加坡政府通过为他们提供廉租住房供其居住，仅象征性地收取极为低廉的租金，以确保特困户“居者有其屋”，满足其最基本的住房需求[③]。

---

① 陈杰：《以〈基本住房保障法〉规避市场失灵》，《中国社会科学报》2010 年 11 月 14 日。

② 方耀楣，亓海源：《资源优化配置：城市拆迁中补偿机制的重构》，《资源与产业》2008 年第 4 期，第 36–39 页。

③ 王俊：《住宅经济发展与周期波动中的政府行为比较研究》，复旦大学 2005 年博士论文。

美国的公租房制度经历了从政府主导到市场主导的转变。20 世纪 30 年代，为了应对经济大萧条、缓解失业率下降以及贫民窟不断扩张等问题，美国政府着手建立联邦公共住房制度，为经济大萧条环境下的无家可归人员提供暂住之所。美国商务部、住房协会等社会团体为了避免因为公共房屋建设计划的实施导致美国私人持有的房屋价格下跌，从而形成恶性竞争，于 1937 年颁布《住房法案》，在公共房屋建设方面设置了建设成本限制，以避免公共房屋在建成之后与私人住房形成竞争关系。在这一指导思想的影响下，公共房屋的建设质量不尽如人意，同时使得后期的维护成本增加。此时，公共房屋的受众群体并不明确，申请主体的标准和界限也不甚明确，政策旨在为承租人提供“从贫民窟向私人住房的过渡”机制。入住公共房屋的公民大多数属于双亲家庭，原因在于双亲家庭的主要收入来源于就业，如此美国政府在审核时能够更为谨慎地考虑申请主体是否符合标准。此时美国的公屋计划呈现出明显的种族隔离倾向，尤其是黑人及西班牙裔等群体大多聚居于此。美国政府针对这种社会现状带来的问题对住房政策作出了相应的调整，即从“砖头补贴”（即实行实物配租的方式）到“人头补贴”（即实行租金补贴的方式）。1973 年，尼克松政府开展了一项“试验性住房补贴”的行动，旨在解决当时美国公共住房制度运行过程中存在的城市区隔、住宅贫民窟化等严重问题。美国政府为“试验性住房补贴”提供了 1.75 亿美元的资金，并向 12 座城市的租户提供房屋租赁券①。

韩国政府一直比较关注本国公民的住房保障问题，制定了针对不同收入阶层的精细化住房保障措施，公租房制度较为完善。韩国共制定了五种针对不同社会群体的公租房制度，使得韩国公租房所覆盖的群体范围十分广泛，同时针对每一类住房保障群体住房保障的准入门槛都作了极为细致的规定。

韩国的公租房项目一共分为五类，包括永租房、50 年租期的公租房、5 年租期的公租房、国租房以及雇员租房。永租房项目开始于 1988 年，是由韩国中央政府、大韩住宅公社和地方政府最早建立起来的公租房制度，“永租房”顾名思义是赋予承租人永久的居住权利，主要面向城市最低收入贫困户以及低于社会平均收入十分之一以上的群体。永租房的租金在五种项目中最为低廉。1992 年，韩国中央政府、大韩住宅公社及地方政府开始建设 50 年租期的公租房，旨在避免永租房承租人在租赁期间有不符合承租条件的情况却无法及时收回房屋而导致永租房出现闲置的情形。

① 金浩然：《美国租房券政策及启示》，《城乡建设》2020 年第 15 期，第 77–79 页。

其保障对象仍是城市最低收入贫困户以及低于社会平均收入十分之一以上的群体。除了对租赁期限的调整以外，50 年租期的公租房也相应地将租金和住房面积进行了上调。由大韩住宅公社、地方政府联合建立的国租房，分为 20 年租期的国租房和 10 年租期的国租房两种，后来租期统一为 30 年。除了中央政府筹资建设的公租房外，韩国私人或者公私合作建设房的公租房是 5 年租期的公租房以及雇员租房。5 年租期公租房的保障对象是同时属于无房户和住房认购储蓄户的群体。这种由私人参与建设的公租房相较于完全由国家投资建设的公租房租金高出很多，建筑面积为 $60m^2$ 左右。雇员租房的主要保障对象则是只要满足有单位雇用且没有自己独立住房的雇员。从上述五种类型的公租房可以看出，韩国的公租房制度较为完善，保障范围十分广泛，基本上满足了中低收入居民以及无房雇员的住房需要。

### （二）其他国家公共租赁住房的准入程序梳理

荷兰目前为个人及其他社会主体提供社会住房的目的在于保障住房持有率的稳定，所以在社会住房的申请方面，需要区分个人以及其他社会主体并设置不同的准入程序。对于个人来说，因为社会住房制度设置的主要目的是满足个人对住房的需求，所以个人在有意向购买社会住房时，政府给予其最大的支持，即通过赋予已居租户及其配偶、子女、父母等近亲属享有优先购买权的方式，保障其能够首先获得社会住房。当然，即便是赋予这部分主体优先购买权，也是以社会住房价格较低的基础上衡量的，这部分社会住房的租赁者本身处于经济地位上的弱势，一旦其他购买者提高购买价格，则优先购买权这一权利的赋予就变得毫无意义。所以，在实际运行过程中，个人及其近亲属利用优先购买权行使社会住房购买资格的情况并不普遍。对于住房协会来说，由于荷兰住房协会是政府授权的非营利机构，向其他住房协会出售社会住房并不会减少社会住房的总存量，因而不受限制，住房协会无须预先获得政府批准就可以向其他住房协会出售社会住房[①]。而对于第三方来说，其获得购房资格需要通过一系列的申请程序，并经过内政和王国关系部的确认，在经过第三方购买社会住房不会侵害公共利益的审查之后，第三方才能获得购买资格。另外，向社会住房的租户发售之后才能够向其他社会主体发售。

---

① 焦怡雪:《荷兰社会住房“租转售”机制探索的借鉴与启示》,《国际城市规划》2020 年第 8 期，第 1–13 页。

新加坡政府是以政府为导向建立起来的公共住宅政策，在实施过程中成绩较为显著。为了保证“居者有其屋”计划的顺利实施，出台法律严格限制炒卖组屋，并对组屋的购买次数作出了极为严格的限制，着力避免一些家庭在购买组屋之后将其转卖或者转租营利的情况出现。新加坡政府同时规定，购买组屋之后的5年之内，组屋不得再次向其他人转手出卖，也不能以其作为营利性手段用于商业。特殊情况下组屋在5年之内必须转卖的，也需要满足一定的条件：必须通过新加坡政府机构登记在册，不允许私自在私人主体之间进行买卖；一个家庭只能购买一套组屋，想要购买新房的，必须将其原先购买的组屋腾退出来，使得自己重新获得购买房屋的资格。这种做法有利于防止一些人通过组屋这一公共福利政策进行营利行为，避免组屋的闲置导致资源浪费。新加坡在组屋的租赁方面也同样有十分严苛的规定，组屋在购买之后5年内不得转租给其他人；过了5年限期，可以将组屋的一部分进行出租，但是组屋的购买者必须与承租组屋的房客合住，而不允许将整套组屋整体出租。基于新加坡相关法律对组屋作出了较为严苛的管制规定，组屋的投机行为得到了极大遏制。依据新加坡政府颁布的《住宅发展法》，政府成立了建屋房发展局，以促进新加坡组屋的建设、分配、运营及管理等各方面。建屋发展局并非一个政府机构，而是半官方性质的民间组织，但是其权力非常广泛，不仅有权制定住房保障的相关政策，还具有比较灵活的决策权、经营权和管理权。

## 四、完善公共租赁住房准入条件建议

目前，我国公租房准入条件的制定仍然存在很大问题。其中尤为突出的一点是，我国公租房的准入条件虽然是由《公共租赁住房管理办法》统一作出规定的，但是由于这一规定中的内容较为粗略，无法直接适用于公租房的实际审核程序中，需要地方政府或者住房保障部门作出具体的规定之后才能加以运用。因此，公租房的准入条件在各地区存在各行其是的状况。针对公租房运行过程中存在的上述问题，完善公租房的准入条件可以从以下两个方面进行。

一是以住房条件作为公租房申请的准入条件。无房及住房困难家庭（人均建筑面积低于规定标准），且申请前3年间无房产转让记录的，便可以申请公租房。取消将收入、资产作为公租房准入条件的强制性规定，改为将收入与资产作为低收入家庭申请公租房租金分层补贴的依据。根据全国“第六次人口普查”数据测算情况，建议在2025年末期，人均住房建筑面积在20m$^2$以下的城镇中、低收入家庭实现住房保障的全面覆盖；在2035年末期，人均住房建筑面积在25m$^2$以下的城镇中、低收入家庭实现住房保障的全面覆盖。目前我国的公租房仍然以拥有城镇户籍的公民为主要的保障对象，因此一般未将农村地区的居民纳入保障性住房的保障范围。然而，随着我国经济的发展和农村地区宅基地使用权财产权能的强化，农村地区对住房保障制度的需求日渐旺盛。应当逐步将公租房的主体保障范围扩展至农村地区，将农村居民纳入公租房的申请主体范围之内。并在2035年之前，基本实现全国范围内农村与城镇公租房保障制度的统一与合并实施。

二是分类、分层次的公租房准入条件的设计，对不同保障对象设计不同的准入条件。住房标准是公租房申请审查的重点，无房与住房困难家庭是我国住房保障制度保障的重点对象。以往我国公租房申请只对本地中低收入住房困难家庭开放，准入条件较为严苛，主要包括以下四种标准：“家庭”标准；常住地标准；住房标准；家庭收入资产标准（不作准入条件，但作为申请分层租金补贴时审查要求）。而《国务院办公厅关于加快发展保障性租赁住房的意见》（国办发〔2021〕22号）中对保障性公租房的标准提出了新的要求，明确保障性租赁住房主要解决符合条件的新市民、青年人等群体的住房困难问题，以建筑面积不超过70m$^2$的小户型为主，租金低于同地段、同品质市场租赁住房租金，准入和退出的具体条件、小户型的具体面积由城市人民政府按照保基本的原则合理确定。

近几年，从全国各地的公租房准入资格条件来看，部分城市（上海、广州、重庆等）申请公租房的准入资格条件已放宽，公租房的申请范围逐渐从本地户籍人口向新就业大学生群体、外地农民工等非户籍人口开放[①]。例如，新就业无房职工的准入条件仅以“新就业与学历”作为申请标准，以大中专院校毕业起5年之内作为新就业判别依据。对新就业人员应按照一律平等的原则进行核发保障性住房，对公务员、企事业单位新就业人员应一视同仁。对于新就业人员，要求申请人具有稳定职业的标准，如缴纳住房公积金证明或社会保险证明，以区别于城镇流动人员。同时，

---

① 张霞飞，曹现强：《空间边界争议：对城市产权混合社区冲突的理论解释——“隔离墙争议”的扎根理论研究》，《甘肃行政学院学报》2020年第6期，第66–79，126–127页。

新就业人员需要本人及家庭成员在本地均无住房。对于外来务工人员来说，申请公租房的标准主要依据为有稳定的工作，以确保其能够支付公租房租金。在未来公租房制度的发展过程中，应放宽对外来务工人员稳定工作年限限制，尤其是农业转移人口的工作年限限制。

## （一）取消对申请主体必须为“家庭”的限制

自 2014 年起，住房和城乡建设部着手将廉租住房制度纳入公租房制度保障范围，使得公租房制度需要保障的群体更加庞大。故而，对公租房制度申请主体准入条件的考察，也应当将《廉租住房保障办法》中的保障群体囊括在内。《廉租住房保障办法》第一条明确保障对象为城市低收入住房困难“家庭”。“家庭”是一个社会概念，并不是一个严格的法律概念。法律概念中较为近似的概念为“亲属”。社会概念层面的“家庭”意味着以婚姻关系、血缘关系为基础所维系的社会，其中包括父母、子女以及其他一起生活的近亲属在内的成员等。笔者认为，具有较大意义的概念为家庭成员，其确定与收入、住宅标准直接挂钩。对于是否是家庭成员的认定，需要满足一定的基本条件，诸如申请公租房的申请家庭的成员相互之间应当具有法律上的抚养、赡养或者扶养的义务，主要包括申请公租房的申请人、配偶、父母、未成年子女等成员，与申请人不具有法律上有关关系的其他人不能列为家庭成员，不得要求获得公租房的保障[①]。“家庭”这一名词概念，将单身人士或者独居者排除在外。纵览各地的规定，唯有《青岛市廉租住房保障办法》规定对于年龄达到一定的年限但是仍然处于单身状态的公民，可以申请廉租房以获得保障性住房制度对其提供的保障。此规定突破了《廉租住房保障办法》对“家庭”的限制，将年满 35 周岁的单身人士包括在内。笔者认为，年满 35 周岁的规定目的为优先考虑家庭为单位的申请主体。青岛市的规定似乎表明超过 35 周岁的单身人士一般不易再成立家庭，也有资格申请廉租房。关于 35 周岁的年龄限制是否合理，是否会造成资源分配不合理的问题，日本立法史上关于申请主体是否必须为“家庭”的变化值得我们关注。日本《公营住宅法》第十七条对申请人的限定条件之一便是“具有现在

① 李谦，金俭：《保障性住房退出机制的实践困境与优化方案——以 2015~2019 年“保障性安居工程”审计结果为基础》，《中国不动产法研究》2020 年第 1 期，第 214–231 页。

共同居住或将要共同居住的亲戚”。此条件相当于我国对申请主体必须以家庭为单位的限制。日本独居者的诉讼改变了这一限定条件的内容。《公营住宅法》于1980年修订时明确对高龄者、身体残疾者、接受生活保护者及其他特别需要安定居住的人可以以单身的身份入住公营住宅。我国廉租房的申请条件应当借鉴日本《公营住宅法》的规定，从平等权出发，不应当否认贫困独居者的申请资格，而应在符合同等条件的基础上，根据当地的廉租房建设水平，对以家庭为单位的主体和独居者进行相应的排序。

## （二）完善申请主体收入水平、家庭资产、家庭住房的限制规定

低收入群体指经济收入水平在国家相关部门所划定的贫困限度以下的群体。通常情况下，低收入群体无法通过自己的能力获得能够保障自己最低生活水平的住宅，因而需要通过政府向其提供相应救济和保障的方式，实现基本居住条件的满足。故而，对于符合申请公租房条件的主体来说，一般应当同时符合经济水平低下和住房困难两项条件[①]。加拿大颁布的《国家住宅法》中对“低收入家庭”这一概念的内涵作出了相应的规定：“低收入家庭是指一个家庭所获得的总收入，根据家庭生活条件在其现有的租赁市场内，不足以抵付可以满足其需要的住宅公寓租金。[②]”收入困难是指收入低于贫困线，一般以家庭平均收入为准，收入标准根据本地经济发展状况确定。申请主体收入水平应当以家庭人均收入为准。对于申请公租房的主体来说，家庭资产也应当纳入审核的范畴之内。申请家庭的资产主要包括申请人及其家庭的其他成员所拥有的不动产、机动车、有价证券、股票基金份额、银行存款等。但在我国尚未建立个人信用体系的情况下，如何确定一个家庭的总收入显得较为困难，且家庭总收入包括哪些形式和内容也需要法律进一步加以规定。

收入标准还应当考虑当地房屋租金的平均水平加以确定，当租金水平远高于贫困线家庭的收入水平时，应当放宽门槛。住房困难群体主要包括个人及其具有法律上抚养、赡养、扶养等义务维系起来的近亲属，其名下都没有不动产的所有权，同时个人及家庭的经济收入难以承担市场上房屋租赁所要缴纳的租金。一般房租的标

① 朱颂，金俭：《关于低收入群体住宅法律保障的思考》，《南京大学学报（哲学·人文科学·社会科学版）》2011年第4期，第150–156页。

② 《社会救助相关问题解答》，《中国民政》2021年第4期，第53页。

准应当以当地房屋租赁市场的平均水平或一般水平来确定。家庭住宅的含义在于，个人及其具有法律关系的近亲属租赁或者买受的可以供其居住以满足基本的生产生活条件的住房。目前，根据我国公租房制度运行的实际状况，我国个人信用制度和个人收入申报机制的建立相对来说仍然不够健全，制度机制的监督和运行功能还十分匮乏，政府在审核过程中无法提供科学、系统的经济收入核算机制，从而导致申请人的很多“隐形收入”无法统计在内，这使得划分居民收入线的基础很薄弱，制度的实施难度也非常大。因此，申请者的条件应当从公租房的政策目的出发来考察，也需考虑到公租房与其他保障性住房的对接的问题，可以参考我国香港对申请人必须申报财产义务的要求进行规范立法。

## （三）取消对申请者户籍的限制

对公租房申请主体的户籍限制，一般规定为城市户口或城镇户口，这里需要关注的是户籍范围限定的合法性与合理性问题。住宅社会保障法律制度的构建要覆盖需要给予保障的社会群体。在现代城市不断发展的今天，人口流动加剧，从户籍上划分的意义不断弱化。特别是沿海发达地区城市人口大量涌入，而我国沿海地区的住房问题恰恰是最突出的，房价高涨的现实下，过多以户籍作为廉租房的准入条件，势必使得最需要廉租房的一部分群体被拒之门外。公租房保障体系的对象，从广义上来说，不仅应当包括享有本地城镇户口的城镇居民，同时也应当将城市中大量存在的“流动”但长期居住在城镇地区的农业人口、从其他经济欠发达的城镇地区涌入大城市的城镇居民以及农民工群体等非本地户籍的群体囊括在内。如果不能对公租房制度的保障对象作出重新界定和厘清，不彻底解决社会阶层中的“夹心层”群体住房问题，可能会对社会形成巨大的安全隐患，影响社会的和谐与安定。

对我国来说，多层次立法是将来的发展趋势，从不同经济收入状况出发，对能够享受公租房政策的群体，一般限定在无法通过自身能力获得自有住房，且无法购买经济适用房的群体。社会保障的发展水平与经济条件息息相关，我国公租房保障的范围也与我国经济发展水平相关，公租房保障的范围可以逐步扩大。目前公租房申请对象一般以城镇居民为主，但目前居住条件最差的往往是新城镇居民，如外出打工的农民工，而城镇居民一般已拥有自己的住房。然而，根据目前我国的实际情况来看，我国公租房制度只能由城镇中等偏下收入家庭进行申请，而未将农村户口的无房家庭或者住房困难家庭纳入住房保障体系中。从对其他国家住宅保障发展历史的梳理过程中可以发现，公租房保障对象一般从最贫困家庭开始，然后逐步过渡到次贫困家庭，直至中等收入家庭，实现全社会“居者有其屋”的目标。我国公租房的保障范围应当根据当前需要保障主体的实际情况、我国公租房建设的规模以及我国社会现实情况进行规定，应当将城镇居民的认定标准扩大至城镇常住人口，其中最贫困家庭优先申请。

# 第八章
# 公共租赁住房租金制度

公租房的租金制度是整个公租房制度的核心，它直接关系到公租房制度的可持续发展，也关系着我国中低收入阶层是否能实质性地享受到政府的住房保障。《公共租赁住房管理办法》第十九条规定："市、县人民政府住房保障主管部门应当会同有关部门，按照略低于同地段住房市场租金水平的原则，确定本地区的公共租赁住房租金标准，报本级人民政府批准后实施。"同时，第二十条规定："公共租赁住房租赁合同约定的租金数额，应当根据市、县级人民政府批准的公共租赁住房租金标准确定。"第二十一条规定："承租人应当根据合同约定，按时支付租金。承租人收入低于当地规定标准的，可以依照有关规定申请租赁补贴或者减免。"公租房租金的确定既要考虑承租方的支付能力，同时也要关注地方政府的财政支出能力，它是调控公租房政策的重要手段。

## 一、公共租赁住房租金确定的方式

公租房租金的确定与市场租赁住房租金的形成不同，公租房具有保障性质，因此，公租房租金具有鲜明的政府租金管制特征，租金水平通常由政府确定。根据参照因素的不同分为参照市场租金、参照成本租金和参照收入租金三种。一是参照市场租金，即在市场租金的基础上下调一定的幅度作为公租房的租金，广州、厦门、深圳、上海等地采用此种方法。参照市场租金就是通过模拟市场交易确定公租房租金的定价，其优势就是直接与同类商品房的市场租金挂钩，但适用的前提是有一个稳定有效的住房租赁市场。二是参照成本租金，即根据公租房的建设成本或者运营维护成本来确定租金的方法。重庆与常州等城市最初采用成本法确定公租房租金。参照成本的方法主要考虑公租房的成本回收，解决可持续性问题。公租房成本通常包括土地成本，建安费，利息，装修与设备、折旧、物业管理、维修费用，运营维护费用，投资利润等。参照成本定价的租金可能远超承租人所能承受的范围，具体项目成本可能与市场价格差异很大，大大高于或低于市场租金。因此目前重庆和常州也转为以市场租金为参照。上海公租房租金标准确定时，在开始曾提出“成本租金”的概念，以突出公租房的非营利性。但由于市场上租售比倒挂，“成本租金”反而要比市场租金高得多，因为市场上的私人租赁住房往往以老公房为主，土地成本很少或没有。但如果是新建房，考虑土地成本和正常回报率的租金会远远高于市场租金，所以最后上海采用的是参照市场租金的方法。对于承受不了参照市场租金浮动的低收入困难群体，可通过政府租金补贴的方法弥补租赁家庭最高可支付租金与市场租金之间的差额。例如，常州公租房大多采用的是社会收储老旧房，成本较低，以此成本为参照，租金水平将远低于市场租金。尽管如此，常州、重庆也并未完全依照成本租金，而是同时综合考虑本地经济发展水平、供应对象的承受能力以及市场租金等多方因素。三是参照收入租金，即根据承租人的收入水平，在承租人的可承受能力范围内确定公租房的租金。参照收入的方法从住房保障基本目的出发，让低收入家庭支付可负担的房租，以其收入的一定比例确定，政府承担市场差额租金与可负担租金之间的费用。参照收入的方法的优势在于补偿了承租人支付能力和市场租金之间的差距，遵循困难程度不同补贴程度不同的差额补贴原则，直接体现了对中低收入家庭的保障。江苏省大部分城市如南京、苏州、南通、昆山对原廉租房家庭以及低收入家庭的租金确定基本是采用此法。

## 二、各地租金定价模式的探索

为提高公租房的保障功能效用，选择何种租金定价模式直接关系到公租房承租人的切身利益以及公租房制度发挥的功效。无论是参照市场租金还是参照成本租金或参照收入租金，仅是一种参照方式，最终采取什么样的定价方式应根据各地具体的情况包括房地产市场、房屋租赁市场以及公租房的建设与维护成本以及保障对象的可负担能力综合考虑，同时还应考虑各保障家庭的个体化差异分别确定租金水平，即不仅要考虑家庭的收入情况，还应兼顾家庭人口结构（老年人、丧失工作能力者和儿童所占比重）、家庭居住现状等因素。公租房与公廉并轨之后，更应当考虑适用差别化定价的方式，以期实现公租房政策的实质公平。事实上，全国各地也在不断探索适合各地的公租房租金定价模式。

## （一）北京市场定价、分档补贴、租补分离模式

北京实行的公租房租金是在市场房屋租金的基础上下浮，基本上是项目周边房屋市场租金价格的80%~90%，且合同内3年租金不变。再根据公租房申请人的情况实行分档租金补贴。公租房租金价格加上补贴后，中低收入家庭实际负担租金水平相当于市场租金价格的4%~81%。根据低收入家庭高补贴、中低收入家庭适当补贴的原则，分六档补贴。即对于城六区本市城镇户籍家庭申请公租房的，租金补贴按照家庭收入及困难程度分为六档，分别给予房屋租金的95%、90%、70%、50%、25%、10%补贴。廉租家庭补贴建筑面积上限为50m²，超出廉租住房保障条件的家庭补贴建筑面积上限为60m²。超出补贴面积上限的部分不予补贴，由承租家庭自行负担（表8-1）。

北京市公租房分档补贴　　表8-1

<table>
<tr><th>家庭类型</th><th>租金补贴占房屋租金的比例（%）</th><th>租金补贴建筑面积上限（m²）</th></tr>
<tr><td>取得廉租房实物配租资格的城市低保家庭</td><td>95</td><td rowspan="3">50</td></tr>
<tr><td>取得廉租房实物配租资格的其他家庭</td><td>90</td></tr>
<tr><td>取得廉租房市场租金补贴资格的家庭</td><td>70</td></tr>
<tr><td>人均月收入1200元及以下的其他家庭</td><td>50</td><td rowspan="3">60</td></tr>
<tr><td>人均月收入在1200元（不含）以上、1800元（含）以下的其他家庭</td><td>25</td></tr>
<tr><td>人均月收入在1800元（不含）以上、2400元（含）以下的其他家庭</td><td>10</td></tr>
</table>

北京市公租房补贴实行租补分离。个人和产权单位签订合同，公租房租金补贴由政府每月通过银行发放给承租人，承租人在银行设立专用卡，公租房产权单位租金的收取也通过银行对承租人在银行的专用卡每月直接扣划。如果承租人银行卡上

无钱扣租，即承租人不缴纳租金，银行审核发现后则下月的租金补贴暂停发放。北京市共有 8000 户家庭享受补贴，租金收缴率为 96%。

## （二）杭州差别化（阶梯定价）的租金模式

2012 年发布的《杭州市区公共租赁住房租金管理暂行办法》第三条规定："公共租赁住房租金在综合考虑房屋建设、维修和管理成本的基础上，结合承租人承受能力，按低于同地段市场租金水平制定。"第四条规定："公共租赁住房根据土地等级不同实行差别化租金。"第五条规定："公共租赁住房租金实行动态管理，每两年调整一次，并向社会公布。"杭州市公租房租金实行市场定价原则，租金综合考虑项目建设、运营和管理成本，按略低于同地段、同类型住房的市场租金水平确定。

杭州市公租房租金定价模式最初为"一刀切"的定价模式，即不分地段优劣，一律为每月 13 元 /m²，对低收入困难家庭实行租金减半。但随着公租房筹建方式的多元化，地块分布范围扩大，同时户籍限制被打破后，原有的"一刀切"模式既不能满足实际需要，又有失公平。为此，自 2012 年起，杭州市根据土地等级制定了新的租金政策，租金定价向"差别化"转变，按土地等级实行差别化的租金定价，不同地段的租金不等，在 10.50~36 元 /m²。地段好则租金高，这种做法充分体现了公平性。租金平均水平为同类地段市场租金的 70%。据统计，自实施差别化的租金以来，杭州市公租房选房入住率平均在 92% 以上，弃租率明显下降。在实行差别化租金定价模式的基础上，杭州市实行租金减免优惠制度。保障家庭如持有民政部门核发的有效期内的"杭州市低收入家庭认定证明（住房保障专用）"，根据土地等级可享受 30%~50% 的租金减免优惠。土地等级高，减免幅度小；土地等级低，减免幅度大。用租金减免的经济杠杆，引导更多住房困难家庭选择相应等级的公租房。公租房与廉租房并轨后，对已不符合廉租保障但仍属于公租房保障范围的困难家庭，在首个租赁期（3 年）实施租金减免的优惠政策，租金参照直管公租房租金标准缴纳，以资助刚脱困家庭，改善其生活质量。

## （三）江苏不计盈利的租金模式

江苏省各市如南京、苏州、常州、南通、昆山等公租房租金定价主要结合市场租金以及资金成本和管理费用等因素，重在保障对象的经济支付能力，充分体现公租房的保障性特征。南京市中低收入家庭公租房租金打五折，新就业人员与外来务工人员打七折。以南京市四大保障房片区为例，根据对四大保障房片区周边房产租赁价格的测算，市场租金平均值为每月 16 元 /m$^2$。按照公租房价格为市场价平均价七折的规定，再结合实际情况，对中低收入家庭的公租房租金打五折，也就是每月 8 元 /m$^2$，给新就业人员和外来务工人员打七折，即每月 11 元 /m$^2$，租金部分已经包括物业费和公共服务费。常州市对政府投资建设的公租房租金实行政府定价，租金标准控制在同地段市场租金的 70% 左右。综合考虑常州市的社会经济发展水平、新就业人员和外来务工人员承受能力以及市场租金水平等因素，2013 年常州市物价局确定公租房租金标准为每月 6.5~9.5 元 /m$^2$。如果以一套 40m$^2$ 的公租房为例，按照最低每月 6.5 元 /m$^2$ 计算，月租金只需 260 元。无锡市公租房租金标准以保证正常使用和维修管理为原则，综合考虑社会经济发展水平、保障对象的承受能力以及市场租金水平等因素，由价格主管部门会同同级住房保障、财政部门按当年市场租金平均水平的 70% 确定，每年调整一次。市区公租房租金标准按照 1~7 级的土地分级，2013 年为每月 7~13 元 /m$^2$，执行期限为 2013 年 7 月 1 日至 2014 年 6 月 30 日 [①]（表 8-2）。此外，已按照规定缴纳住房公积金的公租房承租人及家庭成员，每年可以提取不超过全年租金额度的住房公积金，用于支付公租房租金。苏州市公租房的租金是以“参照市场价格、体现保障功能”的原则确定，基本租金为住房市场同类地区、同类住房平均租金价格的 70%左右。低收入家庭承租城市居民公租房的，可按市场平均租金 50%左右的比例实行减免。2013 年苏州市公租房的月租金为 10~14 元 /m$^2$。

无锡市区公租房租金标准（单位：元/（m$^2$·月））　　表8-2

| 土地级别 | 平均价格水平 | | | | | | |
|---|---|---|---|---|---|---|---|
| | 崇安区 | 南长区 | 北塘区 | 滨湖区 | 新区 | 锡山区 | 惠山区 |
| 1 | 13.0 | — | 12.5 | — | — | — | — |
| 2 | 12.5 | 12.5 | 12.0 | — | — | — | — |
| 3 | 12.0 | 11.5 | 11.0 | 11.0 | — | — | — |
| 4 | 11.5 | 10.5 | 10.0 | 10.0 | 10.0 | 10.0 | — |

① http://house.china.com.cn/695429.htm.

续表

| 土地级别 | 平均价格水平 | | | | | | |
|---|---|---|---|---|---|---|---|
| | 崇安区 | 南长区 | 北塘区 | 滨湖区 | 新区 | 锡山区 | 惠山区 |
| 5 | 11.0 | — | 9.0 | 9.5 | 9.0 | 9.0 | 8.5 |
| 6 | — | — | — | 8.5 | 8.0 | 8.0 | 8.0 |
| 7 | — | — | — | — | 7.5 | — | 7.0 |

江苏省各地公租房租金的确定基本上都是以市场租金价格的70%为基准，对中低收入家庭实行减免补助的方式，相对于江苏省经济发展水平，公租房租金水平普遍较低。各地主要以公租房资本成本和维护管理费为基础，结合保障对象的经济能力与承受能力，不计营利，重在对支付能力的考虑，充分体现了公租房的保障性质。但同时也忽视了公租房长期运营的成本及地方政府的财力与负担，存在着社会资源分配不公的隐患。合理地确定公租房租金关系到公租房制度的长效与健康发展。

## 三、公共租赁住房租金确定的原则与方式

公租房一方面社会公益性与政府保障性质，另一方面又具有房屋租赁的市场属性。公租房租金的确定既要满足公租房所具有的住房保障功能，又需要考虑房地产市场的各种因素，两者需要兼顾。只强调市场属性，公租房的住房保障功能可能丧失；只考虑保障性而忽视市场性，则公租房从长远来看将无法持续、有效、健康地发展。公租房建设是一个长期的过程，必须考虑建设成本与正常运营费用，因地制宜，不应仅按市场比例来确定租金价格，还要考虑保障对象的支付能力，制定相应的补贴措施，同时也要考虑政府财政承受能力，除成本回收之外需要留一定利润，回报社会资本，保障后续开发和运营管理。因此，公租房定价应当综合考虑各种因素。基于此，许多国家和地区对公租房定价采用“最高限价管制模型”，并根据申请家庭的收入、人口等情况，施行差别化定价。公租房租金的合理制定，实质是政府在市场与保障对象的支付能力之间寻找平衡点。

## （一）参照市场租金、分类补贴原则

坚持以市场租金为参照，可以为未来公租房建设提供资金支持，还可以吸引政府以外的房地产企业、社会组织参与公租房的建设，有利于公租房的长期发展。对于政府投资建设的公租房，租金实行政府定价，标准按同一时期、同一地段、同品质普通商品房市场租金的70%左右确定；而对于非政府投资建设的公租房，则实行政府指导价，租金应低于同一时期、同一地段、同品质普通商品房市场租金标准。《江苏省公共租赁住房管理办法》第三十七条规定："政府投资建设的公共租赁住房租金实行政府定价，由市、县人民政府价格主管部门会同住房保障主管部门制定，租金标准控制在同地段市场租金的70%左右，并按年度实行动态调整、发布。非政府投资建设的公共租赁住房实行政府指导价，由市、县人民政府价格主管部门定期调整、发布。"市场租金实则已通过市场机制将土地等级、区位等因素考虑在内，区位有差异，公租房的基准租金也不同。参照市场租金实质上是引进租金市场杠杆，引导承租人根据自身支付能力选择不同区位的公租房，以显公平。分类补贴，即在基准租金的基础上，对低保家庭、低收入家庭分类补贴。

## （二）"租补分离""分类补贴"

"租补分离"就是租金根据房屋的建筑面积按分级租金统一收取，租户缴纳租金之后，政府通过银行根据租户缴纳租金情况，按月发放租金补贴。低保家庭补贴租金的90%，低收入家庭补贴租金的50%。月付的按月补贴，季付的按季补贴。"租补分离"既保证了承租人缴纳应缴的租金，避免出现承租户将租金补贴用于他用，同时也保证政府的补贴能落实到位。

## （三）实行租金动态调整机制

公租房租金实行动态管理，每两年调整一次，需要对公租房项目所在区域的市场租金，以及土地级别进行测定，据此调整公租房租金，避免租金长期过低或过高。按照就低原则，在公租房合同期限内，租金提高的，承租人仍按原租金标准缴纳租金；如租赁期内租金降低，按新租金标准执行。合同期满，则按新租金标准执行。

# 第九章
# 公共租赁住房的使用制度

公租房的使用，就是指公租房承租人按照公租房租赁合同的约定使用公租房，包括合同的签订、租金的交付、租赁期限、租赁双方当事人的权利与义务、物业服务等具体内容。随着公租房制度的实施，公租房在使用过程中也出现了许多问题，如公租房合同不规范，形式不统一、合同不分类、合同性质不确定、合同内容不完整，公租房配租后的管理缺乏，公租房的物业管理不到位等，直接影响了公租房制度功效的发挥，加强公租房使用管理的任务艰巨。

## 一、公共租赁住房使用过程中存在的问题

目前，我国覆盖城市地区的公租房制度已经基本上得以确立。公租房制度实施以来，为数以万计的中低收入者提供了缓解住房困难和改善住房条件的住房，成为解决低收入者以及社会“夹心层”群体住房问题的主要途径。虽然公租房制度在维护公民的住房保障问题方面作出了积极的贡献，取得了很大成就，但是，我国公租房制度的发展仍然不够完善和健全，不仅尚未触及广大的农村地区，在城镇地区的住房保障制度还依然存在很多显著的问题亟待解决。公租房制度在实施过程中所表现出的一些问题也凸显出其在立法、制度、政策运行等层面的不足和缺陷。

### （一）缺乏强有力的法律制度支撑

虽然我国公租房制度的发展已经步入正轨，但是在法律制度方面，却没有形成

一个从上到下自成体系的公租房体系。上层法律制度的缺位，导致公租房相关制度在实施过程中无法得到强有力的法律保障。由于规制公租房制度最高层级的是住房和城乡建设部发布的《公共租赁住房管理办法》，难以构建健全、稳定、权威的公租房法律制度。各地方在对本地的公租房制度执行的过程中，没有过多的参照标准，使得各地方的制度在保障群体、保障范围、申请门槛以及推出门槛等方面具有相当大的差异性[①]。而保障性住房作为一项福利制度，无法在全国范围内具有一个较为统一的保障标准，各地区政府各行其是，形成了不同地区公租房保障对象福利供给上的差异性。

上述种种问题的产生，归根结底都归因于公租房制度在立法方面的严重不足。《公共租赁住房管理办法》这一政策性法规根本无法支撑起覆盖全国范围的庞大的公租房运行体系，使得地方政府必须通过更为细化的方式设置相应的条件。这就导致一方面公租房制度在法律规制方面显得过于薄弱，尤其是位阶较高的法律的支撑力度较小，而另一方面造成地方性的法规和政府规章数量众多且规定不一，从而使得公租房制度在运行过程中更加难以统一。

## （二）公共租赁住房的利用率不高

公租房制度的建设需要与公租房的承租人相匹配，如果政府对公租房制度的建设不到位，就会产生公租房利用效率与利用主体不契合的问题。不仅存在公租房配适不足，出现“人等房”的排队现象，同时公租房的利用率低下问题突出，多地出现“房等人”现象，公租房大量闲置，造成巨大的公共资源浪费。

究其原因，有公租房位置偏远，选址不当，房型建设标准过低，配套设施不全以及租金偏高等，同时，公租房制度的建设因为其属于福利性质的项目工程，一般而言不具有很大的盈利空间，甚至需要政府通过补贴的形式才能建成。所以政府在公租房选址方面往往提供较为偏僻的地段，使得公租房即便建设完成也难以实际符合公租房申请主体的住房需求。而位置相对优越、交通便利的公租房往往又呈现出“人满为患”“人等房”的现象，实际上造成了公租房供需关系的失调状态。更有公

① 李谦，金俭：《保障性住房退出机制的实践困境与优化方案——以 2015~2019 年“保障性安居工程”审计结果为基础》，《中国不动产法研究》2020 年第 1 期，第 214–231 页。

租房准入门槛过高等问题，归根结底是由于公租房制度缺乏上位法的调整造成的，实质上就是法律所规设的公租房配置机制出现了问题。

## （三）资金供给主体单一，筹集困难

目前我国公租房基本上政府是唯一的建设与供给主体。公租房建设资金投入大、利润低且回收期长，资金大多依靠中央和地方政府的财政支出[①]，地方政府资金压力大。目前，我国尚未探索出社会资本参与公租房建设的有效运营模式，地方政府对发展公租房的动力不足。针对这一问题，我国财政部、住房和城乡建设部也出台了相应的政策，为鼓励民间资本进入公租房投资领域，以企业为主建设、管理的公租房项目均可以采用 PPP 模式投资建设和运营管理[②]。

## （四）公共租赁住房准入、使用、退出机制不完善

公租房制度与廉租房制度并轨之后，公租房的保障群体从社会“夹心层”群体这一单一主体，增加为中低收入人群以及社会中的“夹心层”群体。而事实上保障性住房的覆盖人群主要是通过户籍制度进行识别和筛选的，即便是中低收入者和“夹心层”群体均被纳入保障群体，仍然有很多公民因为不满足户籍要求而被排除在公租房的保障群体之外。因此，公租房的覆盖人群没有突破户籍这一筛选条件，覆盖的人群仍然相对较窄，准入的门槛过高。

公租房制度中的另外一个突出问题在于，政府对公租房的定价机制不够合理，大多数地区的公租房制度是由政府统一定价的，但是政府在全市范围内的无差别定价，导致有的保障对象没有能力负担公租房的租赁费用。同时，由于我国统一的信用评价体系尚未建立起来，公租房制度实施过程中，承租人的经济收入、财产状况等监督制度不健全，这就直接影响到公租房配置的公平和公正。最后，公租房制度的退出机制不够合理并且难以得到有效落实，住房保障部门在后续的管理过程中往往超负荷工作，导致管理工作难以有效落实。公租房制度的监督惩罚机制也没有得

---

① 黄海洲，汪超，王慧：《中国城镇化中住房制度的理论分析框架和相关政策建议》，《国际经济评论》2015 年第 2 期，第 29–54，4 页。

② 《关于运用政府和社会资本合作模式推进公共租赁住房投资建设和运营管理的通知》（财保〔2015〕15 号）。

到相应完善，面对社会的中低收入者，住房保障部门往往“睁一只眼闭一只眼”，避免激起过多的社会矛盾和冲突而陷入不敢执法的状态[①]。我国公租房制度有待进一步完善和发展。

## （五）覆盖农村地区的公共租赁住房制度尚未完全建立

目前，我国农村地区的住房保障是通过向集体经济组织成员免费分配宅基地使用权的方式实现的[②]。然而，随着2018年“中央一号文件”[③]提出宅基地三权分置制度改革的试点举措，意在将宅基地所承担的住房保障制度作出制度性纾解，并回复和还原宅基地制度本身所具有的住房财产权的功能。我国通过免费分配宅基地使用权建立起来的农村社会保障制度已经趋于瓦解，国家开始重视对农民住房财产权制度的建立和重构，探索建立农村集体经济组织以资格权为基础的社会保障制度，是我国农村地区公租房建设的重点任务。也有学者提出，将公租房同“城中村”的改造相结合，以发展公租房带动实现“城中村”基础设施、公共服务、村庄格局及治安等方面的综合治理[④]，抑或通过引入价格低廉的非普通商品房的方式解决新增城镇人口的住房紧张问题[⑤]。无论如何，目前的住房形势表明，原本通过宅基地使用权的免费分配实现农村地区公民住房保障权利已经无法适应目前我国经济发展的需求，完善的住房保障制度以及城乡统一的住房保障制度平台的建立迫在眉睫。

然而，目前我国通过集体建设用地使用权建设公租房的做法仍然没有能够在全国范围内得到普及。并且集体建设用地使用权建设公租房制度在推进过程中依然困难重重。如在经济欠发达地区，住房保障部门对公租房建设的积极性偏低；而在交通便利、基础设施比较完善的地方，村集体积极性不高，因为即便是政府住房保障部门不介入，集体经济组织也可以凭借其自身条件获得较为舒适的住房。在公租房建设完成之后，建设主体、投资方以及集体经济组织在利益分配过程中容易产生纠

① 王者洁，郭丽华：《公共租赁住房制度法制化研究》，《法学杂志》2011年第1期，第158–163页。
② 张雨榴，杨雨濛，严金明：《福利多元主义视角下宅基地资格权的性质与实现路径——以北京市魏善庄镇试点为例》，《中国土地科学》2020年第1期，第17–24页。
③《中共中央 国务院关于实施乡村振兴战略的意见》（2018年1月2日），简称2018年“中央一号文件”。
④ 陈雪：《发展公共租赁住房与城中村治理之契合及路径》，《河北学刊》2020年第4期，第219–226页。
⑤ 范剑勇，莫家伟，张吉鹏：《居住模式与中国城镇化——基于土地供给视角的经验研究》，《中国社会科学》2015年第4期，第44–63，205页。

纷，在没有法律基础的前提下无法对投资人的利益给予相应的保护，也缺少信用贷款以及税收方面的支持[①]。

# 二、公共租赁住房合同的性质及内容

公租房合同是承租人与出租人分配公租房的权利、义务的重要凭证，也是公租房的起点。我国各地一般采取格式合同的形式签订公租房合同。公租房合同的格式化，有利于国家随时根据公租房合同的条款，对公租房保障管理部门进行监控，从而发现问题后对整个房地产行业进行宏观调控。公租房的合同到底是平等主体之间建立的还是非平等主体之间建立的，在我国国内仍存在较大争论。

## （一）公共租赁住房合同的性质辨析

1. 明确公租房合同性质的必要性

《公共租赁住房管理办法》第十六条规定："配租对象选择公共租赁住房后，公共租赁住房所有权人或者其委托的运营单位与配租对象应当签订书面租赁合同。"有学者因此认为，在住房保障合同法律关系中签订双方的法律地位平等、权利与义务对等，因此其性质是私法合同[②]。合同一方主体是公租房所有权人或者其委托的运营单位，另一方主体是配租对象，即经过申请、轮候、配租的公租房申请人。公租房租赁合同是一种行政合同还是民事合同，属于公法调整还是一种私法调整，公租房合同纠纷适用法律如何？在实践中，已出现因公租房租赁合同发生的纠纷，甚至使得合同双方的当事人之间的问题久拖不结，引发经济资源和司法资源的浪费。即使有法院对双方当事人的纠纷立案受理，各地法院在立案过程中所依据的标准也存在不统一的情况，有的法院将此类案件认定为民事诉讼进行立案，有的法院则将此类案件作为行政诉讼进行受理。各地方人民法院对因公租房引发的纠纷的性质认定不

① 黄保华：《利用集体建设用地建设租赁住房情况调查》，《中国土地》2018 年第 11 期，第 36–38 页。
② 王军：《我国住房保障财政基础法理分析与实现路径》，《理论视野》2019 年第 4 期，第 63–69 页。

一，不仅会有损于法律的统一性和权威性，还会对当事人举证责任的分配与承担造成极大困扰。为了对公租房制度的合同性质作出明确，对双方当事人因为公租房运行过程中产生的问题作出一致性的认识，就必须要对公租房制度产生的纠纷所适用的法律——适用民事相关法律还是行政相关法律作出探究。

关于行政合同的定义，国内学者存在较大分歧，一般认为行政合同的主要特征包括两个方面，即行政之主体与公益之目的[①]。而由《民法典》规制的民事合同主要是指平等主体之间签订的设立、变更、终止民事权利与义务的协议[②]。可以看出，对公租房合同性质问题的探究，主要是通过合同签订的主体是否平等、订立合同的目的是否具有公益性质等多方面进行综合考察[③]。公租房租赁合同与一般房屋租赁合同一样，目的在于移转房屋使用权，并通过房屋的租赁取得一定的收益。

公租房指的是政府为了保障公民住宅权利得到充足的保护，通过提供相应的资金或者政策支持建设限定面积、套型的住房，按照较为优惠的价格出租给无法通过自己的能力满足居住需求的公民，以此确保公民住宅权利的实现[④]。如此来说，公租房合同因为政府的介入而具有了行政色彩。公租房合同的出租方往往是政府的相关住房保障部门或者由住房保障部门授权的相关组织机构，这些主体在签订公租房合同时都是为了满足政府需要，完成为公民提供适当的居住条件的任务，并且公租房合同的主体是具有管理和被管理关系的政府与城市中等偏低收入住房困难家庭[⑤]。另外，虽然我国已经具备调整公租房制度的相关法规，即《公共租赁住房管理办法》，但是对公租房合同的一些问题并没有作出较为具体的规定。这就意味着，承租人与出租人在签订公租房合同时，仅仅依靠《公共租赁住房管理办法》无法对公租房合同作出具体性的规制。在此基础上，对公租房合同内容事项的规定，还需要依靠《民法典》合同编等私法进行规制。从这一角度而言，公租房合同的签订、履行以及解除等问题，仍然逃不开私法的规范范畴，公租房合同自然也就属于私法间的权利与义务关系。

① 《行政合同与民事合同之辨析》，https://www.chinacourt.org/article/detail/2014/08/id/1363317.shtml，访问时间：2021年5月12日。

② 魏振瀛:《民法（第三版）》，北京大学出版社、高等教育出版社，2006年，第395页。

③ 李尧远，孙录见:《行政合同的“民事化”思考》，《陕西行政学院学报》2011年第4期，第40-43页。

④ 金俭，等:《中国住房保障——制度与法律框架》，中国建筑工业出版社，2012年，154页。

⑤ 陈婴虹:《论我国公共租赁住房的退出制度——以城市中等偏低收入住房困难家庭为视角》，《河北法学》2014年第4期，第132-138页。

公租房合同在性质界定上较为复杂，对于如何对公租房合同的性质进行定性，学界一直以来没有定论。而对于一项法律制度来说，性质的界定往往是其行使过程的开端，只有对其性质作出明确规定，才能在制度运行过程中使其获得妥适的约束和规制。公租房合同性质界定不明，会导致公租房合同当事人之间发生争议时，无法确定选用何种法律对自己的权利进行维护——是通过提起行政诉讼的方式，还是提起民事诉讼的方式维护自己的合法权益。公民权利受到侵害时，救济途径的不确定性使得双方当事人之间产生纠纷的可能性增大。

公租房制度的建立，是国家行使公共职能的表现方式之一。公租房的性质表现在公租房的配置是由国家行政部门（主要是由住房保障部门）予以实现的，并且其呈现出明显的宏观调控作用。也就是说，政府有义务为公民提供基本的生活物质保障，当公民通过自己的努力无法满足基本住房需求时，政府就应当为“住无所居”的公民提供基本的住房保障。

2. 公租房合同具有复合型性质

对公租房合同性质的探究，需要在对公租房合同签订的主体、签订的目的等各方面进行综合考察的基础上展开。首先，在公租房合同签订的主体方面，承租人签订民事合同时应当具有民事行为能力人的特征，达到完全民事行为能力人的标准，才能成为公租房的承租人。各地方政府根据本地经济特点的不同，在申请公租房主体的身份定位作出了细微调整，包括人才公租房，如浙江省新昌县对申请人才公租房的申请条件规定为“在我县非公有制工业企业、科技型中小企业和人才创业企业工作，具有 985、211 高校本科及以上学历（不含在职教育学历）的且在企业表现优秀、有较大贡献的人才”才有资格申请。不论是对经济水平、住宅水平抑或是学历水平等因素所作出的限制，公租房制度的出现都是为了满足一部分“住无所居”的弱势群体或者特定群体的利益，以实现公民最为基本的自然权利。在出租人方面，县级以上地方人民政府城乡建设（住房保障）主管部门主要负责相关事宜。从上述规定来看，公租房的主管部门属于行政部门，其所从事的职权范围内的行为应当认定为行政行为。但是在公租房具体的分配过程中，有的地方行政主管部门会通过授权的形式将公租房的具体管理事宜交予相应的社会机构。由此可见，一般情况下公租房在主体方面表现出了明显的行政属性。在特殊情形下，当公租房管理部门将其部分行政权力授权社会机构完成，公租房合同的承租人就不再直接与住房保障部门这一公权力机关挂钩，但是这并不意味着通过这种方式建立起来的公租房合同就完全表现出了私权的性质。也就是说，不论公租房合同承租人的主体是行政机关抑或行政机关授权的社会机构，其实都是对国家提供政府职能的一种表达和体现。故而，从公租房合同的签订主体来看，公租房合同的出租人是行政机关或者行政机关授权的社会机构，公租房合同的承租人是符合保障条件并且申请获得公租房的承租人。基于二者不平等的主体地位，公租房合同表现出了相当程度的公权力属性。

订立合同的目的方面，普通租赁住房合同的订立的目的主要在于满足生产、生活的需要，不仅包括住房的需求，还可能包括商业、储物的需求等。公租房制度设立的目的是满足承租人最为基本的生活住房需求，更是为了维持个人基本的“可负担得起的，适宜于居住的，具有安全、健康、尊严的，不受歧视的住宅权利”[①]。这种自然权利的实现，有赖于国家通过社会保障部门的供给得以实现。公租房制度的设置不仅为了满足个人生产、生活需求，更是为了满足国家对基本人权的供给和保障。其具有公权性质，属于国家机关履行行政职能的范畴。所以，政府为承租人提供公租房，只能用于承租人的居住需求。

公租房合同违约责任的承担方面，公租房合同中，当事人一方违约的不仅要承担民事责任，还需要承担相应的行政责任[②]。如若公租房仅具有私法属性，则国家在意思自由的原则之下，是无法对当事人的行为作出强制性调整的。然而，公租房的承租人在作出违反合同中约定行为时，不仅需要承担民事方面的违约责任，还需要受到“警告”“罚款”等行政处罚。对于公租房租赁合同的出租人来说，其在管理、运营以及分配公租房的过程中，同样需要承担一定的行政责任。而对于一般的房屋租赁合同来说，承租人或者出租人违反合同约定的，仅需要承担相应的民事责任即可。从这一角度来说，公租房合同与普通的民事合同之间仍然存在较大区别。

公租房制度的申请人在申请并获得公租房的租赁资格之后，需要轮候公租房，待公租房产生空缺之后与住房保障部门签订公租房租赁合同。在公租房的申请人获得了公租房的保障资格之后，公租房保障部门与承租人之间便建立起了民法上的权利、义务关系，并无任何行政特权。

政府是向公民提供住房保障的义务主体，为中低收入住房困难家庭提供保障性住房是政府向公民履行政府义务的方式。政府提供行政给付以及申请人接受政府的

---

① 金俭：《中国住房保障——制度与法律框架》，中国建筑工业出版社，2012 年，第 3 页。

② 易磬培：《中国住房租赁制度改革研究》，华南理工大学博士论文 2018 年。

行政给付的行为是行政法律关系的建立。同时，如果在政府向公民提供行政给付的过程中，政府审核、审查、监督、执行、配给等方面存在违法行为，或者公租房的申请人在申请过程中对申请的过程和结果存在异议的，可以向上级行政机关提出异议或者提起行政诉讼。住房保障部门与申请人签订房屋租赁合同的行为，则不涉及政府行政权力的运用，合同双方地位平等，是民事行为。公租房租赁合同所产生的是民法上的法律关系。也就是说，公租房的法律性质并不是单纯的行政行为或者民事行为可以概括的，从某种意义上来说，公租房的申请和资格审查具有绝对的行政法律行为的性质；而与此同时，公租房的申请主体与住房保障部门之间在达成公租房合同时，却又不免受制于民事法律关系的调整范畴。因此，公租房租赁合同属于民事合同性质，适用私法合同法的规定。

有的学者认为，公租房租赁合同兼具民事与行政性质的内容，不能将其简单定性为单纯的民事或者行政合同的性质。公租房的配置方面，其属于典型的行政行为，而在签订合同的性质方面，其又表现出了有别于行政的民事行为特征。笔者赞同这一观点，公租房的种种特点均表明，公租房制度不应当简单地定义为行政行为或者民事行为。政府对申请人的资格审查方面，政府作用于申请人的这一关系呈现出行政法律行为的性质，而作为申请人的承租人在与住房保障部门或者其他房屋所有权人签订公租房租赁合同时，需要适用民事私法关系的调整。

### （二）公共租赁住房租赁合同格式条款的规范与完善

由上面的论述可知，公租房制度在申请审核与订立阶段都呈现出了不同的法律关系，即在申请审核阶段主要通过行政关系进行调整，而在合同订立阶段主要适用民事法律关系。鉴于公租房租赁合同性质的特殊性，公租房租赁合同的订立目的在于实现行政管理职能，因而具有明显的公益性质。因此，在行政机关或者行政机关授权的组织（出租人）与符合公租房申请条件的主体（承租人）签订合同的目的在于产生、变更或消灭民事法律关系。为了实现政府职能，需要在公租房租赁合同中设置相应的条款，以保障公租房制度在运行过程中可以达到或者趋近合同订立的目的。

根据《公共租赁住房管理办法》第十七条的规定[①]，公租房租赁合同一般包含以下几项主要条款。首先，最为基础的就是出租人和承租人的姓名，房屋的位置、面积，违约责任等几个方面。除此之外，各地方政府根据本地实际情况所制定的公租房租赁合同通用文本会呈现出细微的差别，但是在主要的合同条款上均要求对当事人的基本信息、公租房的基本信息等作出明确的规定。例如，住房和城乡建设部推出《公共租赁住房运行管理标准》，规定了公租房项目的承租程序、配租、合同与租金管理、运行维护、退出以及档案管理等要求，适用于政府认定且房源成规模、面向社会特定人群出租的公租房项目的运行管理[②]。《公共租赁住房管理办法》第十七条对公租房租赁合同的一般内容进行了规定。作为租赁合同，必须包含合同的必要条款与内容如下。

1. 房屋的基本情况

公租房需要达到适宜人居住的要求，新建公租房不仅需要建设完工，还要进行标准化装修。例如，《江苏省公共租赁住房管理办法》第二十九条规定："公共租赁住房应当按照规定的标准进行必要的装修，配置基本生活设施，以满足租赁对象的基本生活需求。"实地调研中发现，北京、南京、南通等地公租房的建设标准较高，基本实现"拎包入住"。租赁合同需要对配租给承租人的房屋情况进行规定。《北京市公共租赁住房租赁合同》附件为房屋交割清单，《重庆市公共租赁住房租赁合同》附件为房屋设施设备清单。承租人负有保管义务，出租人有维修义务。

2. 租赁期限及租金

《民法典》合同编规定租赁合同期限最长不得超过20年。但公租房租赁合同不同，公租房主要是为了解决中低收入与新就业人员因无力购房的短期居住问题，待其经济状况有所好转时应退出公租房。因此，租赁期限不宜过长，一般不超过5年。

例如，《江苏省公共租赁住房管理办法》第三十八条规定："公共租赁住房初次承租期一般为3年至5年。初次承租期满后，承租人仍然符合保障条件的可以申请续租，续租必须重新签订书面合同。但新就业人员续租期最多不超过5年，且续租期租金标准为市场租金。"《北京市公共租赁住房申请、审核及配租管理办法》第

① 公租房租赁合同的格式条款，可以包括但不限于以下几个方面：①合同当事人的名称或姓名；②房屋的位置、用途、面积、结构、室内设施和设备，以及使用要求；③租赁期限、租金数额和支付方式；④房屋维修责任；⑤物业服务、水、电、燃气、供热等相关费用的缴纳责任；⑥退回公租房的情形；⑦违约责任及争议解决办法；⑧其他应当约定的事项。

② 尚治宇：《长租公寓发展走向智能化》，《中国建设报》2019年3月29日，第6版。

二十条规定："公共租赁住房租赁合同期限由双方约定，一般为3年，最长不超过5年。公共租赁住房租金可以按月、季或年收取，但最长不得超过1年。"公租房不同主体的租赁期限不同。对于中等偏下收入群体只要经济状况符合条件，初次租赁合同到期之后可以继续签订公租房租赁合同。

3. 房屋的维修责任

公租房的所有权人及其委托的运营单位应当负责公租房及其配套设施的维修养护，确保公租房的正常使用。政府投资的公租房维修养护费用主要通过公租房租金收入以及配套商业服务设施租金收入解决，不足部分由财政预算安排解决；社会力量投资建设的公租房维修养护费用由所有权人及其委托的运营单位承担。

租赁期内，甲方应使房屋及其附属物品、家具家电、设施设备处于安全和适用的状态，履行房屋的维修义务并确保房屋和室内设施设备安全，对于乙方装修和增设的其他设施设备等甲方不承担维修义务。由甲方承担维修义务的房屋及其附属物品、家具家电、设施设备出现损坏时，乙方应采取适当措施防止损坏扩大，并及时通知甲方维修或更换。因乙方未采取适当措施或未及时通知甲方维修致使损失扩大，损失部分应由乙方承担。甲方应在接到乙方通知后的合理期限内进行维修。逾期不维修的，乙方可代为维修，费用由甲方承担。

4. 物业费等相关费用的情况

物业费及水、电、天然气等费用一般由承租人承担。但很多城市政府担心公租房的物业费无法收缴，因为没有物业公司愿意接手物业管理，故而将物业费包含到租金中，保证物业费的收缴。南京市将物业费包含到租金之中。北京市则采取较为市场化的方式，《北京市公共租赁住房后期管理暂行办法》规定，对于配建的公租房，建设单位和产权单位可在公租房建设收购协议中约定公租房交付后的物业费承担及支付方式。

5. 退出情形

公租房租赁合同约定的退出情形包括几种法定或约定事由。《北京市公共租赁住房租赁合同》规定：租赁期满后，乙方如需继续承租，应在租赁期满前3个月向区县住房保障管理部门提出书面申请。经住房保障部门复核，仍符合公共租赁住房承租条件的，甲方与乙方按新的租金标准等条件约定重新签订租赁合同。乙方不符合承租条件的，应当在合同约定的租赁期满时退出公共租赁住房。暂时不能腾退的，经甲方同意，可给予乙方2个月的过渡期。过渡期内，甲方有权按照市住房城乡建设主管部门测定的同区域市场租金收取租金。过渡期届满后乙方仍不腾退该房屋的，按本合同约定租金的 2 倍收取房屋使用费。甲乙双方其他权利、义务仍按本合同执行。全国大多数城市的公租房管理办法均规定了当承租人提供虚假证明材料以欺骗方式取得公租房的，或转租出借公租房，或改变公租房结构或使用性质的；无正当理由空置公租房的，以及拖欠租金 6 个月以上的，在公租房中从事非法活动的，将解除租赁合同，收回房屋。

6. 违约责任

公租房租赁合同虽然在本质上属于民事合同，但同时带有行政色彩。在违约责任上，公租房的违约责任不仅有民事责任，也要承担一定的行政责任。《北京市公共租赁住房合同》规定：（一）甲方不承担约定的维修义务，致使乙方无法正常使用该房屋的，乙方有权要求甲方从无法正常使用该房屋之日起至甲方履行维修义务后每日按月租金（季、年租金应折合为月租金）的万分之三向乙方支付违约金。（二）甲方交付的房屋严重影响乙方安全、健康或不承担约定的维修义务造成乙方人身、财产损失的，甲方应承担相应法律责任，并赔偿乙方相应损失。（三）甲方有权采取下列措施追缴乙方拖欠租金、押金、违约金及其他费用：1. 通报乙方及其共同承租家庭成员所在单位，从乙方或其共同承租家庭成员的工资收入中直接划扣；2. 通报住房公积金管理中心，从乙方或其共同承租家庭成员的住房公积金账户、住房补贴账户中直接划扣；（四）租赁期满、合同解除或过渡期满后，甲方收回房屋，乙方拒不腾退房屋的，甲方有权收回购电卡、燃气卡或通知电力公司、燃气公司暂停购电卡、燃气卡的有效期。（五）乙方拖欠租金、押金、违约金及其他费用或拒不腾退房屋的，甲方可将乙方及其共同承租家庭成员的不良行为通报中国人民银行个人征信系统或乙方户籍所在地街道办事处、民政等政府部门，也可通过有关新闻媒体予以曝光。其中，直接划扣公积金、住房补贴，通报征信系统、媒体曝光等手段具有一定的行政色彩。

## 三、公共租赁住房租赁合同当事人的权利与义务

在公租房制度的实施过程中，公租房租赁合同对明确公租房双方的权利与义务，

保障公租房承租人的权利以及明确公租房的准入和退出机制都具有重要作用。公租房制度是一项由政府向公民给付的公共福利制度[①]。这就说明申请公租房的主体需要满足一定的申请条件方可获得入住资格。为了对公租房的使用主体加以管理，除需要为承租人设置一般租赁义务外，还需要因其主体的特殊性设定相应的义务，以保障公租房合理、合法使用。

## （一）作为承租人的一般义务

公租房作为一项特殊的房屋租赁模式，其房屋承租人首先需要履行普通房屋租赁合同中当事人所需要承担的义务。《民法典》第 703 条规定："租赁合同是出租人将租赁物交付承租人使用、收益，承租人支付租金的合同。"承租人在使用租赁物期间，应当依照法律及合同的规定对租赁物进行合理使用。

合理使用租赁物的义务指的是要依照法律以及合同中规定的方式，合理使用租赁物。依照约定方法或者依照租赁物的合理使用方式，造成租赁物损耗的，承租人不承担责任。而因使用不当造成租赁物损坏的，承租人则需要承担相应的赔偿责任。故而承租人在使用公租房期间，同样需要秉持合理使用公租房的义务，诸如不得将公租房作为商用或者将其转租等，如若对公租房不合理使用，则出租方有权收回。

按时缴纳租赁费用的义务。根据各地政策的不同，公租房的费用一般是按照年、季度等不同的时间段交纳。虽然公租房是一种福利性保障住房，但是仍然需要缴纳相应的租赁费用，只是租赁费用相较于租赁市场价格来说较低。例如，《南京市公共租赁住房和廉租住房并轨运行实施细则》第十六条规定："新配租的公共租赁住房租金统一按照建筑面积收取。"可以看出，公租房租赁费用的收取与普通的租赁费用收取稍有不同，普通的房屋租赁是根据出租人与承租人双方当事人之间的意思表示而达成的，而公租房是由各地方政府主管部门（一般是住房保障管理部门）与发改、财政、规划、国土、民政、税务、物价、金融等部门分工协作，故而租赁费用一般是由地方政府发展改革委员部门根据公租房所处的地理位置、周边房屋市场价格等相关因素制定的。例如，南京市栖霞区凤泰园、凤康园小区公租房由南京安居建设

① 《公共租赁住房管理办法》第三条规定："本办法所称公共租赁住房，是指限定建设标准和租金水平，面向符合规定条件的城镇中等偏下收入住房困难家庭、新就业无房职工和在城镇稳定就业的外来务工人员出租的保障性住房。"

集团有限责任公司建设，按照略低于同地段、同类型普通商品住房市场租金水平核定公租房租金标准，并经由南京市公租房保障中心确认。公租房除了在租金方面的优惠政策之外，在物业费方面也具有较为优惠的政策，如凤泰园、凤康园小区物业费完全减免[①]。但是，对于公租房的承租人来说，因为租金已经获得了很大程度的减免，因此不论是公租房租赁费用的高低，公租房的承租人都应当按照合同约定的时间缴纳租赁费用。如果在一定时期内欠付租赁费用的，出租人可以在合理期间内解除租赁合同。

除了在租赁费用方面的相关规定之外，公租房的承租人在合同履行期届满之后，还负有向公租房的出租人—— 一般是公租房保障部门或者公租房的所有权人返还承租房屋的义务。租赁期限届满的，公租房的承租人负有应当及时将租赁房屋交还给出租方的义务。

在一般的租赁合同中，租赁期的长短是由当事人自由约定的，而公租房租赁期限的长短因租赁主体的经济状况而有所不同。一般情况下，根据《公共租赁住房管理办法》第十八条的规定，公租房租赁期限一般不超过 5 年。如南京市对企业博士提供公租房的，享受 3 年租金全免，租期最长 5 年，免租期以外按照市场租金的 70% 承租的优惠。企业博士最长的承租期限为 5 年，期间如果该承租人不再符合租赁公租房的条件，即时解除其公租房租赁合同。

除了上述义务以外，公租房的承租人还承担其他一些附随义务，主要指妥善保管租赁物、在需要修缮时及时通知出租人等相关义务，需要承租人在租赁公租房期间履行租赁合同规定的相应义务。

## （二）公共租赁住房承租人的特殊义务

承租人除了需要履行普通租赁关系中的一般义务外，承租公租房还需要承担一些特殊义务，这是由公租房的保障性质和福利性质决定的。只有达到国家及地方政府规定的申请公租房的条件的公民才有资格享受以低于市场价的价格租赁住房的权利。也就是说，在享有租住公租房的社会保障性福利时，承租人需要承担相应的一

---

① 南京市发展和改革委员会：《〈关于栖霞区凤泰园凤康园小区公共租赁住房标准租金的通知〉政策解读》. http://fgw.nanjing.gov.cn/njsfzhggwyh/201908/t20190809_1622006.html，访问时间：2020 年 8 月 2 日。

系列义务。这种特殊义务主要是由对承租人经济条件、房屋使用情况等的审核中生发而来的[①]。

1. 如实告知义务

出租人作为公租房的所有权人或者支配权人，应当对公租房的各种状况有所了解，并对承租人具有如实告知的义务，内容主要包括房屋的基本状况、存在的瑕疵等。在公租房租赁合同关系中，法律对承租人也施加了相应的如实告知义务，与民事关系中私法上的如实告知义务不同，承租人的如实告知义务在更大程度上是为了更好地保障公租房的稳定运行，维持行政法律关系。而法律对承租人附加的如实告知义务主要体现在承租人对自己使用公租房的状况以及自己经济收入状况方面的如实告知。即当承租人的经济收入状况已经不符合公租房的申请条件时，需要如实向公租房主管部门报告，并退租公租房。如实申报义务，即公租房的承租人有如实申报个人或家庭资产的义务。在租赁关系存续过程中，若承租人资产状况发生变化，应当主动向出租人提出，而不应当由出租人承担审查的义务。一旦发现承租人存在恶意欺诈行为，出租人便就此享有公租房租赁合同的法定解除权，通过向承租人通知的方式解除双方的租赁合同，并且还可以要求承租人返还因为违反合同约定所获得的“不当得利”。

2. 配合检查义务

与承租人承担的如实告知义务相类似，承租人也应当承担配合检查的义务，配合检查的主要客体即承租人承租的公租房的使用状况。出租人即公租房的主管部门或者主管部门委托行使相关职责的相关机构在履行检查职责时，承租人需要加以配合。承租人在租赁公租房期间，需要合法、合理使用租赁物[②]。在检查过程中，发现承租人存在《公共租赁住房管理办法》第三十六条规定的几种情形的，公租房主管部门可以通知承租人解除公租房租赁合同。主管部门在检查过程中，检查出承租人在使用租赁物过程中有上述几种情况的，其不仅需要补缴减免的租金，记入诚信档案，还会被处以相应的罚款。

3. 隐私权容忍义务

对公租房的承租人进行调查是出租人的权利，反之，配合这种调查就成为承租

---

① 贺传皎，陈小妹，赵楠琦:《产城融合基本单元布局模式与规划标准研究——以深圳市龙岗区为例》,《规划师》2018 年第 6 期，第 86–92 页。

② 苏宝炜:《房屋“群租”管理风险规避实例》,《现代物业》2009 年第 9 期，第 54–56 页。

人的义务。行政机关或其委托人对承租人的收入状况、财产状况、住房状况进行调查，对其租金收取情况、物业条例遵守情况进行监督。公租房的调查监督是公租房保障部门在实行制度过程中所必需的程序，公租房保障部门对公租房相关信息的收集能够为政府依法行政提供一定的信息基础，是为了保证稀缺公共资源合理、公正的二次分配。相对而言，公租房制度的申请主体作为社会成员的一分子，也有义务对公租房保障部门的尽职调查行为作出配合。这就意味着，为了达到住房保障的社会利益的目的，公民个人的隐私权、和自由权等权利就需要受到一定程度的干涉。但同时，作为承租人也应当获得合理的隐私权的保护，确立禁止公开的原则和例外。除非申请人通过审查后行政机关对其资格进行公示以外，其他情况下行政机关不得公布申请人的其他个人信息或资料。

4. 有条件的购买权

公租房能否买卖，各地的规定有所不同。《江苏省公共租赁住房管理办法》第十九条规定："公共租赁住房及其用地不得转变用途，不得上市交易，不得分割登记，不得分户转让。"这就意味着公租房只租不售。而《重庆市公共租赁住房管理暂行办法》就承租人购买承租房屋的情形进行规定："承租人在租赁 5 年期满后，可选择申请购买居住的公共租赁住房。"这种出售只针对租赁满 5 年的承租人，其他主体没有权利购买，也就是说，承租人在一定条件下可享有购买权①。除上述一些权利、义务外，承租人还有其他重要义务，如自住义务，不得用于转租、自住以外的其他用途；妥善保管义务；按时缴纳租金义务；按时退出义务；配合检查、汇报等义务。

## （三）公共租赁住房出租人的义务

1. 审核与配租权

公租房租赁合同签订是经过行政部门审核之后，符合公租房申请条件的配租人与公租房的产权人或者其委托的运营单位签订书面的租赁合同。在公租房的使用过程中，出租人或其委托人有权对承租人的经济状况、住房状况进行审核，对符合条件的可以配租。一旦发现承租人不再符合公租房的申请条件，则可启动公租房的退

① 陈婴虹：《论我国公共租赁住房的退出制度——以城市中等偏低收入住房困难家庭为视角》，《河北法学》2014 年第 4 期，第 132-138 页。

出程序。审核权属于行政调查的一种。行政调查的含义在于，行政机构通过达到某种行政上的效果，而对相关信息进行收集、整理以及运用等。行政调查分为任意调查和强制调查。任意调查是最为普遍的调查方式，指的是依靠被调查者的配合而进行的一项调查方式，其在调查的过程和结果方面均不具有任意性和强制性[①]。

与任意性调查相区别的是强制性调查，顾名思义，就是行政机关在对公租房的承租人进行调查时，可以强制性地进入相关场所或对公租房承租人的财产状况等隐私进行调查。强制性调查又可分为直接强制与间接强制两种类型。间接强制调查指的是承租人没有正当理由拒绝接受调查的情况之下，相关行政机关可以对其采取一定的强制措施[②]。公租房保障部门对公租房申请人收入资产以及住房等情况的调查可采取任意性与间接性调查，因为如果申请人拒绝接受调查的，则公租房保障部门将对申请人作出不利的结论，中止其申请。

2. 收取租金权

租金收取权是出租人出租房屋后的一种对价。普通房屋租赁合同租金收取的方式、金额可以通过合同进行约定；公租房的租金收取方式可按月收取，也可按季度或半年一次。

3. 解除权

在合同当事人违反法定或约定事由时，出租人具有单方解除合同的权利。但是，租赁关系的稳定对公租房承租人而言具有特殊的重要意义。出租人如动辄解除公租房租赁合同，并且要求公租房承租人在一定期限内搬离出公租房，必然会给公租房承租人及其同住的家属带来很大麻烦[③]。因此，公租房租赁合同的解除权应当限定在一定的范围之内，而且在解除合同之前出租人必须履行通知义务。解除权行使的事由主要包括以下几方面：其一，承租人不再适格，如承租人资产状况发生变化；其二，承租人违反合同约定，如擅自转租或空置期达到约定期限的；其三，承租人利用公租房从事非法活动或营利性活动；其四，改变承租住房用途或房屋结构。

4. 行政处罚权

《公共租赁住房管理办法》第三十五条授予了公租房保障管理部门一定的行政处

① 唐若雷，余凌云：《户籍调查制度的立法取向》，《公安研究》1998 年第 2 期，第 48-50 页。

② 王少南：《审判学》，人民法院出版社，2003 年，第 37-42 页。

③ 周珺：《住房租赁法中的正当理由规则及其借鉴意义》，《湖北社会科学》2013 年第 1 期，第 167-170 页。

罚权限，仅可将提供虚假材料骗取公租房申请资格的人计入公租房管理档案，并处以一定金额的罚款。广东省规定，对违规申请、享受公租房和租赁补贴，或存在转租转借、空置、擅自装修等违规使用的家庭，住房保障管理部门除依据《公共租赁住房管理办法》《广东省城镇住房保障办法》等规定予以行政处罚外，还将其处罚信息纳入中国人民银行征信系统。北京市也作出了类似的规定，2019年北京市住房和城乡建设委员会发布通知，为进一步强化对公租房违规家庭的信用约束，公租房只能用于符合条件的申请家庭自住，对于存在转租转借、空置、擅自装修等违规使用的家庭，房屋行政管理部门除依据《公共租赁住房管理办法》等规定予以行政处罚外，还将其处罚信息纳入中国人民银行征信系统。

当然，这种行政处罚权限是极为有限的，对于罚款的当事人不按时缴纳罚款的没有相应的制裁措施。对于恶意不退租等信用风险，各地主要采用罚款处罚方式，这种传统的行政处罚对公租房的循环使用未必是一种很好的方式[①]。同时，将提供虚假材料的公租房的申请人计入诚信档案实际上也无法产生太大的威慑力，毕竟诚信档案只能在公租房的内部系统起到调节作用，而无法在整个信用体系中形成一种具有威慑力的效果。

5. 可居住担保义务

住房和城乡建设部于2010年发布《关于加快发展公共租赁住房的指导意见》，其中提出了明确的要求，新建成的公租房需要以满足基本的住房需求为目的。这就意味着，公租房不仅要以基本生活需求的满足为目的，还需要达到节能标准、环保标准等要求，确保公租房建设工程质量能够达标。因此，各地对公租房建设标准设定较高，部分地区新建公租房竣工后已达到拎包入住的标准。可居住担保义务不仅指在公租房的申请人在搬入公租房时，公租房符合可以居住的标准，而且还指公租房的出租方应当确保公租房自租赁期开始到租赁期届满一直能够处于适宜居住的状态之下。

6. 维修义务

维修义务是可居住担保义务的内容之一，公租房维修义务由产权单位承担。但若是由承租人不当行为造成的，应当由承租人承担维修费用。《公共租赁住房管理办

① 李智：《公共租赁住房投资信托（REITs）法律重塑——两房合一背景下的新审视》，《西南民族大学学报（人文社科版）》，2016年第2期，第82-87页。

法》第二十四条规定：公租房在使用过程中，对公租房及其附属设施的维修义务交由公租房的出租方承担，当然也包括公租房的委托运营单位。不论是中央还是地方对公租房的相关规定都对公租房的所有权人及其委托的运营单位保持公租房适租而产生的维修义务作出了相关规定。

## 四、公共租赁住房的物业管理及使用过程中的责任分配

公租房的管理工作是指房屋入住后的物业管理和住房租期到期的审核工作及退出管理机制，管理工作的效率直接关系到公租房制度中政府的重要地位[①]。根据公租房的性质而采用的运营管理模式能考验公租房制度的可行性与持续性。物业管理同时也是运营环节的关键节点，所以社会要发动全部力量去处理物业服务企业在公租房管理中需要面对的问题，给予解决策略，在选择专业的物业服务企业时采用市场化的方式，从而减轻公租房物业管理的经济压力，减少政府管理机构因组建物业管理公司带来的问题。

### （一）公共租赁住房承租人交纳物业费

目前，我国的住宅物业收费模式包括三种主要类型。第一类，是目前我国住宅小区物业比较普遍的物业服务收费类型，即通过政府定价或者政府制定指导价格的方式，确定小区物业服务管理的收费标准。例如，济南市的 2012 年的规定为公租房物业费标准符合济南市当年确定的廉租房实物配租申请条件和具有市内六区常住居民户籍且享受最低生活保障的，公租房物业费按照济南市原廉租房物业收费标准执行[②]。该种方式是通过政府价格主管部门（一般是物价局）会同物业管理行业的主管部门（一般是住房保障局）对市场上物业服务的市场价格进行调查核实的情况之下，对不同种类小区物业服务收费制定相应的意见。与此同时，不仅物业服务收费的价

① 姜艳艳，贺爱娟：《基于模糊综合评价的公共租赁住房制度研究》，《城市学刊》2019 年第 2 期，第 34–38 页。

② 《济南市人民政府办公厅关于完善公共租赁住房保障工作的通知》，《济南市人民政府公报》2018 年第 2 期，第 54–55 页。

格是由价格管理部门作出规定，公共基础设施的维修保养、保洁、绿化等具有公共服务性质的相关费用，在不同地区也会有不同的标准。第二类，已经成立业主委员会的小区一般将物业服务收费价格的制定权限交由业主大会，业主委员会通过招投标的方式选择物业服务企业进驻小区，参照物价局制定的相应物业服务收费标准，制定本小区的物业服务收费价格。此种方式不需要参照物价局给出的价格标准，只需要将物业服务收费价格在本小区进行公布，并报当地物价部门进行备案即可生效。第三类，是房地产开发商在与房屋的买受人签订房屋买卖合同时，直接将物业服务企业的收费标准规定在房屋买卖合同之中。

公租房的物业管理收费模式一般是按照“政府定价、政府指导价的物业管理收费标准”执行。公租房承租人的经济收入有限，市场价或者市场价格以上的物业费用会使承租人的经济压力增大。政府在制定公租房的租赁价格时，同时明确公租房的物业费，并保证公租房的物业费低于普通商品房的物业费。故而，公租房不仅房屋租赁价格低于市场价格，其物业服务收费标准也相应地低于商品房。

## （二）成立住户管理委员会

住户管理委员会是公租房业主自发形成的自治组织，其功能与商品房小区中的业主大会、业主委员会类似。在公租房建成后，受限于物力、人力、财力等，城建部门无法直接对公租房进行统一管理，故而需要引入市场主导的物业服务企业管理公租房的日常运行。然而，在公租房小区聘用物业服务企业的过程中存在很多问题，公租房承租人一般无力承担市场价格或者市场价格以上的物业费。同时，因为物业费相较于承租人的收入水平较高，导致物业费的收缴率不高，物业服务企业因此更加不愿意投入更多的财力维护小区的环境卫生及公共安全。由此形成物业服务的恶性循环。

在这一情况之下，很多公租房小区居民往往选择通过成立住户管理委员会的方式，代替聘请物业服务企业进驻小区，这样可以使公租房的物业费更为低廉。同时，可以聘请有相应工作经验的住户在公租房小区内担任一定的职务，不仅保证了卫生、安保等劳动力资源充足，而且使得这部分就业人员获得一定的收入来源，为其提供就业岗位、缓解经济压力。

## （三）公共租赁住房的修缮责任

荷兰的公租房制度经历了从政府作为建设主体，到社会资金参与、政府主导的模式转变。政府在进行公租房运行的过程中，积极鼓励社会资金进入公租房领域，使得不同种类的社会资金参与公租房建设从而合理发挥最优效用。在政府的积极鼓励和支持之下，荷兰住房协会负责、运营与管理，养老基金等社会资本为公租房建设与维修提供融资支持，彼此相互协调，共同筑建起依赖民间资本实现公租房资金筹集、施工、运营、分配等各方面的公租房运行模式[①]。从荷兰模式中可以看出，公租房制度中房屋的修缮责任一般归于出租人，只有当承租人对房屋的损坏具有故意或者重大过失的，出租人才应对承租人要求承担相应的责任。

而对于我国公租房制度来说，公租房的房屋修缮责任一般基于“公平、公正”的原则进行分配。例如秦皇岛市保障性住房管理中心对公租房的修缮责任作出如下的分配规定。其一，承租户入住时，要认真检查房屋所有配套设施，发现问题及时向小区物业公司反映，市保障性住房管理中心依据物业收集的报修资料及现场实际情况及时解决和处理。其二，承租户要自觉爱护室内、室外的设施设备，如发现自行改造或人为损坏将不纳入维修范围，造成的损失由公租房承租户自行承担。其三，承租户入住 1 年内如果发现室内常用易损设施发生损坏的（使用不当、人为损坏除外）可向物业报修，入住 1 年后室内常用易损设施损坏的由承租户自行承担。其四，住房共用部位、共用设施设备的日常维护保养由小区物业公司负责，共用部位、共用设施设备损坏不在物业公司维修保养范围内的由物业公司联系相关责任方进行维修[②]。

从总体上来说，公租房与一般的房屋租赁具有显著区别的是，房屋租赁中房屋的修缮责任首先是由当事人之间协商确定的，如果未对这一问题作出确认，一般情况下根据《民法典》第七百五十条的相关规定，租赁物在租赁期间的维修义务由承租方承担。也就是说，在一般的房屋租赁合同中，法律倾向于将房屋的修缮义务赋予承租人一方当事人。而公租房的修缮义务一般都是由各地住房保障部门拟定的公租房租赁合同文本中直接作出规定。在一般情况下，公租房租赁合同文本将公租房

---

① 胡金星，汪建强：《社会资本参与公共租赁住房建设、运营与管理：荷兰模式与启示》，《城市发展研究》2013 年第 4 期，第 60–65，70 页。

② 秦皇岛市保障性住房管理中心：《公共租赁住房入住后房屋维修须知》，2020 年 9 月 1 日。

的修缮义务直接分配给出租人——住房保障部门或者住房保障部门委托的公租房管理机构。

### （四）公共租赁住房的租后管理

健全公租房法规体系，强化公租房租后管理的可持续发展的关键不仅在于规划建设，更在于后期运营管理。公租房的管理工作涉及准入与配租、租金收支、租后管理和退出管理等多个方面，而有序退出是保障其公平善用的重要环节，也对促进住房资源在困难群体之间的有效流动和实现公租房的政策目标具有重要意义①。公租房配租后，租后管理就成为公租房使用的重要一环。租后管理就是指公租房租赁合同签订之后行政机关、产权单位或物业公司对公租房房屋以及承租户进行管理的过程，实质上是租赁管理制度。随着新毕业大学生与进城务工人员的不断增加，公租房建设与管理也面临着各种各样的问题，租后管理问题更是层出不穷。公租房的租后管理体制亟待建立，更需要法律强制手段的保障。

## 五、建立针对公共租赁住房的物业管理制度

### （一）建立以政府指导自我管理的物业管理方式

在集中建设的保障房小区内，往往低收入人群大量聚集，小区内孤老病残人员、失业人员等较多、离异家庭等较多，这样的特点给保障房小区的日常管理、治安带来一系列问题。例如，邻里间因生活琐事吵架、酗酒斗殴事件等治安事件时有发生。住房保障部门不仅要对保障房进行管理，还要延伸到对人的管理，压力很大②。提高物业管理服务品质与质量将有利于这些问题的解决。

通常情况下，保障性住房比商品房的物业管理难度大，物业费收缴也比商品房

---

① 韩璟，于利群，严军，卢新海：《县域视角下的公共租赁住房退出意愿分析——以江西省分宜县为例》，《中国房地产》2020 年第 3 期，第 15–22 页。

② 张农科：《政府保障性住房物业管理模式探讨》，《中国物业管理》2011 年第 10 期，第 6–9 页。

难。物业服务企业为了生存往往自觉或不自觉地降低服务标准，业主对物业的满意度下降，物业费的收缴越发困难，容易产生恶性循环。提升物业管理与服务品质、优化公租房小区人居环境、提升保障对象生活品质、让保障对象生活有尊严是现代保障房小区物业管理的重要目标与任务。

## （二）引进优质物业服务企业

引进优质物业服务企业需要政府的引导。物业管理可借鉴新加坡组屋、中国香港公屋的物业管理经验，采用市场招标形式公开选聘社会责任感较强、物业管理经验丰富的物业服务企业，运用市场机制实行社会化服务，通过对保障性住房的经营管理和维修服务，改善保障性住房小区的居住环境，提升保障性住房的品质和价值[①]。例如，南京市保障房岱山片区齐修北苑保障房小区物业是由绿地集团所属的绿地物业公司承接的。其物业服务质量较高，在人性化服务方面不断创新，住户满意度高。好的物业管理不仅可以提升保障房小区的品质，也能增强保障对象的生活自信心。

## （三）公共租赁住房使用权人的代理业主地位

随着我国城镇住房保障政策的推进，公租房也越来越多。由于公租房的住户只是物业的使用权人而非所有权人，依据现行法律规定，公租房的住户不是业主，也就无法以自己的名义参加业主大会和小区的物业管理。一般的商品房物业使用人（如承租人）如经所有权人授权（合同约定）可以作为所有权人的代表参与物业管理。公租房使用权人在物业管理中的地位应如何界定？

公租房的所有权人是国家，公租房制度是国家为了保障中低收入者等公民住宅权的实现而采取的一项法律措施[②]。政府将公租房租赁给符合条件的人，不仅意味着使中低收入者或符合条件的人有房可住，也意味着使用权人有使用此房的所有权利

① 杨靖，孙广卿，钱晶，胡婷婷：《公共租赁住房的优化发展模式和建设策略》，《当代建筑》2021 年第 2 期，第 51–55 页。

② 费林海，欧阳华生，杨茜，张光忠：《基于逻辑分析法的住房保障项目绩效审计研究：一个应用框架》，《公共财政研究》2019 年第 3 期，第 17–28 页。

与义务，当然也包括享受物业服务与得不到服务时的救济权。公租房的住户对其租赁房屋的占有、使用，是国家保障公民居住权实现所承担的责任与义务的体现。

因此，政府在将公租房交付给符合条件的承租人居住时，签订公租房租赁合同实质上就是国家将该房屋使用的权利与义务交付给承租人，包括赋予承租人享受物业服务的权利与承担相应义务的责任。因此，公租房的承租人在物业管理中的地位应当等同于房屋所有权人授权的使用权人，承租人能够以自己的名义参加业主大会和参与小区的物业管理，而不需要政府或出租人的特别授权。保障承租人的参与管理权有利于对物业的监督。

## （四）施行市场化运作的物业管理模式

公租房小区由于低租金、低物业费，往往会导致物业服务企业入不敷出，仅依靠物业费运营将无法长期生存。我国香港的房屋委员会也长期奉行低租金政策，公租房一直以赤字运行，需要巨额资金补贴。为此，香港房屋委员会通过三种市场途径补贴公共租赁房屋：一是按市值出租公租房附属的商业设施和非住宅设施，如商场、街市铺位及停车场；二是通过各种自置居所计划出售房屋；三是依靠金融手段融资。这些做法值得借鉴。杭州公租房小区物业实行公开招标，但物业费原则上不实行“优质优价”。为了吸引和鼓励优质物业服务企业参与保障房小区物业管理，杭州市规定“承租人缴纳租金后，不再缴纳物业服务费和电梯、增压泵等能耗费”，这意味着物业服务企业只要服务到位，就可以以 100% 的收费率收取物业费（一般小区物业费平均收费率在 85%），既节省了收费的人力成本，又获得了 15% 左右的收费率机会收益，可用以弥补不实行“优质优价”带来的损失[①]。为此，杭州市吸引了具有国家一级资质的南都物业公司参与公租房小区的管理。

① 胡吉亚:《我国公共租赁住房发展的路径优化》,《上海交通大学学报（哲学社会科学版）》2020 年第 4 期，第 57–70 页。

# 第十章
# 公共租赁住房的退出制度

公租房制度的退出问题在很多国家的公租房制度实施过程中都是一个让人头疼的问题，清退租户面临巨大困难。随着我国保障性住房由建设期向后期管理期的转变，公租房在分配入住后的管理中出现大量欠租、退出等问题。当前基层住房保障机构仅有管理权，而无执行权，尽管相关政策一再强调民政、公安、法院等相关部门配合工作，但在实际工作中，由于公租房保障对象大部分为弱势群体，社会影响较大，地方政府从社会稳定的大局出发，不愿将事态扩大化，强制性对其进行清退有可能会引发严重的社会问题，从而削弱了政策的执行力。与此同时，公租房制度作为一项福利政策，在房源供给方面必定是具有一定限制的。在这种情形下，公租房退出制度的实施效果不仅关系到承租人对社会福利制度的侵占，同时对于真正需要公租房但尚未入住的公民来说，形成了权利的“二次剥夺”。所以公租房退出制度乃是公租房制度中最为重要的环节之一。

## 一、公共租赁住房退出程序及过渡性机制

目前我国相关法规、政策仍未明确规定申请公租房退出程序，导致承租人即使有主动退出意愿也会因为退出过程无章可循而选择继续占用公租房，影响公租房的循环利用和优化配置[①]。

---

① 李克武，聂圣：《论我国公租房使用退出激励机制的立法构建》，《华中师范大学学报（人文社会科学版）》2021年第2期，第71–81页。

## （一）公共租赁住房的退出程序

我国公租房的退出程序规定较为复杂导致具体适用上的困难。我国现有的公租房租赁合同的退出程序，尤其在对承租人因违约而导致出租人解除合同的程序方面，对出租人的合法权益的保护是不够的，而更多的是对出租人的制裁措施，体现为各种行政管理特权①。《公共租赁住房管理办法》第三十一条规定："承租人有其他住房的，公共租赁住房的所有权人或者其委托的运营单位可以向人民法院提起诉讼，要求承租人腾退公共租赁住房。"我国公租房虽然是由住房保障部门牵头发起，但是对公租房的管理、运行、检查、退出等事项主要是通过公租房的所有权人或者其委托的运营单位进行，公租房的所有权人在很大程度上并非住房保障部门，而是由住房保障部门与社会资本合作参与建设的，也就是说，在一定程度上公租房的所有权人包含社会资本，而住房保障部门仅作为发起方参与公租房的筹划工作。

可想而知，社会资本在对公租房进行管理的过程中，如果遇到公租房的承租人不愿意腾退住房的情形，是无法通过公权力的行使直接要求承租人搬离公租房的，而只能向有管辖权的法院起诉，依据物权请求权请求人民法院对承租人拒不办理的行为进行判决，待判决生效之后再由执行法院强制执行承租人搬离公租房。从这一程序中可以看出，我国公租房的所有权人或者运营单位在公租房的退出程序中往往仍需要借助公权力机关，这实际上是由于公租房所有人和运营单位没有执法权能导致的。

然而，在我国目前的司法体制之下，司法机关的审判压力已经不堪重负，将公租房清退这一重任委任于人民法院使法院的案件审理压力增大。实质上，即便目前我国以社会资本为代表的公租房所有权人无法在实质意义上享有公租房清退权，需要向人民法院起诉并经过执行程序的一系列过程的退出程序过于烦琐。同时，这种做法也导致公租房承租人占用时间无限延长，因为诉讼及执行程序的时间往往数月，在这种情形下既浪费了司法资源，又导致社会成本的浪费。

---

① 陈婴虹：《论我国公共租赁住房的退出制度——以城市中等偏低收入住房困难家庭为视角》，《河北法学》2014年第4期，第132–138页。

### （二）公共租赁住房退出的过渡制度、处罚与执行制度

公租房制度是针对中低收入群体的临时性、过渡性住房政策。上面已经阐述，承租人承租公租房的租期一般为 5 年，5 年之后如若承租人仍然符合申请公租房的条件，则需要重新向当地的住房保障或其他相关部门提出申请。而在这一政策实施过程中，一旦其状况发生了相应变化，则就会触发公租房的退出机制。

但是，从公租房退出机制实际的执行状况来看，我国公租房在很大程度上需要依靠承租人自觉退出。其主要原因在于，我国人口基数较大，住房保障部门对公租房制度及程序的维护往往难以较为周全，导致通过审核等方式退出不仅浪费行政成本，同时也难以做到事无巨细。总的来说，从目前公租房退出制度的运行来看，我国公租房的退出制度仍然存在制度落实不到位、法律规定粗化以及实际运行过程中相关单位工作人员工作量大等问题。

## 二、公共租赁住房退出程序存在的问题及原因分析

### （一）公共租赁住房制度退出机制设计不合理

对于不再符合公租房申请与使用资格条件情形的退出规定存在不合理之处。当承租人收入与资产超过规定标准时，如果承租人没有其他住房，使其退出也是不可能的。即便可申请人民法院强制执行，但如果承租人无其他住房，法院从社会稳定大局出发也不会强制执行。当收入作为准入标准时，必然也会给退出带来困扰。承租人条件超过收入线，若不退出违反规定，若退出无房必然导致退出难。因此，应取消收入作为准入的条件而以住房作为准入标准。当承租人有房或在市场租房的情形下，使其退出公租房便不再困难。

### （二）公共租赁住房承租人退出过程中缺乏动力支持

部分保障对象经济状况有所改善，但主动退出缺乏动力。住房退出制度的设计

为"轻惩罚、无激励"，只有惩罚机制，且轻惩罚而无奖励措施，即退出无利益，且处罚措施的落实有难度，更有承租户抱有租转售的期望，企图在公租房方面牟取私利。在此情况下，即便在政府高压措施下，承租人也会权衡权益得失，往往选择延期退出，而非主动退出。

### （三）公共租赁住房承租人退出缺乏强有力的法律支撑

尽管对于公租房承租人拒不退出公租房的，住房保障部门可以向人民法院申请对其进行强制执行，但《公共租赁住房管理办法》的效力层级实际上远远不足。其仅为部门规章，申请法院强制执行的法律依据或效力不够。在承租人无其他住房的情况下执行更有难度，很难取得法院的支持。

## 三、完善公共租赁住房退出制度的对策与建议

### （一）公共租赁住房退出程序的构建与完善

公租房制度是一项公法上的内容，在公租房制度的构建过程中，公租房退出程序的构建是公租房制度正当程序构建的重要环节之一。公租房制度不仅具有公法上对公民住宅权保障的功能，在私法层面上还具有保障合同双方当事人权利的作用[①]。出租人单方解除公租房租赁合同不利于对承租人利益的保护，应完善退出的正当程序，具体包括：解除的告知、说明理由、听证、行政回避、信息公开。

### （二）奖励与惩罚并重的公共租赁住房退出机制

就目前的情况而言，我国公租房制度的退出惩罚措施主要是通过经济手段予以

① 陈婴虹：《论我国公共租赁住房的退出制度——以城市中等偏低收入住房困难家庭为视角》，《河北法学》2014年第4期，第132-138页。

实现和控制，即通过要求公租房的承租人缴纳相应的罚款、罚金等方式，督促公租房的承租人在一定的期限内退出公租房。除此之外，我国公租房的退出机制还包括行政手段、民事手段等不同机制，如对拒不退出公租房的公民记入诚信档案、取消或者限制其申请资格、申请法院强制执行等惩罚性措施[①]。实际上以上几种公租房的惩罚方式收效甚微，实施效果也不够乐观。

## （三）成立专业的公共租赁住房管理监督机构

在条件允许的地区，可以成立专业的管理监督机构以对承租人违法行为进行监督与管理，确保经费使用、人员配备等各方面规范有序。我国香港的房屋署成立了“善用公屋资源分组”，专门审查公屋住户的申报，以防止公屋资源被滥用。公租房承租人存在严重违约行为的，如违法将公租房转租给其他人、经证实除了公租房之外还有其他居所、将公租房用于违法犯罪活动以及其他严重违约行为的，住房管理监督机构可以不经过警告程序立即通知其解除公租房租赁合同。在我国，可以在有条件的地区建立公租房管理机构，专门负责公租房的分配、管理、运营工作，并且赋予公租房管理机构以独立的法人地位，使其独立于政府之外。

## （四）加大行政处罚以及刑事处罚力度

一直以来，公租房只能用于符合条件的申请家庭自住，对于以欺骗手段承租、转租转借、擅自装修公租房的，房屋行政管理部门都会依据《公共租赁住房管理办法》予以行政处罚，包括限期退回公租房、按市场价格补缴租金、处以罚款、5 年内不得申请等。

但是，我国目前对公租房中存在的违法行为处罚力度过低，导致通过违法行为牟取利益的群体得不到法律的惩戒，违法成本低，更导致公共资源配置的浪费。《公共租赁住房管理办法》第三十五、第三十六条集中规定了申请人违反法律规定所应承担的法律责任，多为行政处罚，不能够起到威慑作用。严格的退出机制能够有效

① 郑莹，于骁骁，祝晓楠：《公平视域下公共租赁住房制度的路径实现》，《河南社会科学》2014 年第 9 期，第 49-53 页。

防止牟取不正当利益事件的发生。建议综合租房保证金制度和弹性租金制度，在原有惩戒手段的基础上建立和完善针对公租房实物配租享受者的违规处罚制度，以强化公租房日常管理。

## （五）建立健全个人信用档案制度

我国公租房腾退过程中存在个人信用档案体系不完善、强制性手段执行无力的情况。针对这些情况。应当从经济手段入手，利用好租金这个灵活的调节政策，使公租房承租人能够在自身条件发生改变且不符合保障标准的情况下主动退出。建议将初始租金定得较高于市场水平，承租户先缴纳租金，之后政府再以补贴的形式降低承租人实际缴纳的租金，补贴金额依据承租人收入分档确定，在合同期满后，政府停止补贴，租金恢复到高水平，迫使超出保障条件的承租人主动腾退。同时逐步建立个人信用档案体系，为公租房的发展提供支持，同时提高政府的工作效率。

应当为申请公租房的家庭统一建立个人信用档案，并在其公租房申请之日起正式入档，至公租房退租之日结束，为公租房租赁期间的动态核查提供一个有效的平台。例如，沈阳市采取解除租赁合同、不予享受公租房租金优惠、其行为记入信用档案并予以处罚、5 年内不得申请公租房等措施，使公租房制度的退出渠道更加畅通[①]。而重庆市和北京市规定租金按照原公租房租金的 2 倍收取，同时北京市还规定将承租人或承租家庭拒不退出公租房的行为记入信用档案。

① 李智：《公共租赁住房投资信托（REITs）法律重塑——两房合一背景下的新审视》，《西南民族大学学报（人文社科版）》2016 年第 2 期，第 82-87 页。

# 第十一章 公共租赁住房的监督与管理制度

公租房制度的监督与管理直接影响到公租房制度的可持续发展。

公租房作为一项福利制度，租金低于市场价格，公租房承租人在面对经济诱惑时可能倾向于作出对自己有利的选择，即在不符合公租房的承租条件后继续占有、使用公租房。这就要求在相关法律中设置一定的公租房监督机制，以保证公租房制度在大众的监督之下有序展开。

## 一、公共租赁住房监督管理存在的问题及原因分析

对公租房的退出机制来说，承租者在经济能力明显提高后，仍有可能不愿意腾退房屋，导致公租房退出难的问题。因此，针对这样的中低收入弱势群体，在制定法律规范时，不仅要让他们感受到法律的公平，也要感受到法律的合理，从他们的角度出发，切实维护其正当权益[①]。在此基础之上，寻找解决公租房退出难的办法，为相关政策措施提供依据，实现公租房的循环利用，促进住房保障制度的可持续发展。维护住宅权的社会权属性是保障性住房建设和运行的制度基础，而保障性住房退出机制的建立和完善，也是实现社会公共资源有效流转、在更大程度上满足住房困难群体住房需求的必要程序。为了保证公民对社会基本权利的享有，政府需要通过积极义务的作为保证保障性住房的供应量。政策落实不到位，不仅导致真正需要公租房的适保群体“居无定所”，引发严峻的社会问题，同时，建设公租房所需的资

① 章建平:《公共租赁房“杭州模式”的“三化”管理服务体系》,《中国房地产》2013 年第 11 期，第 18–20 页。

金量大、回报效率低下，“中央请客、地方买单”的公共政策导致地方财政不足以支撑公租房的运营和管理，只能通过以中央银行贷款为主的融资贷款形式筹措资金[①]。住房保障制度立法上的价值错位和执行偏差，引发不动产资源和社会资源的浪费，经济成本和风险转嫁至地方政府，并最终辗转由纳税人买单。我国的公租房在退出条件方面已经臻于完善，但是在政策落实和执行的过程中，因为公租房执行的相对人是收入水平较为低下的家庭，导致公租房制度的退出程序在施行阶段存在巨大的阻力，这是公租房退出条件和程序上的难点。

## （一）价值错位：公共租赁住房制度仅立足于政策执行

目前住房和城乡建设部颁布的《公共租赁住房管理办法》是我国位阶最高的专门性立法文件。除此之外，中央层面的公租房立法均是通过政策性文件的形式“堆砌”起来的[②]。仅依靠政策性文件无法支持和带动全国范围内保障性住房制度的施行，无法担当起自下而上的公租房制度运转的重任。而政策性文件对公租房的规定和推动工作又大多属于倡导性质，没有具体关于违反公租房相关法律的后果等程序性事项的规定，无法直接适用于公租房工作，需要通过地方立法或者政策的层层解读，分解为可资执行的程序性规定。

地方人民代表大会和政府为了弥补专门性保障性住房立法的缺失，积极促成并制定的各种地方性法规或者地方性规章的做法虽然能在一定程度上解决上位立法缺失的燃眉之急，但是这些规章的制定解决的仅是本地的保障性住房立法缺位问题，且多数是在遇到某一具体问题时为针对性地解决这一问题而给出的对策。这就导致地方性法规和规章出现数量众多、层次低下、反复更迭、前后不一等一系列问题[③]。仅通过“头痛医头、脚痛医脚”的立法方式，难以对我国保障性住房的全局性问题加以把握，调控范围覆盖全国的专门性住房保障立法尚处虚位。

此外，我国上下级政策之间的实施也存在一定的偏差。地方性立法及规章在调控本地工作的同时，与其他省、市无直接的立法对接和沟通，导致不同地区之间的

① 李静：《权利视角下保障性住房建设中的政府法律责任》，《兰州大学学报》2015 年第 2 期。

② 如《住房城乡建设部关于保障性住房实施绿色建筑行动的通知》、国务院国有资产监督管理委员会办公厅《关于积极参与保障性住房开发建设有关事项的通知》《国家发展改革委办公厅关于利用债券融资支持保障性住房建设有关问题的通知》等。

③ 刘双良，石丽婷：《优化保障性住房的准入退出机制》，《人民论坛》2017 年第 34 期，第 90-91 页。

公租房制度在申请门槛、提交材料、最低申请条件、退出适用的具体情形等各方面标准参差不齐，造成公租房在申请、审查、核实、下放和收回的各阶段不规范、不统一的现象，加剧了我国公租房发展的不平衡。

公民社会基本权利的维护要求保障性住房制度的建立，需要政府以全国范围的住房保障立法为依托。而上述种种现状表明，我国保障性住房制度的运行仅是基于一系列政策文件支撑起来的，既无实体方面关于保障群体概念和范围的有关规定，也未提及分配方式和退出程序等相关事宜。以《国务院办公厅关于保障性安居工程建设和管理的指导意见》为基础建立的公租房制度，可以说是围绕公民财产性住宅权的维护和保有建立起来的一系列政策性文件的简单罗列，而忽视了对公民社会基本权的住宅权义务的积极履行。

## （二）执行偏差：自由裁量空间过大

由于公租房制度仅立足于政策上的执行公租房立法的缺失，导致立法上将保障主体、保障程序、保障标准等规定的权力下放到地方。由于中央对公租房立法没有较为明确和统一的规定，能够限制各地立法工作权限的只有国务院及其部门的政策性文件，各地无法依此明确如何开展立法工作以及立法的尺度及标准。公租房制度在中央层面的立法较为模糊，导致地方在保障群体的范围、收入群体的定义、申请的程序等方面自由裁量权过于膨胀，引发公租房执行政策上的千差万别。

在公租房的保障群体方面，即哪些主体需要被纳入公租房的保障范围，中央与各地方的规定也有所不同。住房和城乡建设部颁布的《公共租赁住房管理办法》中，主要囊括了三类保障群体，即“城镇中等偏下收入住房困难家庭、新就业无房职工和在城镇稳定就业的外来务工人员”；而《江苏省公共租赁住房管理办法》中规定的纳入保障范围的群体，与其稍有不同，主要在于“城市中等偏下收入住房困难家庭”中的“城市”①与“城镇”之别。由《城乡规划法》第二条可以看出，城镇包括城市和镇。而江苏省将公租房的保障群体范围限于“城市”，实际上限缩了住房和城乡建设部对公租房的保障范围，导致以“镇”为行政区划单位内的部分群体被排除在了公租房的保障范围之外。

---

① 《城市规划法》第三条规定：“本法所称城市，是指国家按行政建制设立的直辖市、市、镇。”在定义上将城市等同于城镇，但是自《城乡规划法》颁布、《城市规划法》废止以来，城镇与城市在概念和范围上有所变化。

例如，江苏省的地级市南通市所制定的适用于本市范围的《南通市市区公共租赁住房管理暂行办法》与中央和省级规定的保障人群相比，增加了“引进的紧缺类专业人才”这一群体。从保障范围上来说，其更大范围地保障了本城镇务工、就业人群的“住有所居”。但是从另一角度来说，由于公租房自身建设条件的限制，一般该类住房位于较为偏僻的地区，且建筑面积大多在 $60m^2$ 以下，甚至有的单居套型仅十几平方米，以满足“住无所居”人群的最低生活保障需求。而“紧缺类专业人才”一般都属于受过高等教育，在某一专业领域学有所长的技术型人员。给予这类专业性人才以低收入家庭同样的保障，不仅不利于本地对人才的吸引，甚至由于各地的人才引进战略导致人才净流出，变相制约了本地的经济发展。

在收入群体的定义方面，中央和各地方的立法、执法机关对纳入公租房保障群体的定义和名称也各不相同。国家统计局在有关公租房工作的统计中，统计数据通常采用“低收入户”“最低收入户”“困难户”“中低收入家庭”等概念[①]；审计署统计数据采用的是“低收入住房困难家庭”“中低收入住房困难群众”“住房困难群众”等一系列概念。各地方立法中涉及保障性安居工程以及保障性住房的通知、管理办法中，对保障对象的称谓也不尽相同，如《江苏省省级保障性安居工程（宜居住区）建设引导资金管理办法》中就出现了多个名称，用以概括保障性住房群体，包括“中等偏下收入住房困难家庭”“城镇低收入住房困难家庭”等。这些名称上的不统一，不仅导致在适用保障性住房条件或者申请保障性住房时，容易对各主体产生混淆，造成立法上的不严谨；由于立法上的不统一引发条例适用上的混乱，导致中央与地方政府之间、地方各级政府之间各行其是、各自为政的混沌状况。

## 二、公共租赁住房监督管理主体及责职

### （一）社会监督

公民对公租房制度的监督权利，来源于公民对公共福利制度的享有。根据托

① 汤闳淼，冯彦君：《当代中国住房权的实现路径——以保障性住房制度为重心的分析》，《社会科学战线》2017 年第 5 期，第 237–247 页。

马斯的正义观念，其认为“隐含于分配正义观念中的平等并不是一种机械的平等，而是一种比例的平等”[①]。这就意味着，在社会财富总量一定的情况之下，社会福利需要优先保障那些无法通过自己的能力实现自给自足的群体，以达到比例上的平等分配。然而，当这一弱势群体以其一己之力能够实现社会财富的平均水平，就无须再通过社会保障部门的加持与辅助。就公租房制度而言，当承租人的条件已经不再符合公租房的承租申请标准，便无须再经由公权力机关予以强制性保障。“中低收入”以上的主体继续享受公租房的情况便构成了对分配正义秩序的破坏。社会财富总量是一定的，对无须进行特殊关照的主体给予保障，便构成对符合公租房申请条件但是尚未实际入住公租房以及未经公租房保障等的其他群体的“非正义”。

也就是说，公民对权利（至少是自然权部分的权利）的享有，乃是由“人之所为”为人而决定的。既然每一个公民在“中低收入”等公租房标准条件下都有权利获得相应的保障，其也有在其他公民获得相应福利保障的情形下进行监督的权利。因为“任何人都不能对他人施加压力，从而使他人能在其诉讼中适当地侵犯其平等权利的行为”[②]。其对公租房承租人及相关程序的监督，乃是其自身社会保障权利的彰显和具体表现形式。

当然，法律的实然状态与应然状态并非是一一对应的。这就意味着，即便是我国公民有权行使对公租房制度的监督权，也不一定就必然能够积极地践行。公民作为一个庞大的群体，在公租房制度实行的过程中是否能够积极行使监督权是实践中较为困难的问题。

将全体公民置于公租房监督体系之下，并要求人人尽其所能行使该项权利是不现实的。需要真正从公租房监督制度与监督主体之间的利益关系入手，才能真正实现公租房监督体系的高效率、有序运行。故而，要将与公租房制度的运行息息相关的公共主体纳入公租房监督体系之中，即符合公租房申请条件但是尚未入住公租房的这部分人，应当成为监督公租房制度运行发展的中坚力量，这一力量来源于其对自身利益的关联性需求。因此，国家可以建立相应的公民监督检举机制，通过这一机制的施行并辅以相应的激励机制，如符合公租房申请条件但是尚

① E. 博登海默：《法理学：法律哲学与法律方法》，邓正来，译，中国政法大学出版社，2017 年，第 36 页。
② E. 博登海默：《法理学：法律哲学与法律方法》，邓正来，译，中国政法大学出版社，2017 年，第 52 页。

未入住公租房的主体检举公租房承租人不当使用房屋的行为并且查证属实的，可以优先为其提供房源，使这一处于后顺位的公租房承租主体优先获得公租房的入住资格。因为这部分主体在此过程中会获得相应的回报，因此较之于其他主体的行为动力更为充足。

## （二）政府监督

政府及其相关部门是公租房制度监督的主要主体，这一主体责任的赋予不仅来源于上述社会监督，还因其是公民的普遍义务，更是作为国家机关工作人员行使职能的行政义务。与上述以公民为主体的社会监督不同，政府监督不仅是一种权利的行使，更意味着行政义务的履行。故而法律为这种行政义务设定了一定的法律后果，以抑制政府相关部门的不正当行为。根据《公共租赁住房管理办法》第二十八条的规定可以看出[①]，法律将公租房监督制度的监督责任置于“公共租赁住房的所有权人及其委托的运营单位”。

## （三）所有权人监督

在公租房制度运行过程中，所有权人与住房保障部门的身份并非完全重合。例如，根据《常州市市区公共租赁住房管理办法》第十五条的规定，常州市公租房房源筹集的其他渠道包括从社会上收储的公民个人住房。也就是说，此时公租房的主体乃是住房被收储的个人，这一所有权主体与住房保障部门是不一致的，在这一情形下，公租房的监督主体就引入了住房被收储的个人。个人所有的住房被收储为公租房房源的公民，其监督的权力不仅来源于普遍意义上的公民监督权，更是私法层面物权概念中物权人对自己所有之物的监督权的行使。

---

① 《公共租赁住房管理办法》第二十八条规定：“市、县级人民政府住房保障主管部门应当加强对公共租赁住房使用的监督检查。公共租赁住房的所有权人及其委托的运营单位应当对承租人使用公共租赁住房的情况进行巡查，发现有违反本办法规定行为的，应当及时依法处理或向有关部门报告。”

# 三、公共租赁住房监督管理措施

## （一）加强公共租赁住房管理立法工作

目前，我国公租房立法存在立法层次低、法制统一性缺乏的问题。我国现行公租房立法基本上只包括国家层次的由住建部等几个部委联合颁布的作为部门规章的《公共租赁住房管理办法》、各省级政府颁布的正式或试行的公租房或保障住房管理办法、各市县政府颁布的公租房管理办法等，层级效力较为低下[①]。

制定《公共租赁住房保障法》，通过制定相关法律的方式，对我国公租房退出制度作出具体的调整。应将公租房的相关制度纳入住房保障制度的重要体系之内，并对公租房制度的相关内容作出具体的更新和优化，借鉴其他国家和地区的住房保障制度的相关规定，提升我国公租房保障制度的法律规范性，增加公租房的管理手段和措施。对于存在租后空置、转租甚至出售等行为的，取消其租赁权，使其直接丧失法律上的承租权，为后续诉讼及强制退出执行提供法律依据。

## （二）引进优质物业服务企业

一般而言，公租房的承租人往往属于经济收入水平较低的群体，因而没有足够的经济实力缴纳高昂的物业费和聘请较为高档的物业服务企业。并且，公租房的物业费一般都是由政府定价的，相较于商品房来说要低廉很多。这就意味着，通过市场竞争的方式在公租房小区引入物业服务企业一般无法达到很好的服务效果，因此在公租房小区中引进优质物业服务企业需要政府的引导。与普通商品房小区相比，公租房小区物业管理具有特殊性，相关企业除了承担物业管理和服务之外，还要协助房管部门做好政策宣传和房屋使用监督。

同时，在公租房建设较为集中的地区，一般都聚集了大量的低收入人群。可能出现一定的社会问题，给公租房的维护和治安带来一定的负面效果[②]。引进优质物业

① 邹开亮，郃帅，宋柯颖：《论我国公租房退出制度》，《宜春学院学报》2019 年第 8 期，第 45–49 页。

② 姜琦为：《常州市住房保障政策实施中存在的问题及优化研究》，南京理工大学 2008 年硕士论文，第 18 页。

服务企业，提高物业管理服务品质与质量将有利于这些问题的解决。让保障对象的生活更有尊严是现代保障房小区物业管理的重要目标与任务。

### （三）明确公共租赁住房使用权人的代理业主地位

公租房的物业管理，是指物业服务企业对已经投入使用的公租房实施企业化、社会化的管理。与其说是一种管理，更多的是一种服务。从传统的民法角度而言，公租房的承租人仅是物业服务的使用权人，而并不是物业服务的所有权人。依据现行法律规定，公租房的住户不是业主，因此也就无法以自己的名义参加业主大会和参与小区的物业管理[①]。但是与一般民法上的租赁行为有所不同的是，公租房的承租人需要缴纳物业费，并且需要凭借其缴纳的物业费享受相应的物业管理服务。

公租房的所有权人是国家（一般而言，公租房的出租人也是国家或者公租房的主管机构），国家实施公租房制度本就是为了保障中低收入者、“夹心层”群体等的住宅权的实现而采取的一项法律措施。政府将公租房租赁给符合承租条件的公民，不仅意味着公租房的申请人在符合公租房申请条件的情况下享有公租房的使用权，还意味着其在公租房小区内享受物业服务的权利，以及无法享受到公租房小区物业服务时的救济权利。因此，可以说，虽然公租房的承租人不具有所有权人的资格，也应当赋予公租房的承租人能够以自己的名义参加相应的决策和投票的权利。应立足于我国中小城镇公租房后期管理的现实状况，借鉴国内外先进公租房后期管理的经验启示，提出健全体系机制、建设智慧小区、加强物业管理、完善社区服务等对策建议，提升中小城镇公租房后期管理的水平和居住者的生活幸福感。

## 四、公共租赁住房的租后管理问题

公租房的配租后管理成为公租房使用的重要一环。租后管理是指公租房租赁合同签订之后行政机关、产权单位或物业公司对公租房以及承租户进行管理的过程，

① 金俭，吕翾，尚清锋，李祎恒:《业主自治中的纠纷与法律机制研究》，上海市行政法制研究所，2012 年，第 39 页。

实质上是租赁管理制度。我国公租房的租后管理体制亟待建立，更需要法律强制手段的保障。公租房租赁管理制度主要包括：①选聘各类专业企业提供服务，如选聘物业服务企业为小区提供物业管理服务，选聘保安、保洁等专业公司提供小区专项服务，选聘家具家电服务公司提供专业维护、维修；②依托当地政府建立公租房社区管理体系，充分发挥街道、居委会等基层自治组织的作用，形成“横向到边、纵向到底”的社区网格化管理，规范租赁秩序。

## （一）建立公共租赁住房社区管理体系

依托当地政府建立公租房社区管理体系，充分发挥街道、居委会等基层自治组织的作用，政府对社区管理提供政策扶持、资金支持与行政监督。新加坡有 80% 以上的公民居住在组屋（政府提供的保障性住房），其社区管理基本可等同于组屋社区管理。而中国香港 200 多万居民中有约 30% 居住在约 70 万套公共租住房屋中，约占全港房屋总数的 30%。香港公共租住房屋的社区管理纳入城市社区管理中，其城市社区管理采用的是政府引导、非政府机构为主角的半行政半自治型社区管理模式。新加坡、中国香港地区公租房的社区管理模式值得借鉴。

## （二）发挥专业管理机构主导作用

新加坡建屋发展局在组屋社区管理中担当了重要角色。建屋发展局不仅负责实施政府建房计划，还负责统筹全国组屋的物业管理。政府在社区管理方面发挥了重要作用：一是政府作为主导，统筹全盘的社区管理工作；二是政府鼓励社会各界积极参与社区事务，募集和设立社区基金，推动社区福利项目；三是充分尊重居民意愿，社区重大事项实行投票表决。中国香港房屋委员会负责统筹所有政府公共租住房屋的建设供应、编配和管理事务，通过其执行部门——房屋署来具体执行。公共租住房屋的物业管理外包给专业的私人物业公司，物业公司除负责物业管理工作外还提供一些公共租住房屋管理服务，包括收取租金、小型保养维修与改善工程、解释房屋政策和申请手续、分发表格和通知书、协助租户填写表格、安排租户与房屋署职员会晤等。住房管理机构专业、权威，职能统一集中，人员配置到位是新加坡、中国香港保障房管理取得骄人成绩的主要原因。新加坡、中国香港建管一体化的集中管理，为后期房屋管理创造了良好条件。建管一体化能够在一定程度上避免因前期建设中某些原因而导致后期管理难度加大的问题，而且建管一体化使责、权、利关系更加明确，在处理后期管理的问题时可以减少协调环节，提高后期管理效率。

另外，公租房限于保障房性质，无法进行市场化运营，因此房屋管理亏损是必然存在的。而中国香港、新加坡对出租型保障房的管理提供经费补贴，确保房屋管理的正常运作[①]。因此，建立建管一体化的集中管理机构、对公租房管理进行必要补贴是管理好公租房的保障。

北京市房屋租赁管理服务站的做法是借鉴中国香港关于物业管理的做法实施的。公租房产权单位在管理区域内设立房屋租赁管理服务站，安排房屋租赁管理人员为承租家庭提供租赁管理服务，监督物业服务企业工作，具体负责公租房的入住手续办理，家庭档案建立，租赁合同签订、变更、续租或终止，租金收缴，合同履约监督，房屋及设施设备维修养护服务等工作。同一公租房管理区域应至少配备 2 名房管员，实际管理户数超过 500 户的，产权单位应配备不少于 3 名房管员，并按照每超过 300 户增配 1 名房管员的标准配置。

## （三）充分发挥非政府机构的作用

公租房小区由于人员构成特殊、诉求复杂等原因，管理任务比一般社区繁重，在目前社区居委会成员仅 5~9 人的条件下，实际上根本无法完成如此繁重的工作任务，更何况社会管理及服务重心下移和服务内容越来越多是发展趋势。公租房社区管理必须全面推进“社区管理社会化”，在服务队伍上，广泛利用专业社会工作者；在服务组织上，积极发挥社会组织的作用；在提供服务方式上，政府提供以政策、资金资源及服务监管为主体的间接服务，而具体运作更多地通过市场手段，由社会组织实施。

对此中国香港经验可以借鉴，在香港有大量不同性质、不同规模的社会组织，其服务范围涵盖环境保护、医疗卫生、文娱康体等领域，是社区服务的主要组成部分，同时也是反映社情民意的主要载体，在社区发展中发挥了重要作用。注册社会

① 田莉，夏菁：《国际大都市租赁住房发展的模式与启示——基于 15 个国际大都市的分析》，《国际城市规划》2020 年第 6 期，第 1–7 页。

工作者是香港社区工作的骨干力量，是经香港社会工作者注册局注册的从事社会工作的人员，具有较高的专业素质与学历。社区义务工作者是社区建设的重要辅助力量，义务工作者服务机构提供了香港 2/3 以上的社区服务[①]。专业的社会工作者队伍和庞大的义务工作者群体的组合，成为香港社区服务和管理获得好评的重要保障。香港的经验表明，高素质、专业化的社区工作者以及大量的义务工作者是社区管理工作有效开展的前提条件，多元化的管理组织是满足社区各类专业服务需求的保障。也就是说，社会化的社区管理在满足居民需求及社会管理目标上具有更高的效率。

### （四）建立住房使用扣分制度

在大量的保障房小区，由于承租人背景复杂，影响了小区的卫生环境或人际关系。对公租房小区承租人行为的管理可借鉴中国香港经验。香港房屋委员会辖下资助房屋小组委员会在 2003 年 5 月 29 日通过加强执行租约行动推出了不当行为扣分制度，如承租人在 2 年内被扣累计达 16 分，租约及暂准证可被终止。某租户如有人被扣分，有关部门会通知户主及各成年家庭成员，提醒该户立刻戒除陋习。当扣分累计达 16 分时，政府可根据《房屋条例》第 19（1）（b）条发出迁出通知书，终止有关租约。在惩罚的同时，为保证住户的法律权益，租户可就迁出通知书的相关内容向上诉委员会提出上诉[②]。因违反扣分制或租约条款而被终止租约的住户，在租约被终止后的 2 年内，不得通过轮候申请租住公屋。在安置违反规定的住户时，也不会把较佳的房屋单元分配给他们。香港设有专门机构审查公屋住户的申报，如公屋住户被证实滥用公屋，除终止租约外还可能被检控。一经定罪可判罚款 2 万港元及监禁 6 个月。

### （五）注重人性化管理

我国公租房保障制度的管理模式可以借鉴江苏省常州市在《常州市市区公共租

---

① VALENCA M M，曹丹仪：《香港和英国的社会租赁住房：新自由主义政策的分歧还是正在形成中的市场？》，《城市规划学刊》2016 年第 1 期，第 122–123 页。

② 毛小平：《香港公屋准入管理模式及其对内地的启示》，《北京交通大学学报（社会科学版）》2015 年第 4 期，第 59–65 页。

赁住房共有产权试点方案》中对保障房小区管理的创新做法，将保障房分为“三分建，七分管”。常州市在保障房小区一是设立“保障房爱心服务社”，为特殊困难家庭提供一对一的帮扶志愿服务活动。二是联合保障房小区属地派出所开展“警心服务”[①]。为小区内困难家庭住户、“空巢老人”、孤寡老人发放“便民联系单”和“民生警务手册”，对70岁以上老人发放“一键通”电话，定期、不定期地走访了解其生活所需。三是联合社区成立爱心超市、爱心便民理发店，针对生活困难的承租对象发放“爱心服务卡”。四是不断丰富保障房小区的精神活动，让每个人生活得更有尊严。

① 宋宗宇，张晨原：《我国共有产权住房转让制度研究》，《西南民族大学学报（人文社科版）》，2020年第3期，第68–74页。

# 第十二章 公共租赁住房法律责任与司法救济制度

法律责任是行为人违反约定或法定义务[①]，从而导致行为人需要在法律上承担某种不利益之法律后果。保障房建设是一种政府责任的体现，无论是《宪法》还是我国加入的国际公约，都把这种由政府为公民提供基本生存条件的理念，从政治道德层面上升到了法律职责层面。基于出租人与承租人的权利、义务，公租房制度在运行过程中会产生各种各样的法律责任。“有权利必有救济”[②]，只有给予公租房制度运行过程以充分的司法救济，才能保证当事人在公租房制度运行过程中权利、义务的正当行使。可以说，公租房制度的法律责任与司法救济二者之间是一体两面的关系。

## 一、公共租赁住房法律责任的承担

政府是我国保障性住房组织、开发、建设的主导性力量，其在规划、开发建设、分配和运营环节的职能表明了政府作为统治阶级的意志，对改善公民的居住条件具有极为重要的意义和作用[③]。尤其是对于经济收入处于中低水平的住房困难家庭来说，甚至成为中低收入水平住房困难家庭解决住房问题的唯一一根“救命稻草”。政府作为统治阶级意志的代表，是社会资源和公共资源的唯一持有者和开发组织者，因此

① 金俭，朱颂，李祎恒：《论保障性住房建设中的政府法律责任》，《现代城市研究》2010 年第 9 期，第 32–35 页。

② 周慧蕾，孙铭宗：《论大学自治权与学生权利的平衡——从台湾地区司法实践切入》，《行政法学研究》2013 年 1 期，第 86–92 页。

③ 金俭，朱颂，李祎恒：《论保障性住房建设中的政府法律责任》，《现代城市研究》2010 年第 9 期，第 32–35 页。

政府保障本国公民住宅权的实现就成为其义不容辞的责任和义务[①]。

## （一）公共租赁住房的责任主体

1. 首长（官员）责任

目前江苏省的保障房建设的主要牵头部门是住房和城乡建设部门[②]，由此就形成带有浓厚的部门特色的保障房建设基本顺序，按照基本的建筑工程运行开发建设步骤进行，即保障房规划立项（政府）→土地与规划部门许可→保障房的初步设计→进行招投标→施工→竣工交付→运营。保障房建设并不是单一部门可以完成的，因此不言自明的是，职能分散的结构并不能做到责任落实的全覆盖。

正如对保障性住房建设的各环节进行分解，政府在保障房开发建设过程中的职能具有很大差别，需要各部门各司其职、相互配合。基于职责对等的基本理论，相关部门在进行保障房建设的全部活动中都应该对其职能范围内的责任进行明确，即规划环节的政府责任，开发建设环节的政府责任，分配环节的政府责任。各环节都由不同的职能部门负责，如果不及时履行职责，则应当承担相应的行政责任。但是，由于职能机关负责制在我国并没有对应的制裁措施，因此，责任机关责任最终只能由部门首长或者相关的工作人员承担，而这部分的规制也不甚明确。具体而言，可行的做法是应当将保障房的建设流程与对应机关直接对接，引入首长（官员）负责制。如目前江苏省的公务员考核体系除了国内生产总值年度增长幅度、居民收入增长幅度、税收收入以及招商引资等经济效益标准外，并没有加入对保障性住房的建设绩效的考核指标。在公务员考核指标中加入保障性住房建设情况，如公租房建设资金的投入情况、保障性住房的兴建质量、速度、准入与退出机制实施情况及保障性住房覆盖率等，纳入公务员的考核指标，以有效敦促地方政府提高对保障性住房建设和投入的关注程度，解决民生问题[③]。不仅如此，将这些考核指标的层级设置高于对经济效益标准的追求，更能有效提高保障房系统的高效运行。

---

① 李静：《权利视角下保障性住房建设中的政府法律责任》，《兰州大学学报（社会科学版）》2015 年第 2 期，第 134–140 页。

② 部门职责：承担保障全省城镇低收入家庭住房的责任；拟定住房保障政策并指导实施，组织编制住房保障发展规划和年度计划并监督实施，拟定廉租房规划及政策；会同有关部门作好中央、省有关廉租房资金安排，指导和监督市、县组织实施（资料来源于江苏住房与城乡建设厅）。

③ 金俭，朱颂，李祎恒：《论保障性住房建设中的政府法律责任》，《现代城市研究》2010 年第 9 期，第 32–35 页。

可采用委员会制度的管理模式，委员会成员由各职能部门负责人任职，不仅可以集中各职能部门力量，加快保障房的工作流程，其要义更在于分配职能与承担责任。在委员会管理模式下，委员会成员可以明确不同进度的任务，直接落实到各分散部门，直接落实到首长（官员），其绩效由委员长和其他委员会成员共同评判。首长负责制的要义在于建立官员的个人问责制度，以防止公租房制度因为规划、筹集、建设、施工、运营等时间跨度过长（往往至少需要经过几年的时间才能完成），有的官员因此不将保障性住房制度的建设视为政绩的一部分而对其疏于管理。政府部门在负责人或者责任人更替时容易造成公租房建设的资金配套无法有序跟进、工程项目的进度无法达到预期甚至延缓、配套政策的落实无法到位等情形。甚至更为严重的是，责任人更替过程中，新的责任人在落实过程中敷衍了事的情况，有可能造成公租房建设过程中工程质量验收不合格等严重问题。

为解决上述问题，在公租房建设过程中，政府需要在内部建立起官员的个人问责和追责机制。由公租房项目建设期间的相关机关或者部门的负责人、责任人承担连带责任，并建立终身追责机制，将与其职务的升迁和在保障性住房工作中责任的完成情况直接相关联[①]。一旦发现问题，不论其是否就职于原岗位或者已经退休，都需要对其进行纠察、督办，当保障房的建设、分配出现问题时，追究主要负责人的行政甚至刑事责任。

2. 其他相关机构需要承担的法律责任

除了政府的相关职能部门以外，其他企业、使用单位或者相应的社会机构，诸如保障房建设施工企业、公租房金融机构以及公租房物业管理机构等其他机构，也需要在自己的职责范围内承担相应的法律责任。当然，这些机构因为不属于国家机关，因此在公租房的建设和运行过程中主要承担的是合同责任（主要指的是违约责任、侵权责任等）、行政责任以及很少一部分刑事责任。

3. 公租房申请人需要承担的法律责任

公租房退出的法律责任在立法格局中始终占据着重要的位置，责任及其执行涉及相关人员的自由、财产、声誉等，所以人们对法律责任问题格外关注[②]。申请人的法律责任主要集中在申请阶段、使用阶段与退出阶段这三个主要阶段。目前，我国

① 金俭，朱颂，李祎恒：《论保障性住房建设中的政府法律责任》，《现代城市研究》2010 年第 9 期，第 32–35 页。
② 刘晓纯：《论我国公共租赁住房法律制度的构建》，《法学杂志》2011 年第 1 期，第 99–104 页。

公租房的运行过程中存在的问题主要是申请阶段资料审核难度大，以及处罚措施难以与相应的违法行为相适应和相匹配的问题。

公租房的申请人在使用阶段监督难，在退出阶段腾退难问题尤为严重和突出。在公租房的申请阶段，申请人必须如实提供申请信息是保障公租房有序申请的前提性条件，如果申请人没有如实提供申请信息，必定会造成保障房分配的失衡。目前，对申请人提供虚假申请材料的情况采用的是限制其在一定时间内申请保障性住房的资格，并且追回分配的补贴或者房屋的办法。但实际上，提供虚假材料的主体可以分为两类：第一种是不符合保障资格的人提供虚假材料以骗取保障资格；第二种人群属于保障范围内，由于各种原因希望加快取得保障性住房资格，从而没有如实提供申请信息。对于第一种人群来说，参照目前的规定，禁止其在一定时期内申请保障房并追回分配的补贴或者房屋，其实根本无法起到相应的处罚作用，个中缘由其实不难分析。对于第一类骗保人群，其骗取保障房的目的在很大程度上不是为了居住，而是为了转租之后获取相应的收益。所以对于这部分人群来说，公租房本来就并非其必要之需，禁止其在一定时间内申请公租房实际上起不到任何威慑力。而对于第二类人群来说，如果对其采用限制申请的办法将直接导致其失去保障资格，由于其本身就是需要保障的人群，失去保障资格意味着只能从市场上获取住所，而这类人确实因为没有住所才迫切地需要获取保障房的优先顺序。对这类人采用限制申请的办法与“应保尽保”的基本原则相悖，甚至在一定程度上其住宅权因此失去了基本的保障①。

实际上，对于公租房申请人的法律责任的设置，应当“具体问题具体分析”，区分不同类型的人群分别作出规定。对于第一类人群来说，根据其违法的程度，其责任的承担方式可以为处以行政处罚、在信用体系内对其作出负面评价（诸如将其纳入失信被执行人的黑名单中，使得其失信行为影响到公共出行、贷款、消费等生活的各方面）的做法，直至承担相应的刑事责任。而对于第二类人群来说，由于其本就属于弱势群体，如果采取限制申请公租房的措施，实际上会迫使申请人采取其他方法满足自己基本的住房需求。该部分住房弱势群体一旦失去了政府和国家对其住宅权的保障和维护，在一定程度上可能会影响社会安定。因此，要求该类主体的法

① 瞿富强，颜伟，吴静：《我国住房保障对象界定及其应用研究——基于居民住房支付能力测算方法的比较》，《价格理论与实践》2019 年第 3 期，第 41–45 页。

律责任承担应当控制在一定范围内，在“应保尽保”的基础上，采取如延期分配、减少补贴金额等手段，辅以罚款等手段进行制裁。而在取得保障资格后、实施住房保障前，因申请人经济和收入的情况发生较大变化而导致申请家庭已不再符合原申请条件的，申请家庭应该主动说明情况，按家庭现实情况重新作出申请。对已获准公租房配置但是自己放弃资格的，应当适当延迟其配置或购买申请。

4. 公租房的承租人需要承担的法律责任

面对公租房的承租人腾房难的突出问题，应当建立一套行之有效的针对承租人的法律责任体系，并在这一法律责任体系之中对承租人的退出事由作出明确和统一的规定。对我国现行公租房的退出事由进行梳理可以发现，目前现行规定的退出事由大多都比较散乱，且多有重合、矛盾之处，亟待有效整合并从国家基本法层面作出统一的规制[①]。另外，对于公租房的承租人来说，应当为其提供多元化的公租房退出措施。

## （二）公共租赁住房监督机制的建立

当前我国公租房的管理监督机制还处于初步探索阶段，尚未有完整的可供参考的法律依据[②]。建立较为完善的公租房监督机制，首先在于对公租房的内部监督管理机制作出完善。提高政府住房保障部门的监督力度，加强管理，避免住房保障部门以权谋私、违法违规操作等行为的发生，并将其作为住房保障内部监督机制主要的工作方向和重要的工作内容。一方面，公租房管理机构应当制定具体、可资实施的住房保障申请、审核流程，从而使得公租房申请人在申请、审核的过程中能有据可循，还能对公租房管理机构的工作人员给予一定的程序约束和限制；另一方面，公租房监督机制的建立能够提高公租房工作人员在工作过程中的自觉性和积极性，使得公租房的整个运作流程更加清晰、透明。同时，还可以将公租房的具体实施细则面向全社会公布，并且在生效实施后上报纪检监察部门进行备案，自觉接受社会群众的检查监督[③]。

---

① 陈耀东，任容庆:《民法视野下产权型保障房退出机制的分析——以“有限产权”向“共有产权”理论的过渡为视角》,《理论与现代化》2014 年第 5 期，第 67–72 页。

② 石磊:《新乡市公共租赁住房分配管理对策研究》,《行政科学论坛》2020 年第 7 期，第 24–28 页。

③ 杨玲:《对完善重庆市公租房管理的思考》,《现代城市研究》2011 年第 9 期，第 81–85 页。

其次，还可以在公租房的监督机制中设置相应的外部检查监督机构。比较法视野下，可以对中国香港的保障性住房监督检查方式进行借鉴，通过设立专业的公租房检查机构，专门负责对公租房制度进行监督检查。其中，检查的主要内容可以涵盖保障性住房的融资状况、资金使用情况、申请审核程序的执行、使用过程中的尽职调查、公租房退出程序的实施状况等多个方面。外部检查监督机构可以包括纪检、自然资源管理、规划和城乡建设、审计等多个部门，由此保证公租房从申请到退出的整个过程合理、有效运转。

最为重要的一点是，公租房制度应当建立起良性的社会互相监督机制①。不仅发挥地方各级机关的监督作用，同时群众自治组织，诸如居民委员会、社区委员会等也可以发挥其监督作用。上述各类社会监督体系的建立能够为我国公租房制度的建立、运行和发展提供一个较为有利的环境，充分推动公租房制度的健康有序发展。

最后，还应当积极推动公租房制度的全社会参与。通过建立和健全公租房的信息披露机制，使得公民个人在日常生活中发现公租房运行过程中存在违法违规问题时，可以及时向有关部门作出汇报或者进行举报，同时公租房的运行部门也应当积极地对公租房制度的运行状况作出汇报，并定期向社会公布公租房的基本情况及相关的重要问题。

## 二、公共租赁住房法律救济制度设置的必要性

住房是人类最基本的生存条件之一。然而，由于我国公租房尚无相关立法，公租房申请人在房屋租赁过程中权益受到损害时如何实现权利的救济并没有立法规定。同时，城镇住房保障制度发展已多年，但仍然未能突破户籍的限制②。公租房制度在运行过程中对保障群体难以兼顾，使得权利人的权利受到不应有的损害，或者国家未能够提供义务范围内的保障，公租房的法律救济制度因此产生。

① 章春杰:《建立和完善厦门市社会保障性住房制度的探索与思考》，厦门大学 2009 年硕士论文。

② 齐慧峰，王伟强:《基于人口流动的住房保障制度改善》,《城市规划》2015 年第 2 期，第 31–37 页。

## （一）没有救济，就没有权利

“没有救济，就没有权利”，被保障利益应当得到救济。法律救济，概括而言是在权利主体因其权利受到侵犯，向有权机关申请，要求侵权主体作为或不作为的活动。住房保障体系内的法律救济的设置，目的在于保障公租房的申请人与保障对象的住房及相关利益免受侵害或者在侵害之后获得相应的救济[①]。对于公租房制度中相关主体的利益证成环节，理论界有多种的观点。学界普遍认为公租房的主体权益往往被归入住宅权的讨论之中，住宅权主要在于获得适宜与充分住房的权利[②]。“住宅权与国家公共住房保障义务”的理论认为，无论住宅权是一种纲领性规定抑或作为一种具体性权利，政府都相对应地对本国的公民负有一种积极的满足住宅权以保障其基本住房之满足的义务[③]。当然，如果公民所享有的住宅权仅作为一种纲领性的规定，那么政府对公民的责任范围就仅局限于具有政治性质上的义务。但是，如果公民的住宅权不仅作为纲领性规定，还作为一种具体应当给予相应保障措施的权利的话，那么国家对公民住房保障所承担的责任就上升为一种法律性质的强制性义务和责任[④]。除了“纲领性义务”以及“法律性义务”的学说的分类以外，还包括“社会正义观下的连带互助[⑤]”“生存照顾理念的政府恩惠色彩[⑥]”“人性尊严的人本回归”等不同的学说观点。事实上，以公租房为典型的保障性住房体系的建设，不仅作为实现公民住宅权的必由之路，也是国家所要负担的义务与政府所要承担的责任。由此而言，保障性住房建设并非是一种道德层面的“道德强制”，而更是源于法律化的政府职责，具化了政府必须提供相应的资源保障公民权利，促使其由“政策性权利”

---

① 当然，在保障房建设中其他参与主体在权益受到侵犯时也应当得到救济，而且对于不同的主体，目前的各单行立法已经明确了他们的救济方式与途径，因此，除申请人与保障对象外，其他主体的权益保障得到的救济方式与渠道是多元且有效的。

② 金俭：《住宅权、住宅区分所有权与我国不动产所有权理论的发展》，见王利明：《物权法专题研究》，吉林人民出版社，2001 年，第 529-553 页。

③ 廖希飞：《我国公共住房保障法律制度研究》，中国政法大学 2011 年博士论文。

④ 金俭：《中国住宅法研究》，法律出版社，2004 年，第 65 页。

⑤ 国家原则上要能够恒久维持和平且符合社会公平之秩序、提供国民全体生活之公平性，并且推动预防性且符合社会形成性之相关政策……换言之，国家任务乃在求取社会的平和、群体的福利与目的，乃至于个人保障与整体利益的平衡状态。见钟秉正：《社会法与基本权保障》，元照出版公司，2010 年，第 237-238 页。

⑥ 哈特穆特·毛雷尔：《行政法学总论》，高家伟，译，法律出版社，2000 年，第 17 页。福斯多夫教授在《作为服务主体的行政》一文中，提出了“生存照顾”概念，即“通过生存照顾的概念，福斯多夫将提供为人们生活所必要的条件和给付确定为行政的任务。”

（即需要具体立法和政策制定后才能享有的权利）向实体性权利转变[①]。

## （二）公共租赁住房国家救济的义务来源

统一的国家概念尚未正式形成之前，自然人作为“人之所以为人”的基本权利已经享有，基于“人生而平等”的朴素观念，自然人所享有的基本权利是先于国家的存在就业已存续和享有的。随着国家观念的形成，形而上的“天赋人权”所形成的自然权利的享有与国家对社会及个人领域的管控呈现对峙格局，国家对社会及私人关系的干涉止步于立法所肯认并圈定的个人权利范围之内，自然权利的享有基于法的确信成为理所应当。国家对公民住宅权的保障来源于公共职能的履行，认真对待公民住宅权是政府积极维护公民社会基本权的承诺，也是国家作为社会资源垄断和控制者当之无愧的责任。

首先，由于政府是城市居住条件实质性改善所必需的资源的唯一持有者，尤其在发展中国家、实现土地公有制的国家，政府对土地这一稀缺性资源占据绝对的垄断地位，要求公民居住权利的最终实现必须依赖政府责任的承担。例如，国家对城镇地区土地一级市场的垄断，使得政府可以通过“土地财政”完成财富的原始积累。其次，政府对税收权的掌控，使得政府能够利用“无形之手”对社会化分配过程中的收入畸高现象进行调节，实现社会财富总量稳定之下的相对平衡，缩小贫富差距。政府对社会中主要资源的掌握，使得其负有保障公民住宅权的义务。再次，国家作为统治阶级掌握立法资源，不管是收权还是放权，国家都占有绝对的话语权和优势地位，基于这一优势地位，国家就能够在保障弱势群体的住宅权的立法中发声，形成社会整体对住宅权的关注和对保障的统一认识。最后，作为统治阶级的国家所制定的法律对社会弱势群体的态度是国家文明与进步的根本标准，也是一个国家政治水平和统治能力的具体体现，成为政绩考量的衡量指标之一。如果法律不保障社会不幸者，不幸者衣食不饱，惶惶不可终日，甚至流离失所，将威胁社会安定，不利于社会的发展，最终侵蚀国家整体的稳定团结。

① 张清，吴作君：《住房权保障如何可能研究纲要》，《北方法学》2010 年第 4 期，第 48-60 页。

## （三）公共租赁住房救济方式的选择

公租房是国家为解决中低收入者的住房困难问题推出的一种新的保障性租赁住房[①]，为我国公民住宅权提供了坚实的制度保障。然而，我国公租房制度的发展仍然还不够完善，各项法律制度仍然处于雏形阶段，没有在法律的范畴内对公租房制度作出清晰的界定，公租房制度中主体遭受权利侵害的情形时有发生。

在传统的意识观念中，住宅权与传统中的自有保障权之间仍然存在一定的差别。国家和政府一般情况下也不愿将住宅权视为一种可以通过诉讼的方式达成的公民权利和政府义务[②]。所以，关于住宅权是否具有可诉性一直存有争论。我国目前在保障房领域的立法，对保障利益的救济几乎没有涉及，原因就在于“经济和社会权利的可诉性”的争论。而该争论目的欲证明的是“住宅权有没有司法救济的可能”[③]，置入保障房法律体系语境中，就是要证明取得保障房的权利是否存在司法救济的可能。2015年修正后的《行政诉讼法》规定，“行政机关没有依法支付抚恤金、最低生活保障待遇或者社会保险待遇的”，可以提起行政诉讼[④]，这似乎回应了这个问题——当最低生活保障待作广义解释时，则包含了对住房保障的诉讼。

对于享有权利的主体而言，此类没有救济的权利完全是画饼充饥、望梅止渴。笔者认为，在司法救济介入存在严重障碍时，不妨碍采用“行政救济”[⑤]，设立复议制度、监察救济和行政赔偿制度。在住房保障部门设定准入标准后，潜在申请人产生。潜在申请人在得知保障范围后，通过提交对应材料转为申请人，此过程是潜在申请人申请保障机关对其保障身份的确认，当其通过保障机关的确认后，即转变为保障对象。申请人的法律救济标的在于身份确认，而保障对象的救济标的则是保障利益的取得是否符合保障机构的承诺——二者都是具体行政行为，前者是行政确认，如果得到肯定的结果，带来的将是保障利益，而后者是行政合同，标的是提供保障性住房或补贴。

---

① 孙型北：《公共租赁房立法研究》，《安徽农业大学学报（社会科学版）》2012年第2期，第76–79页。

② 金俭，梁鸿飞：《公民住房权：国际视野与中国语境》，《法治研究》2020年第1期，第153–160页。

③ 黄金荣：《司法保障经济和社会权利的可能性与限度——南非宪法法院格鲁特布姆案评析》，《环球法律评论》2006年第1期。

④ 冼淑铃，周贤日：《医疗救助：政府责任、公民权利和社会互助》，《温州大学学报（社会科学版）》2017年第2期，第3–15页。

⑤ 行政救济途径主要有监察救济、立法救济、复议救济和诉讼救济。

对于申请人提出申请后未被确认为保障对象的救济可以采用复议制度和监察救济。复议制度的建立是根据我国《行政复议法》第二条以及第六条，当申请人提出申请，但是其身份并未得到确认时，在时效内可以对保障机关提出行政复议的申请。监察救济制度是根据我国《行政监察法》规定，公民对任何国家机关、国家公务员和行政机关任命的其他人员的违法失职行为，有权向检察机关提出控告[①]。该制度对申请人的要求相对较高，必须提供一定的证据材料以证明相关的工作人员的违法行为或者失职行为。行政赔偿制度主要应用于超期轮候人。对保障对象的救济分为对保障房轮候人的救济以及租金补贴群体的救济。对于后者，在间接补贴的制度下，主要是由于住房保障机构没有及时支付租金而产生的救济，此类救济并不复杂，相关行政机关的内部流程可以相对妥善地处理此类问题。对于保障房轮候人而言，他们的利益主要在于居住条件的改善，本书第十章中构想了一套轮候期的超期补偿制度，即以货币方式补偿延期时间。这种救济方式的性质对于轮候者而言是一种行政赔偿，虽然其最终的承担主体并不一定为政府，但至少受惠者是轮候主体，也称得上是对公租房保障群体的救济。

## 三、公共租赁住房的救济方式选择

### （一）公共租赁住房的立法救济

公租房制度是实现低收入者“住有所居”的重要途径，更是落实《宪法》规定的基本人权的要求。惠及民生的公租房制度的运行不仅需要法律政策的引导，同时也需要政府财政的扶持，所以公租房政策也就成为我国财政支出的重要部分。公租房作为一项惠民工程，本身就是以非营利为目的的。其资金除了少部分由中央财政拨款，更大一部分需要由地方财政自筹，这些经费的筹集本身就使得地方财政的压力增大，加之退出难问题的挤压，经济发展水平相对较低的地方政府更是负债累累，财政赤字率居高不下。由于对公租房的后续居住、使用情况缺乏完善的立法和完备

① 殷啸虎：《关于设立行政督察室以加强执法内部监督的思考与构想》，《政法论丛》2011年第2期，第93-98页。

的监管程序，公租房的清退以及补贴追回难也成为国家财政资源浪费的源头之一。

目前，公租房的相关规定散见于国务院制定的各项决定、意见、通知中，这些政策性文件对公租房制度的建设和完善大多属于倡导性质，没有关于具体的违反保障性住房法律后果的规定。各地根据上级政府要求和各地实际情况所制定适用于本区域范围内的公租房规则，也没有形成专门的法律、法规等规范性文件。关于公租房退出机制的法律规范中规格最高的是《公共租赁住房管理办法》，其中第二十七条规定了5种应当退出公租房的情形[①]，但是退出公租房的程序性保障措施未有提及。

违反公租房有关规定的主要惩罚措施，包括责令退出、罚款、没收违法转租后的违法所得等形式，但是由于在《行政强制法》中没有关于相应行为法律后果的规定，在实际操作过程中，即便是存在违法现象和违法行为，在当事人拒不配合的情形下，执法机关也无法将惩罚措施落实到位[②]。

公租房清退及补贴追回难、执法无法可依等问题的根本原因在于高位阶法律监管手段的缺失。立法工作上的迟滞导致《住房保障法》处于虚位，进而导致敦促政策井然运行的具有强制力的法律规制手段无法"施展拳脚"。目前我国对公租房制度退出机制的优化，迫切需要着力解决针对性法律的制定问题，将搁置已久的《住房保障法》立法工作提上日程。

在《住房保障法》立法工作中，应顺势明确被保障群体的概念和范围。前文提到，我国不同的机关部门对公租房保障群体均有不同的称谓，这种称谓上的不明确不仅导致名称上无法精确定位保障群体，造成适用语境上的混乱，同时也不利于立法的精细化，进而贬损法律权威。保障对象的称谓宜在《住房保障法》中予以归正，并将保障群体的称谓统一为"住无所居人群"。主要原因有二：其一，从经济收入水平上说，保障对象不仅包括低收入人群，还包括中等偏下收入的住房困难家庭，故而收入的高低并不是判断其能否纳入保障群体的关键因素，而是以"住有所居"作为是否属于保障对象的主要标准；其二，"家庭"这一概念无法包容诸如"外来务工

① 《公共租赁住房管理办法》第二十七条规定："承租人有下列行为之一的，应当退回公共租赁住房：（一）转借、转租或者擅自调换所承租公共租赁住房的；（二）改变所承租公共租赁住房用途的；（三）破坏或者擅自装修所承租公共租赁住房，拒不恢复原状的；（四）在公共租赁住房内从事违法活动的；（五）无正当理由连续6个月以上闲置公共租赁住房的。

② 汤闳森，冯彦君：《当代中国住房权的实现路径——以保障性住房制度为重心的分析》，《社会科学战线》2017年第5期。

人员”等独立个体。

建议对全国范围内具有普适性的公租房保障群体范围进行限制，统一为“本地城镇低收入住房困难家庭、中等偏下收入住房困难家庭，及符合条件的新就业无房职工和稳定就业的外来务工人员”三类保障群体，并通过扩大“新就业无房职工”内涵的方式，将紧缺类人才等其他对保障性住房有需求的群体囊括其中，避免各地方因概念内涵的不统一而对中央政策执行有所偏离和扭曲。立法中可以将其归纳为“本法的保障对象为住无所居人群，包括本地城镇低收入住房困难家庭、中等偏下收入住房困难家庭，及符合条件的新就业无房职工和稳定就业的外来务工人员”。

公租房制度司法救济途径权利的保护仅依靠立法的完善是不够的，还需要在立法之外寻求落实和保障公租房法律制度有序运行的司法保障[①]。因此，应在《住房保障法》中明确住房保障权的司法救济途径和形式、责任主体和责任形式。“若空言立法，则方策俱在，徒虚器耳。[②]”杭州、深圳等一些城市还通过引入司法救济机制，在公租房承租人拒不退出公租房时，通过申请法院强制执行的方式，强制要求承租人退出公租房[③]。

实现住宅权的可诉性，完善住房保障的司法救济。“司法救济是权利救济的核心和最后通道”[④]。司法应当为公民住宅权及相关租赁权利的救济提供有效的途径。住房保障的责任主体是国家或地方政府，而鉴于我国目前尚没有违宪审查机制，因此，公民基于其住房保障方面的权利受到侵害而提起的诉讼，应认定为行政诉讼[⑤]。这样能够更好地督促政府在其中做好负责人的工作，加强住房保障的司法救济，从而加强行政诉讼的救济功能。公租房的租赁关系既具有部分民事租赁关系的特征，又具有浓厚的行政色彩。在公租房租赁双方当事人中，承租人处于明显的弱势地位，故司法应加强对其权利的保护。公租房的承租人住宅权等权利被侵犯时，有权向司法机关寻求救济。“通过行政处罚乃至刑事制裁的方式对失责的责任主体及其工作人员进行追究，并允许住宅权受到侵害的特殊群体以司法途径维护其权益，从而使住宅权成为一个可诉的权利。”公租房租赁关系的当事人对侵犯其住宅权或其他租赁权利的行为，可以依据被侵犯权利的性质，采取不同的司法救济途

---

① 郭哲，曾海滢：《论住房保障制度的法律价值》，《财经理论与实践》2010 年第 6 期，第 117–121 页。

② 王笑严：《住房权保障法律问题研究》，吉林大学 2013 年博士论文。

③ 辜小勇：《改革与完善：快速城市化阶段的城市住房政策》，《学习与实践》2019 年第 7 期，第 12–20 页。

④ 金红梅：《中国保障性住房制度的反思与重构》，《延边大学学报（社会科学版）》2017 年第 6 期，第 95–102 页。

⑤ 金俭：《中国住宅法研究》，法律出版社，2004 年，第 138 页。

径。对于公租房承租人而言，除始终享有住宅权和其他基本权利外，其从申请到使用、退出还享有其他不同的法律权利，也可能存在不同的被侵权情形。在公租房申请阶段，作为符合规定条件的申请人，其享有申请公租房的权利。如果其申请不被接受，可以向公租房主管部门的上级机关申诉，或者就不被批准的行政行为提起行政复议，或者对损害其权利的行政不作为向司法机关起诉。如果其申请被接受但由于政府公租房管理部门的工作人员以权谋私、玩忽职守等行为而没有被批准，其可以向检察机关、监察部门举报。在公租房承租期间，承租人享有住宅不被侵犯权、合理使用房屋权、换租权、承租房屋被征收时的安置权、续租权、续租时对原租赁房屋的优先承租权、损害赔偿请求权等。公租房租赁关系具有复杂性，各地方可能具有自己的地方特色规定，而且公租房出租人的身份具有不同性[①]。对于某些新就业人员、外来务工人员等承租人而言，其面对的出租人很可能是其所在的用人单位；对于城镇中等偏下收入的承租人而言，出租人可能是政府公租房管理部门或其委托的单位。承租人为救济其权利而起诉时，会面临虽然是同样的侵权行为，但由于侵权主体的不同而要采取不同的司法救济途径的问题。如对于非法侵入承租人住房的行为（如强行检查公租房使用情况），如果侵权的是作为出租人的政府公租房管理部门，承租人可以依据《行政诉讼法》及《治安管理处罚法》的相关规定提起行政诉讼，如果侵权人是不具有行政主体资格的普通企事业单位工作人员，承租人则可以依据《刑法》第二百四十五条关于非法侵入住宅罪的规定以刑事诉讼的方式救济其权利。

## （二）公共租赁住房的司法救济

住房保障司法救济阙如有权利必有救济，司法救济是公民权利保障的最后一道屏障，司法救济机制是人权真正得到保障所必需。就申请住房保障的承租人来说，赋予其相应的法律救济途径具有十分重要的意义。在公租房退出阶段，承租人缴纳过租赁保证金的，有权要求出租人返还。出租人拒绝返还的，如出租人是普通企事业单位，承租人可以依法提起民事诉讼。对于不符合续租条件或不申请续租的承租

① 唐晓莲，常林，易嘉兴：《城市公共租赁住房供给与需求预测研究——基于广州市保障对象需求的预测分析》，《价格理论与实践》2019 年第 8 期，第 153–156，160 页。

人，责令退出而拒不腾退的，可以申请法院强制执行。当然，救济途径一般情形下都应当建立在合法的公立救济途径之下，如果出租人没有申请法院强制执行，而自行强制将承租人驱逐出房屋，造成承租人财产或人身损害的，对于具有行政主体资格的出租人，承租人可以依据《行政诉讼法》及《国家赔偿法》的相关规定提起行政诉讼，主张行政赔偿。

承租人在公租房租赁关系中处于相对弱势的地位，在承租人以司法途径救济其权利时，司法机关应当积极启动司法程序。在举证责任的承担上可以采取对其有利的模式，如采取举证责任倒置的模式，以救济其住宅权等权利，使公租房制度健康发展。法庭在审理公租房租赁合同纠纷案件中关于合理使用房屋权、换租权、续租权、续租时对原租赁房屋的优先承租权等权利诉求，为使公租房承租人处于更加有利的地位，宜采用民事诉讼方式审理。

发生在国际人权机构以及全球各地法院的关于住宅权的司法和准司法实践，让反对者无法再断言住宅权以及具体的公租房权利不具有可诉性。然而，在我国目前的司法体制中，公租房的司法救济却仍然是一个比较陌生的概念，这也使得我国公民住宅司法保障迟迟不能实现。司法并不是保障公民住宅权的唯一途径，也肯定不是最主要的途径。事实上，公租房在很大程度上更多地依赖立法和行政机关采取积极的措施。但是，对于公租房制度的实现而言，司法保障是一个不可或缺的环节。它也是公民的住宅权受到侵害最后的依靠。我们应当在借鉴其他国家经验的基础上，从我国国情出发逐步构建和完善具有中国特色的公租房司法保障机制。在继续摸索实现公租房司法救济路径的同时，通过促进我国公租房相关政策的法制化和健全公租房立法体系，通过具体法律赋予公民住宅保障的请求权，强化公租房具体权利的实现。具体而言，笔者主张如下。

1. 将住宅权明确列入《宪法》

目前，我国法律缺乏对公租房制度的全面规定。我国《宪法》第三十三条概括地宣示了国家尊重和保障人权。具体的条文中直接规定公民住宅权的只有第三十九条，该条规定了公民的住宅自由权；此外，《宪法》第十三条规定私有财产权也应包括住宅财产；第四十五条规定的公民在年老、疾病或者丧失劳动能力的情况下，从国家和社会获得物质帮助的权利同样也应包括在获取住宅方面获得物质帮助的权利。然而除此之外，我国《宪法》并没有明确规定接受公租房保障的救济是何种性质的权利。在这种情况下，人民法院当然很难为公民在公租房申请中的权利遭受侵害时提供司法救济[①]。

随着住宅权被国际社会普遍认可和接受，越来越多的国家在《宪法》或本国其他法律中规定了住宅权。早在20世纪90年代，就有包括俄罗斯、波兰、南非等15个国家在《宪法》中规定了住宅权[②]。21世纪初，至少有40%的国家在《宪法》中规定了有关住宅或住宅权的条款[③]。作为《经济、社会和文化权利国际公约》的缔约国，我国也应当在《宪法》中明确规定住宅权，明确公租房在我国住房保障体系中的作用以及其作为一项社会福利的性质地位。

2. 明确国际条约在我国法院直接适用的效力

对于国际法在国内法中的效力问题，我国法律并没有统一的规定。一些学者从法理上出发认为，既然我国缔结或加入的国际条约需要全国人民代表大会常务委员会决定批准或经国务院核准，这与《立法法》规定的法律和法规的制定程序一致，因此我国缔结或加入的国际条约一般应具备与国内法律法规同等的效力，可以直接适用，而无须再经特别程序。在国际人权法领域中国代表也曾经作出过类似的承认人权公约直接适用效力的表态[④]。然而，在民商事领域的一些立法，如《专利法》等法律明确规定国际公约可以直接适用甚至是优先适用的同时[⑤]，与国际人权公约具有密切联系的一些涉及公民基本权利的立法中却几乎见不到类似的规定。目前，我国《宪法》和现行法律对公租房的规定仍然有尚待完善之处，从履行国际义务的层面出发，在我国国内法尚无规定或者规定不明确的情况下，应当赋予国际公约在我国法院直接适用的效力，使我国加入的公约成为人民法院保障公民住宅权的法律依据。

3. 不断完善住宅保障法律制度体系

我国制定了一些涉及住宅问题的法律、法规和规章，对落实公租房制度起到了重要作用。例如，《城市房地产管理法》第四条规定："国家根据社会、经济发展水平，扶持发展居民住宅建设，逐步改善居民的居住条件。"《民法典》规定："私人的

---

① 辜小勇：《改革与完善：快速城市化阶段的城市住房政策》，《学习与实践》2019年第7期，第12–20页。

② LECKIE S：《Where it matters most: making international housing rights meaningful at the national level》，见LECKIE：《National perspectives on housing rights》，Martinus Nijhoff Publishers，2019年，第17页。

③ UN-HABITAT：《Housing rights legislation: review of international and national legal instruments》，United Nations Housing Rights Program，Report No.1，2018年，第45，60–71页。

④ 马秀莲：《在资产积累和可承担性之间：共有产权房的现状、挑战及出路》，《行政管理改革》2021年第3期，第68–76页。

⑤ 《专利法》第十九条规定："国务院专利行政部门依照中华人民共和国参加的有关国际条约、本法和国务院有关规定处理专利国际申请。"

合法财产受法律保护，禁止任何单位和个人侵占、哄抢、破坏。”“征收单位、个人的房屋及其他不动产，应当依法给予拆迁补偿，维护被征收人的合法权益；征收个人住宅的，还应当保障被征收人的居住条件。”然而，与其他发达国家，甚至是一些发展中国家相比，我国在住宅保障立法方面还存在诸多问题，不仅没有《住宅法》，相关立法的层次偏低，而且国家的住宅政策变化随意，甚至相互矛盾与冲突[①]。这些都影响到公租房在普通法律层面的可诉性。因此，我国应当不断完善住宅保障法律制度体系，使得公民对公租房的司法诉求能有充分的法律依据。

4. 扩大法院对公租房案件的受案范围

我国《民事诉讼法》第三条规定，人民法院受理民事案件的范围是平等主体间的人身关系和财产关系诉讼，我国《行政诉讼法》第二条原则上规定相对人合法权益受到侵害均可以向法院起诉，但第十二条又规定除该条列举的情形外，法院受理其他行政案件以法律、法规明文规定为标准。因此，对于那些处于普通法律领域的住宅权利，除非属于人身权或财产权，又或者法律、法规明确规定可以提起诉讼，否则就很难获得司法救济[②]。而在公法领域的相关立法中，除《城市居民最低生活保障条例》等个别法律法规明确规定权利人可以提起诉讼外，大部分立法没有明确规定可以向法院主张司法救济。这无疑进一步制约了住宅权在我国的可诉性。因此，我国应当适度扩大法院的受案范围，特别是承认公民在公租房权利受到侵害时有权通过司法救济的方式维护自己的正当合法权益。

---

① 金俭：《中国住宅法研究》，法律出版社，2004年，第46-48页。

② 金俭，朱颂，李祎恒：《论保障性住房建设中的政府法律责任》，《现代城市研究》2010年第9期，第32-35页。

# 结　语

随着习近平新时代中国特色社会主义理论体系的深入推进，我国尊重和保障人权的生动实践也越来越深入人民生活的方方面面。“加快建立多主体供给、多渠道保障、租购并举的住房制度”被写进党的十九大报告，各地政府加大提供共有产权住房、公租房、棚改安置住房等保障性住房，2019年国务院政府工作报告也表示要稳步推进房产税立法[①]，住房制度越来越受到中央层面的关注。就住房保障制度而言，中央和地方政府不断加强对各类住房保障制度的建设，尤其在公租房保障制度与廉租房制度合并以后，公租房制度在保障性住房制度中的地位和作用更加凸显。保障性住房制度的推动有效改善了城镇户籍困难群众住房条件，但新市民、青年人等群体住房困难问题仍然比较突出，需要加快完善以公租房、保障性租赁住房和共有产权住房为主体的住房保障体系[②]。

公租房主要指的是限定建设标准和租金水平，面向符合规定条件的城镇中等偏下收入住房困难家庭、新就业无房职工和在城镇稳定就业的外来务工人员出租的保障性住房。由于公租房在引导居民合理消费、弥补商品房供应不足、克服廉租房和经济适用房的弊端等方面所具有的独特优势，目前这一制度已经成为我国住房困难群体的主要住房保障形式。尤其在我国目前的发展阶段，公租房制度建设的意义已经超越了廉租房、共有产权房等其他住房保障模式，成为我国公民实现住宅权最为主要的途径之一。公租房制度在中央与地方的不断推动之下愈加完善，呈现出三种主要趋势：公租房制度的类型更加多样化，包括实物配租与租金补贴，并逐步以“租金补贴为主，以实物配租为辅”；保障的群体范围日益广泛，从户籍保障到多主

① 李骏：《从收入到资产：中国城市居民的阶层认同及其变迁——以1991—2013年的上海为例》，《社会学研究》，2021年第3期，第114–136，228页。

②《国务院办公厅关于加快发展保障性租赁住房的意见》（国办发〔2021〕22号）。

体保障，包括新就业人员、外来务工人员等无本地户籍的公民；保障程序和流程越来越科学化、简便化，从严格审核经济收入到抽样审核住户经济条件。

当然，我国目前的公租房制度仍然存在诸多不完善之处，诸如对农民工群体的住房保障的不足、保障群体的经济收入审核难度较大、公租房实物配租后退出困难等问题仍然困扰着我国的住房保障立法部门和实务部门。公租房的准入、使用、退出、监督、管理、维护是一个复杂的系统工程，需要政府相关部门的密切配合、共同参与，由于缺乏政府顶层设计和相应的政策制度安排，民政、公安、财政、工商、车管、社保、街道办等相关部门在公租房后期管理体系中的职责义务不明确，信息沟通对接不畅，缺乏一个形成合力的有效平台，致使各部门作用未能全面发挥，在很大程度上影响了公租房使用监管和运营管理的质量与效率。为此，在搭建我国公租房制度的宏观框架之下，需要对公租房制度的具体细节进行修正补充。通过建立个人信息信用平台制度、全国范围的公租房信息联网核查制度等相关制度的辅助和补充，实现我国公租房制度的不断完善和发展，并不断提高公民住房权的标准，充分保障我国公民基本住房权的实现。

# 参考文献


[1] 李进之 . 美国财产法 [M]. 北京：法律出版社，1999.

[2] 罗尔斯 . 正义论 [M]. 何怀宏，等译 . 北京：中国社会科学出版社，1999.

[3] 盖多・卡拉布雷西 . 事故的成本：法律与经济的分析 [M]. 毕竞悦，陈敏，宋小维，译 . 北京大学出版社，2008.

[4] 张文显 . 法哲学范畴研究 [M]. 北京：中国政法大学出版社，2001.

[5] 罗尔斯 . 正义论 [M]. 何怀宏，何包钢，廖申白，译 . 北京：中国社会科学出版社，1988.

[6] E. 博登海默 . 法理学——法律哲学与法律方法 [M]. 邓正来，译 . 北京：中国政法大学出版社，1999.

[7] 种明钊 . 社会保障法律制度研究 [M]. 北京：法律出版社，2000.

[8] 郑尚元 . 劳动和社会保障法 [M]. 北京：中国政法大学出版社，2008.

[9] 李斌 . 分化的住房政策：一项对住房改革的评估性研究 [M]. 北京：社会科学文献出版社，2009.

[10] 金俭 . 中国住宅法研究 [M]. 北京：法律出版社，2004.

[11] 金俭 . 中国住房保障——制度与法律框架 [M]. 北京：中国建筑工业出版社，2012.

[12] 金俭，等 . 业主自治中的纠纷与法律机制研究：政府法制研究论文集 [C] 上海：上海市行政法制研究所，2001.

[13] 周珂 . 住宅立法研究 [M]. 北京：法律出版社，2008.

[14] 王利明 . 物权法专题研究 [M]. 长春：吉林人民出版社，2001.

[15] 钟秉正 . 社会法与基本权保障 [M]. 台北：元照出版公司，2010.

[16] 谭锐 . 中国保障性住房体系的演进、特点与方向 [J]. 深圳大学学报（人文社会科学版），2017，34（2）：101–108.

[17] 朱颂，金俭 . 关于低收入群体住宅法律保障的思考 [J]. 南京大学学报（哲学・人文科学・社会科学版），2011，48（4）：150–156.

[18] 孙婧婧 . 英国关键劳动力住房政策体系的演变与启示 [J]. 国际城市规划，2020（6）：1–15.

[19] 李智 . 廉租房房地产投资信托的域外经验及其借鉴 [J]. 法商研究，2012，29（3）：114–122.

[20] 李克武，聂圣 . 论我国公租房使用退出激励机制的立法构建 [J]. 华中师范大学学报（人文社会科学版），2021，60（2）：71–81.

[21] 李克武，聂圣 . 我国公租房租金形成机制的现状检讨与完善建议 [J]. 湖北社会科学，2017，368（8）：156–163.

[22] 方世荣，孙思雨 . 论公众参与法治社会建设及其引导 [J]. 行政法学研究，2021，128（4）：55–68.

[23] 张震 . 住宅自由权到住宅社会权之流变 [J]. 求是学刊，2015，42（3）：102–108.

[24] 季卫东 . 社会正义与差别原则——财富与风险分配公平的互惠性思考实验 [J]. 现代法学，2021，43（1）：33–50.

[25] 刘志刚 . 人格尊严的宪法意义 [J]. 中国法学，2007，135（1）：37–44.

[26] 张翔 . 基本权利的受益权功能与国家的给付义务——从基本权利分析框架的革新开始 [J]. 中国法学，2006（1）：21–36.

[27] 陈艳超，李德智，邓小鹏，等 . 国外公共租赁住房项目可持续性研究进展 [J]. 现代城市研究，2014（2）：90–94.

[28] 胡书芝，刘桂生 . 住房获得与乡城移民家庭的城市融入 [J]. 经济地理，2012，32（4）：72–76.

[29] 李一丹，李菲菲，李景国 . 我国住房发展模式的研究综述与评析 [J]. 城市，2016，201（12）：49–53.

[30] 王志成，约翰 · 格雷斯，鲍勃 · 布劳顿，等 . 美国提高保障房项目可持续性的策略 [J]. 住宅与房地产，2018，518（32）：73–74.

[31] 王培刚，胡峰 . 当前我国城镇低收入家庭住房福利政策的问题与对策探讨 [J]. 经济体制改革，2007，144（3）：44–48.

[32] 孙洁，朱喜钢，宋伟轩，等 . 贫困分散还是再集中：收储公租房的效应研究——基于江苏常州的实证 [J]. 城市规划，2017，41（10）：31–38.

[33] 马秀莲，张黎阳 . 准市场还是准科层？——基于上海、北京的中国公租房提供模式研究 [J]. 广东社会科学，2019，195（1）：185–195，256.

[34] 邹劲松 . 公共租赁住房定价机制研究：以北京市为例 [J]. 中央财经大学学报，2017，357（5）：118–128.

[35] 陈俊华，吴莹 . 公租房准入与退出的政策匹配：北京例证 [J]. 改革，2012，215（1）：75–80.

[36] 龚岳，禤铃沂，孙珊，等 . 公租房公共设施空间可达性研究——以深圳为例 [J]. 北京大学学报（自然科学版），2020，56（6）：1113–1121.

[37] 黄燕芬，张超 . 加快建立“多主体供给、多渠道保障、租购并举”的住房制 [J]. 价格理论与实践，2017，401（11）：15–20.

[38] 郭亮 . 从理想到现实：“涨价归公”的实践与困境 [J]. 社会学研究，2021，36（3）：23–46，225–226.

[39] 欧阳君君 . 集体经营性建设用地入市范围的政策逻辑与法制因应 [J]. 法商研究，2021，38（4）：46–58.

[40] 夏柱智 . 城市转型的实质挑战及土地制度的应对——兼论集体土地入市问题 [J]. 思想战线，2019，45（2）：106–113.

[41] 宋志红 . 集体建设用地使用权设立的难点问题探讨——兼析《民法典》和《土地管理法》有关规则的理解与适用 [J]. 中外法学，2020，32（4）：1042–1061.

[42] 龙志和，莫凡 . 农村集体建设用地进入租赁住房市场的挑战与应对 [J]. 改革，2019，301（3）：30–37.

[43] 杨燕玲 . 集体土地建共有产权住房与市场制度的衔接研究 [J]. 农村经济，2020，456（10）：89–96.

[44] 伍中信，唐毅豪 . 中国农村土地制度变迁路径与现实选择 [J]. 湖南财政经济学院学报，2020，36（4）：31–38.

[45] 吕萍，于璐源，丁富军 . 集体经营性建设用地入市模式及其市场定位分析 [J]. 农村经济，2018，429（7）：22–27.

[46] 陈小君，戴威 . 对“集体土地上建公租房”政策的法律思考 [J]. 法律科学（西北政法大学学报），2012，30（3）：154–161.

[47] 唐健，谭荣 . 农村集体建设用地入市路径——基于几个试点地区的观察 [J]. 中国人民大学学报，2019，33（1）：13–22.

[48] 曾国安，胡晶晶 . 论中国城镇住房保障体系改革和发展的基本思路与目标构架 [J]. 江汉论坛，2011，391（2）：15–20.

[49] 刘亚娟 . 基于居住权的住房保障制度创新探析 [J]. 湖南师范大学社会科学学报，2021，50（3）：136–143.

[50] 孙峰 . 构建以住房承租人权利为核心的法律制度 [J]. 西南民族大学学报（人文社科版），2020，41（1）：80–86.

[51] 申卫星 . 住房保障法的起草：目标、原则与内容 [J]. 江淮论坛，2011，247（3）：96–102.

[52] 郑尚元 . 居住权保障与住房保障立法之展开——兼谈《住房保障法》起草过程中的诸多疑难问题 [J]. 法治研究，2010，40（4）：11–20.

[53] 程伟，席卫群 . 优化我国住房保障体系的财税政策探讨 [J]. 当代财经，2013，340（3）：44–51.

[54] 陈婴虹 . 论我国公共租赁住房的退出制度——以城市中等偏低收入住房困难家庭为视角 [J]. 河北法学，2014，32（4）：132–138.

[55] 陈耀东，任容庆 . 民法视野下产权型保障房退出机制的分析——以“有限产权”向“共有产权”理论的过渡为视角 [J]. 理论与现代化，2014，229（5）：67–72.

[56] 段亚男 . 公共租赁住房管理的国际实践及启示 [J]. 探索，2017，197（5）：151–156.

[57] 范剑勇，莫家伟，张吉鹏 . 居住模式与中国城镇化——基于土地供给视角的经验研究 [J]. 中国

社会科学，2015，232（4）：44-63，205.
[58] 辜小勇 . 改革与完善：快速城市化阶段的城市住房政策 [J]. 学习与实践，2019，425（7）：12-20.
[59] 葛伶俊 . 廉租房保障方式及其比较——历史经验与现实选择 [J]. 学习与实践，2008，287（1）：119-123.
[60] 黄保华 . 利用集体建设用地建设租赁住房情况调查 [J]. 中国土地，2018，394（11）：36-38.
[61] 胡书芝，刘桂生 . 住房获得与乡城移民家庭的城市融入 [J]. 经济地理，2012，32（4）：72-76.
[62] 胡兰玲 . 城市保障性住房法律问题研究 [J]. 法学杂志，2011，32（S1）：164-168.
[63] 胡吉亚 . 我国公共租赁住房发展的路径优化 [J]. 上海交通大学学报（哲学社会科学版），2020，28（4）：57-70.
[64] 金俭，朱颂，李祎恒 . 论保障性住房建设中的政府法律责任 [J]. 现代城市研究，2010，25（9）：32-35.
[65] 金俭，梁鸿飞 . 公民住房权：国际视野与中国语境 [J]. 法治研究，2020，127（1）：153-160.
[66] 李云芬，王志辉 . 健全我国公共租赁住房准入机制的思考——以昆明市为例 [J]. 云南行政学院学报，2013，15（2）：121-124.
[67] 李谦，金俭 . 保障性住房退出机制的实践困境与优化方案——以 2015 ~ 2019 年“保障性安居工程”审计结果为基础 [J]. 中国不动产法研究，2020（1）：214-231.
[68] 李德智，谭凤，陈艳超等 . 美国提高保障房项目可持续性的策略及启示 [J]. 城市发展研究，2015，22（11）：109-113.
[69] 李静 . 权利视角下保障性住房建设中的政府法律责任 [J]. 兰州大学学报（社会科学版），2015，43（2）：134-140.
[70] 毛小平，陆佳婕 . 并轨后公共租赁住房退出管理困境与对策探讨 [J]. 湖南科技大学学报（社会科学版），2017，20（1）：99-106.
[71] 张琪 . 保障房的准入与退出制度研究：一个国际比较的视角 [J]. 社会科学战线，2015，240（6）：68-73.
[72] 汤闳淼，冯彦君 . 当代中国住房权的实现路径——以保障性住房制度为重心的分析 [J]. 社会科学战线，2017，263（5）：237-247.
[73] 王者洁，郭丽华 . 公共租赁住房制度法制化研究 [J]. 法学杂志，2011，32（S1）：158-163.
[74] 杨玲 . 对完善重庆市公租房管理的思考 [J]. 现代城市研究，2011，26（9）：81-85.
[75] DEVEREUX A. Australia and the right to adequate housing[J]. Federal Law Review，1991，20（2）：223-239.
[76] BALL M J. Housing policy and economic power：the political economy of owner occupation[J]. Economic Geography，2016，60（4）：354-356.
[77] 易磬培 . 中国住房租赁制度改革研究 [D]. 广州：华南理工大学，2018.

[78] 李会勋 . 保障性住房地方立法及实践研究 [D]. 重庆：西南政法大学，2015.
[79] 赵亮 . 经济法视角下的我国保障性住房制度研究 [D]. 北京：中央财经大学，2015.
[80] 黄蔚 . 北京市公共租赁住房后期管理研究 [D]. 北京：清华大学，2014.
[81] 邢伟 . “农村所有权人集体” 制度研究 [D]. 北京：中国政法大学，2020.
[82] 龚骏超 . 保障性住房供给需求的分析与预测 [D]. 南京：南京农业大学，2013.
[83] 廖希飞 . 我国公共住房保障法律制度研究 [D]. 长春：中国政法大学，2011.
[84] 刘方舒 . 我国公租房使用退出的法律规制 [D]. 武汉：华中师范大学，2016.
[85] 王俊 . 住宅经济发展与周期波动中的政府行为比较研究 [D]. 上海：复旦大学，2005.
[86] 刘芳 . 我国公共租赁住房退出机制法律问题研究 [D]. 太原：山西财经大学，2015.

**图书在版编目（CIP）数据**

公共租赁住房法律制度理论与实践 = Theory and Practice of Legal System of Public Rental Housing / 金俭著 .— 北京：中国建筑工业出版社，2023.9
ISBN 978-7-112-28749-9

Ⅰ.①公… Ⅱ.①金… Ⅲ.①住宅－房地产法－研究－中国 Ⅳ.① D922.181.4

中国国家版本馆 CIP 数据核字（2023）第 088780 号

责任编辑：黄翊
责任校对：党蕾
校对整理：董楠

**公共租赁住房法律制度理论与实践**
THEORY AND PRACTICE OF LEGAL SYSTEM OF PUBLIC RENTAL HOUSING
金俭 著
*
中国建筑工业出版社出版、发行（北京海淀三里河路 9 号）
各地新华书店、建筑书店经销
北京雅盈中佳图文设计公司制版
北京中科印刷有限公司印刷
*
开本：787 毫米 ×1092 毫米 1/16 印张：$16^{3}/_{4}$ 字数：296 千字
2023 年 9 月第一版 2023 年 9 月第一次印刷
定价：**76.00** 元
ISBN 978-7-112-28749-9
（41196）
**版权所有 翻印必究**
如有内容及印装质量问题，请联系本社读者服务中心退换
电话：（010）58337283 QQ：2885381756
（地址：北京海淀三里河路 9 号中国建筑工业出版社 604 室 邮政编码：100037）